U0636967

权威·前沿·原创

皮书系列为
"十二五""十三五""十四五"时期国家重点出版物出版专项规划项目

BLUE BOOK

智 库 成 果 出 版 与 传 播 平 台

中国劳动和社会保障科学研究院

就业蓝皮书
BLUE BOOK OF EMPLOYMENT

中国就业发展报告（2023）

ANNUAL REPORT ON CHINA EMPLOYMENT DEVELOPMENT (2023)

主　编／莫　荣
副主编／陈　云　王晓梅　熊　颖

社会科学文献出版社
SOCIAL SCIENCES ACADEMIC PRESS（CHINA）

图书在版编目（CIP）数据

中国就业发展报告. 2023 / 莫荣主编.--北京：
社会科学文献出版社，2023.11
（就业蓝皮书）
ISBN 978-7-5228-2719-3

Ⅰ. ①中…　Ⅱ. ①莫…　Ⅲ. ①就业-研究报告-中国
-2023　Ⅳ. ①D669.2

中国国家版本馆 CIP 数据核字（2023）第 206652 号

就业蓝皮书
中国就业发展报告（2023）

主　　编 / 莫　荣
副 主 编 / 陈　云　王晓梅　熊　颖

出 版 人 / 冀祥德
组稿编辑 / 恽　薇
责任编辑 / 田　康
责任印制 / 王京美

出　　　版 / 社会科学文献出版社·经济与管理分社（010）59367226
　　　　　　地址：北京市北三环中路甲 29 号院华龙大厦　邮编：100029
　　　　　　网址：www.ssap.com.cn
发　　　行 / 社会科学文献出版社（010）59367028
印　　　装 / 天津千鹤文化传播有限公司

规　　　格 / 开　本：787mm×1092mm　1/16
　　　　　　印　张：17.5　字　数：261 千字
版　　　次 / 2023 年 11 月第 1 版　2023 年 11 月第 1 次印刷
书　　　号 / ISBN 978-7-5228-2719-3
定　　　价 / 198.00 元

读者服务电话：4008918866

主要编撰单位简介

中国劳动和社会保障科学研究院

中国劳动和社会保障科学研究院（简称"劳科院"）是人力资源和社会保障部直属事业单位，是中国劳动和社会保障领域专业研究机构，主要开展就业创业、社会保障、劳动关系、工资收入分配等理论、政策及应用研究。

劳科院发端于 1982 年 5 月原劳动人事部成立的劳动科学研究所，随着事业发展需要和机构改革与职能调整，先后成立劳动工资研究所、国际劳动保障研究所、中国劳动保障科学研究院和社会保障研究所，逐步形成"一院四所"的格局。2017 年 9 月，"一院四所"整合，设立中国劳动和社会保障科学研究院。

劳科院以国家高端智库建设为目标，着力培养造就一支素质优良、勇于创新的科研团队，在不同的发展时期，多名知名专家学者和高级领导干部曾先后在院所工作，为院所发展留下宝贵的财富。劳科院有 1 名全国政协委员、2 名文化名家暨"四个一批"人才、1 名"新世纪百千万人才工程"国家级人选、12 名国务院政府特殊津贴专家。其中，悦光昭同志荣获全国先进工作者称号，宋晓梧同志获得孙冶方经济学奖，何平、莫荣等同志先后为中共中央政治局集体学习进行讲解。劳科院着力打造独具特色的数据知识资源库和科研网络合作体系，专门设立劳动和社会保障领域大数据和政策仿真研究室，建立了与高等学校、科研院所、企业机构和地方部门的科研合作机制，设立了覆盖广泛的科研基地；着力打造劳动和社会保障领域国际交流合作平台，坚持引进来、走出去。劳科院是我国在国际劳动和社会保障学术交流与科研合作领域的重要组织与牵头单位，是国际社会保障协会（ISSA）联系会员，院领导兼任就业与失业保险专业技术委员会副主席；牵头成立金砖国家劳动研究机构网；归口管理的中国劳动学会是国际劳动与雇佣关系协会国家会员。连续举办 21 届"东北亚劳动论坛"和 11 届"中国劳动世界的未来"等品牌国际研讨会。

在中国改革开放和现代化建设的进程中，劳科院围绕劳动就业、收入分配、民生保障等重大理论和政策问题，创造性地开展理论探索和政策研究，取得了一系列具有较大影响的科研成果，为积极就业政策制定、国家社会保障体系建立、中国特色和谐劳动关系构建、工资收入分配制度改革和劳动社会保障法制体系完善提供了支持，对国家劳动保障民生领域重大改革与科学决策发挥了有力支撑作用，得到了党和国家领导人及历任部领导的关怀厚爱。

劳科院是最早开展就业创业研究的科研单位。建立以来，组织开展了数百项有关就业创业的重大理论方针、政策制度和规划战略研究，一系列研究成果有效支持了国家重大决策。劳科院专家曾为中共中央政治局集体学习讲解积极的就业政策，为全国人大常委会集体学习讲解就业促进法，参加国务院征求"十四五"规划和政府工作报告意见专家企业家座谈会并建言献策。劳科院长期开展有关就业方针和战略规划研究，为明确不同时期就业方针、建立完善就业优先政策体系、制定实施中长期就业发展战略规划提供了支撑。1988 年研究提出的"劳动者自主择业、市场调节就业和政府促进就业"新就业方针，被写入党中央、国务院文件和就业促进法，并经修改执行至今。劳科院参与了《中华人民共和国劳动法》《中华人民共和国就业促进法》《中华人民共和国劳动合同法》《中华人民共和国社会保险法》等多项法律法规的研究起草、评估、修订工作；承担"八五"以来就业相关的多项规划研究任务；围绕经济增长与就业关系进行系列研究；持续开展就业形势季度分析、企业经营用工和劳动者求职就业状况调查；在应对非典疫情、国际金融危机和新冠疫情等重大危机中开展系列调查研究；围绕人口发展与就业、就业结构性矛盾、数字经济与新就业形态发展、高质量就业及其指标体系、绿色就业、技术进步与就业等开展前瞻性专题研究；长期开展完善公共就业创业服务体系、技能人才培养规划及发展战略、职业培训方针政策、技能人才评价及技能竞赛表彰、国家职业技能标准等方面研究。这些都为及时研判就业形势、研拟政府工作目标、制定实施相关重大战略和政策、防控重大失业风险提供了决策支持，为构建具有中国特色的职业技能培训体系提供了科研支撑。劳科院参与我国第一部劳动保障白皮书《中国的劳动和社会保障状况》和第一部就业白皮书《中国的就业状况和政策》的起草和发布；编辑出版《中国劳动》学术杂志，出版《中国就业发展报告》《中国薪酬发展报告》《中国人力资源服务产业园发展报告》《中国人工智能人才发展报告》等系列蓝皮书。

劳科院将始终坚持把党的政治建设摆在首位，坚持科研工作的正确政治方向，心怀"国之大者"，着眼"最大民生"，坚持"把握大局、服务中心、求真务实、力出精品"的办院方针，努力为人力资源和社会保障事业高质量发展做出新的更大的贡献。

中国国际技术智力合作集团有限公司

中国国际技术智力合作集团有限公司（以下简称"中智集团"）成立于1987年，是国务院国有资产监督管理委员会直接管理的一家以人力资源服务为核心主业的中央一级企业。中智集团位列2023中国企业500强第170位、2022中国服务业企业500强第59位，连续18年领航中国人力资源服务业。

中智集团控股的中智股份开展人力资源服务业务，服务世界500强企业或中国500强企业，服务企业客户达5万余家、服务企业客户员工人数达1000万余人（含平台注册人数），客户类型包括外企、国企、民企等多类实体和机关事业单位。横跨石化、金融、保险、通信、电子、IT、汽车、医药、地产、建筑、物流、制造、商贸、传媒、教育、环境、餐饮、快速消费品等诸多领域，规模与效益处于行业头部。

中智集团以北京、上海、广州、深圳、大连、沈阳、哈尔滨、杭州、南京、福州、厦门、济南、青岛、天津、成都、武汉、西安、郑州、合肥、长沙、石家庄、重庆、太原、昆明、南宁、南昌等主要城市为中心，建立了覆盖33个省区市超过380个城市的全国性服务组织网络。

广州红海人力资源集团股份有限公司

广州红海人力资源集团股份有限公司（简称"红海人力集团"）创始于1999年，总部设立在广州，拥有全方位服务管控系统，提供完善的属地化服务，是一家服务网络广、服务专业度高、就业规模大的数字化人力资源服务整体供应商。在为民生、促就业、提技能的道路上，红海人力集团顺应国家经济发展规律，遵循国家法律、地方性法规和社会道德，专注人力资源产业发展，努力为客户创造价值。

凭借全方位的优质服务，红海人力集团成功为全国各地企业输送员工200万人次。在灵活用工板块成为中国电信、中国移动、中粮集团、顺丰、华为、中国石油等多家上市公司的合作供应商，极为方便地满足了企业及求职者的需求，深得市场的信赖与支持。

红海人力集团获得人社部、各级政府、行业协会、各类客户的广泛认可。先后获得"AAA级中国质量信用企业""全国人力资源诚信服务示范机构""中国服务业企业500强""广东省企业500强""广东省民企100强""广州市文明单位""广州市创新人力资源服务机构"等100多项国家级、省市级荣誉。

主要编撰者简介

莫　荣　人力资源和社会保障部中国劳动和社会保障科学研究院院长、研究员，全国政协社会和法制委员会委员，兼任中国就业促进会副会长、《中国劳动》主编。文化名家暨"四个一批"人才、"新世纪百千万人才工程"国家级人选，国家社科基金重大项目首席专家，享受国务院政府特殊津贴。先后毕业于清华大学、北京经济学院，曾在英国牛津大学、新加坡南洋理工大学等做访问学者。自 1988 年开始研究劳动就业、职业培训、人力资源管理、民生保障等理论与政策问题，参与新时期就业方针等重大理论与政策问题研究，参与撰写发布我国第一部就业白皮书，完成课题 200 余项，发表论文 350 余篇，出版著作 20 余本，主编我国第一本就业蓝皮书。

陈　云　中国劳动和社会保障科学研究院就业创业研究室主任、副研究员，社会学博士。主要从事就业创业与社会政策研究工作。长期负责就业形势分析，开展企业用工和劳动者就业状况调查。在就业与经济关系、就业与人口发展、就业制度改革、就业优先政策、促进就业规划、创业带动就业、数字经济与就业、新就业形态、就业结构性问题、青年就业、就业扶贫等方面开展数十项课题研究。系列研究报告为政府研判就业形势和研拟就业政策提供了重要参考。发表论文百余篇。合著编写《当前就业热点问题研究》《中国就业发展报告》（就业蓝皮书）等著作 20 多部。

王晓梅　中国国际技术智力合作集团有限公司党委副书记、董事、总经理，中国对外服务工作行业协会会长、中国人才交流协会副会长、第三届全国人力资源服务标准化技术委员会委员。毕业于美国德克萨斯大学阿灵顿分校高级管理人员工商管理专业，获得硕士学位，系高级政工师。曾就职于中国医药集团、中国黄金集团等多家世界 500 强企业和中央企业，先后担任人力资源部总经理、总经理助理、党委副书记等职务。在企业人力资源开发与管理方面有近 30 年从业经历，对国内外人力资源行业研究深入、见解深刻，具有扎实的理论基础、丰富的实践经验。

熊　颖　1984 年生，毕业于英国伯明翰大学市场营销专业，获得硕士研究生学历，并修读北京大学光华管理学院 EMBA，现任广州红海人力资源集团股份有限公司董事长兼总裁，兼任越秀区人大代表、越秀区工商联副主席、广州新侨联谊会副会长等。先后荣获"全国工商联民营企业科技创新创业人才""广州市高层次人才（青年后备人才）""广州市人力资源服务业领军人才"等称号。

摘　要

《中国就业发展报告（2023）》是由中国劳动和社会保障科学研究院组织编写的就业发展年度报告，包括总报告和四个专题篇，共 14 份研究报告。全书分析了我国 2022 年就业总体形势与就业的未来发展趋势，以及就业优先政策的新进展，关注了影响就业的劳动力供需、制造业用工和中小微企业经营与用工等宏观因素，从就业政策与就业服务角度探讨了创业担保贷款政策、低碳转型绿色发展的就业相关政策以及公共就业服务和人力资源服务行业，研究了高校毕业生、新市民、灵活就业人员和新就业形态劳动者等重点群体的就业问题，并考察了职业技能培训。

报告指出，2022 年我国经济社会发展和就业受到多重超预期因素的重大冲击，面临复杂严峻的形势。从全年看，就业局势在宏观环境的不确定性中保持了总体基本稳定，但主要指标明显波动，特别是在第二季度和年末受疫情冲击，经济与就业增长都出现较大幅度波动；企业招聘活动减少，劳动力市场需求偏弱，企业用工情况波动加剧，稳岗压力加大，青年就业困难凸显，群体失业风险面扩大，农民工返乡现象有所增加；城市就业压力加大，行业结构调整加剧，部分劳动者就业质量受损，就业感受与预期走低，稳就业仍面临诸多压力。

人口规模变化、绿色低碳转型、制造业用工是 2022 年就业领域关注的焦点，它们是影响就业形势的重要因素。首先，人口是构成劳动力的基础，未来我国劳动力供需均呈持续下降趋势，其中劳动力供给下降幅度较大，劳动力供求格局从过去劳动力无限供给向有限剩余，再向供求基本平衡、结构

性矛盾突出转变，我国就业政策的着力点将发生转变。其次，低碳转型绿色发展的就业是我国转变经济增长方式、建立健全绿色低碳循环发展的经济体系的一个重要就业增长点，是实现"双碳"目标和落实就业优先政策的结合点，它将对我国就业规模、就业结构、就业质量等方面产生影响。最后，制造业是立国之本、强国之基，也是吸纳就业的重要渠道。伴随经济社会和产业发展转型，制造业用工需求和就业格局也出现新变化和新情况。对此，本书专门组织了几篇专题报告进行研究。

2022年，围绕保就业、稳就业，我国就业优先政策全面强化。减负稳岗各项政策加速落地，对中小微企业改善经营和用工状况起到积极作用；创业担保贷款在20年的探索实践中取得显著成效。就业服务不断优化，人力资源服务行业基本面整体向好，向着数字化、国际化、规范化和资本化的方向发展，职业技能培训扎实开展，为稳定就业局势提供了有力支撑。

报告认为要重点加强对高校毕业生、新市民、灵活就业人员、新就业形态劳动者等群体就业的政策帮扶与服务。针对这些群体的就业状况、就业突出问题等进行了专题研究，提出了针对性的对策建议。本报告还从构建工学一体化技能人才培养模式、促进企业高技能人才需求与职业院校人才供给有效衔接等方面对完善职业技能培训体系开展了有益的探索研究。

总体来看，面对当前复杂严峻的宏观经济与就业局势，需要贯彻落实党的二十大精神，坚持就业是最基本的民生定位，实施就业优先战略，强化就业优先政策：平衡宏观政策目标，加强政策支持，稳预期、强信心；优化就业政策体系，精准施策保主体促就业；健全多元化就业促进机制，保障重点群体就业；加强失业监测预警，健全失业风险应对机制。

关键词： 就业形势　就业优先　人口高质量发展　高校毕业生　工学一体化

目 录 ↰

Ⅰ 总报告

Ⅱ 宏观专题篇

Ⅲ 政策与服务篇

Ⅳ　群体就业篇

Ⅴ　技能培训篇

皮书数据库阅读使用指南

总 报 告

General Report

B.1
2022年就业形势、就业政策
进展与未来展望

莫荣 陈云 曹佳*

摘　要： 2022年，我国经济社会发展和就业受到多重超预期因素的重大冲击，面临复杂严峻的形势。从全年看，就业局势在宏观环境的不确定性中保持了总体基本稳定，但主要指标明显波动、增长动能偏弱，风险点增多，稳就业仍面临诸多压力。同时，围绕保就业、稳就业，我国全面强化就业优先政策，加速落地减负稳岗各项政策。下一步，我国就业形势仍具有维持总体稳定的有利条件，同时也面临外部环境不确定性、疫情影响长期性、复苏发展不平衡性及经济减速影响滞后性等复杂多变局面。面对复杂严峻的宏观经济与就业局势，要贯彻落实党的二十大精神，坚持就业

* 莫荣，中国劳动和社会保障科学研究院院长、研究员，主要研究领域为劳动就业、人力资源管理、国际劳动保障等；陈云，中国劳动和社会保障科学研究院就业创业研究室主任、副研究员，主要研究领域为就业创业与社会政策；曹佳，中国劳动和社会保障科学研究院就业创业研究室副研究员，主要研究领域为就业创业。

是最基本的民生定位，实施就业优先战略，强化就业优先政策：平衡宏观政策目标，加强政策支持，稳预期、强信心；优化就业政策体系，精准施策保主体促就业；健全多元化就业促进机制，保障重点群体就业；加强失业监测预警，健全失业风险应对机制。

关键词： 就业形势　就业政策　社会保障

一　2022年就业形势

2022 年，在遭受新冠疫情反复、地缘政经冲突等多重超预期因素冲击的情况下，我国就业面临复杂严峻的国内外形势。面对复杂严峻形势，政府始终坚持"就业是民生之本"，贯彻实施就业优先战略，在以习近平同志为核心的党中央坚强领导下，各地区各部门坚持稳中求进工作总基调，按照"疫情要防住、经济要稳住、发展要安全"的要求，高效统筹疫情防控和经济社会发展，持续做好"六稳""六保"工作，出台实施稳经济一揽子政策和接续政策措施，突出强调稳经济稳就业稳物价，全面强化就业优先政策，狠抓政策落实见效，着力保市场主体、稳就业稳物价。从全年情况看，就业局势在宏观环境的巨大不确定性中保持了总体基本稳定。

（一）就业增长平缓，但动能偏弱

就业增长反映经济发展对劳动力的吸纳能力，是经济发展带来的岗位需求与求职者通过市场匹配的结果。2022 年我国 GDP 增长 3%，经济增速快于世界上多数经济体，但从年度走势来看，也出现明显波动，特别是在第二季度和年末受疫情冲击，经济与就业增长都出现较大幅度波动。第一季度国内生产总值同比增长 4.8%，保持在相对合理区间；第二季度受多方因素冲击，国内生产总值增长率仅为 0.4%；第三季度经济增长逐步恢复，增速提升至3.9%。①

从城镇新增就业情况看，2022年全年城镇新增就业人数达到1206万人，超过政府工作报告确定的城镇新增就业1100万人的年度目标，与2020年相比多增20万人，相比2021年则少增80万人。从累计城镇新增就业人数月度走势看，2022年2月累计城镇新增就业人数同比大幅增加，但3~5月持续同比减少，减幅持续扩大，至5月减幅达7.84%，之后逐步缩小减幅，9月累计同比减少44万人，减幅缩小到4.21%，但进入第四季度减幅又逐步扩大，受年底疫情影响，同比减幅达到6.22%（见图1）。与前三年情况比较，2022年城镇新增就业人数走势在前三季度总体上好于2020年，弱于2019年和2021年，第四季度各月新增人数则均低于前三年同期（见图2）。

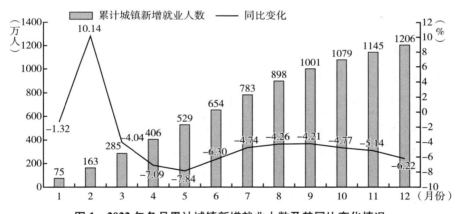

图1　2022年各月累计城镇新增就业人数及其同比变化情况

数据来源：根据人力资源和社会保障部网站数据整理得到。

（二）失业水平相对高位运行，波动周期有异常年

2022年全年城镇调查失业率月平均为5.58%，高于上年的5.12%约0.5个百分点，比2020年的5.62%仅低0.04个百分点。从走势看，全国

---

① 数据来源：国家统计局网站公布的季度数据。

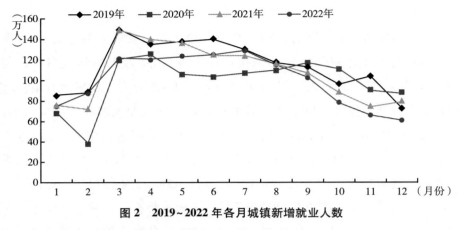

图2　2019~2022年各月城镇新增就业人数

数据来源：根据人力资源和社会保障部网站数据整理得到。

城镇调查失业率从 2021 年第四季度开始一度持续攀升，与往常相比，2022 年初没有出现春节后用工高峰期城镇调查失业率的下降，表明失业风险在持续累积，4 月城镇调查失业率达到 6.1% 的高位，仅低于 2020 年 2 月新冠疫情暴发初期 6.2% 的历史峰值 0.1 个百分点。5~8 月，调查失业率逐步下行，降至 5.3%，9 月又小幅上升至 5.5%。这与往年 7~8 月调查失业率通常季节性攀升，之后下行的走势也不一样。虽然 2022 年第三季度全国城镇调查失业率均值为 5.4%，相比第二季度下降 0.4 个百分点，但相比上年同期仍上升 0.4 个百分点。进入第四季度，受年底疫情影响，全国城镇调查失业率在 11 月再度反弹至 5.7%（见图 3）。2022 年城镇调查失业率波动起伏的峰谷期与往年不同，打破了失业率波动的周期规律，反映了经济运行的非常态。

（三）企业招聘活动减少，劳动力市场需求偏弱

受疫情反复、订单不足、线下现场招聘受限等因素影响，劳动力市场招聘需求下降，企业招聘活动减少。从人力资源市场供求数据看，公共人力资源市场招聘需求出现下降。中国人民大学中国就业研究所联合智联招聘发布的《中国就业市场景气报告》显示，2022 年大多数行业的招聘需求同比下

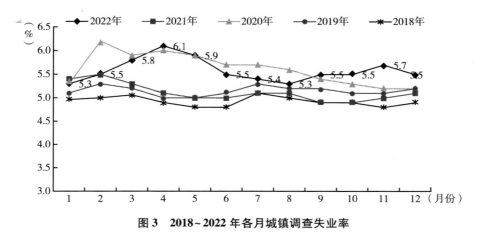

图3　2018~2022年各月城镇调查失业率

数据来源：根据国家统计局网站各月发布的数据整理得到。

降。在企业招聘需求下降的同时，是企业招聘活跃度偏低。中国劳动和社会保障科学研究院与阿里研究院对9000多家平台中小微企业开展的调查显示，2022年中小微企业整体招工情况趋弱。2022年，1个月之内招过工的企业占比逐季度降低，由第一季度的20.1%下降至第四季度的10.1%，下降了10.0个百分点；而超过一年没有招工的企业占比逐季度上升，由第一季度的41.3%上升至第四季度的49.8%，上升了8.5个百分点。2022年第四季度与第三季度比，超过一年没有招工的企业比例增加0.3个百分点，超过半年、3个月没有招工的企业比例分别增加1.1个和2.4个百分点（见图4）。

（四）企业用工情况波动加剧，稳岗压力加大

国家统计局发布的数据显示，2022年制造业PMI从业人员指数和非制造业PMI从业人员指数自2月开始环比回落，4~5月明显下滑，分别降至47.2和45.3的低位，之后有所回升。第三季度制造业PMI从业人员指数平均为48.8，比上一季度上升1.0；非制造业PMI从业人员指数平均为46.7，环比上升0.8。但进入第四季度后两大指数均持续下降，于年底滑落至疫情以来次低位，12月制造业PMI从业人员指数为44.8，非制造业PMI从业人员指数为42.9（见图5）。这显示企业用工不稳定，且持续收缩。同时，对平

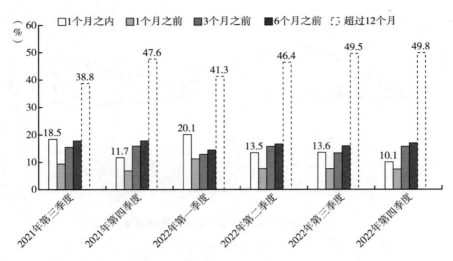

图 4　2021 年第三季度至 2022 年第四季度样本企业最近一次招工时间

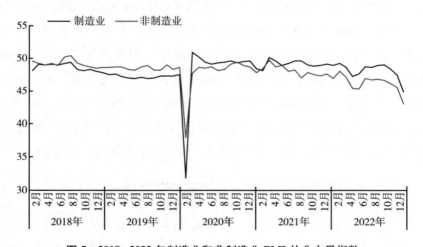

图 5　2018~2022 年制造业和非制造业 PMI 从业人员指数

数据来源：国家统计局各月发布的相关数据。

台中小微企业的调查也显示，有一定比例的企业出现减员裁员现象。调查的中小微企业中超过三成的企业出现减员。减员原因则主要是新订单减少主动裁员、企业整体经营成本增加通过裁员压缩成本、疫情影响导致不能正常开工等。除直接减员外，还有部分企业存在减时降薪、削减福利、轮岗调剂、停工放假等现象。

（五）青年就业困难凸显，群体失业风险面扩大

在就业形势总体承压的同时，部分群体就业压力增加，遭遇求职困难和失业风险。特别是青年失业问题更加突出，2022 年 16～24 岁城镇青年调查失业率持续走高（见图 6）。同时，农民工就业也出现波动，据有关监测数据，农民工返乡现象有所增加，外出人数减少。2022 年第三季度末，外出务工农村劳动力总量为 18270 万人，比上年同期减少 33 万人。[①] 苏、浙、沪、粤等东部用工大省（市）返乡人员阶段性显著增加，二次返乡比例较往常有所升高。2022 年 12 月，外来农业户口人员调查失业率为 5.4%，同比高出 0.8 个百分点。有关调查统计数据也显示，困难人员就业难度进一步加大，登记失业人员中长期失业比例增加。"35 岁""4050"等人员的"中年失业"

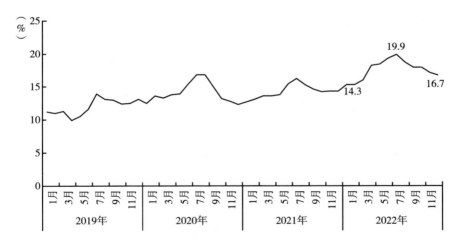

图 6　2019～2022 年 16～24 岁城镇青年调查失业率变化情况

数据来源：根据国家统计局网站各月发布的数据整理得到。

---

① 数据来源：国家统计局网站。

风险问题广受关注。还有部分知识型、技能型白领群体受到行业周期调整、政策行政监管、疫情封控等影响也遭遇失业风险。

（六）城市就业压力加大，行业结构调整加剧

疫情以来，在2020年5月后31个大城市失业率高于全国城镇整体水平，失业压力有所增加，2022年全年31个大城市失业率月平均为5.98%，高于全国0.4个百分点，大城市失业率与全国平均水平差距拉大（见图7），说明城市就业压力进一步累积。2022年，珠三角、长三角、京津冀以及中西部的郑州、四川和重庆等大城市相继暴发疫情，其就业形势受到重大冲击，一些地方失业率出现阶段性攀高（见图8），形成区域性风险点。

图7　2018~2022年31个大城市与全国城镇调查失业率变化情况

数据来源：根据国家统计局网站各月发布的数据整理得到。

从行业角度看，在经济下行、疫情持续、资本市场动荡、行业监管加强、数字转型加速等多重因素的叠加影响下，行业结构性分化加剧，行业性稳岗压力和失业风险加大。一是疫情发生以来，部分传统人员密集和面对面接触性的生活性服务行业遭遇持续冲击，一些企业出现停业或业务调整，减员裁员较多。疫情以来，非制造业PMI从业人员指数一改常态，总体上持续低于制造业，在2022年4~5月和年末疫情紧张时期，连续下探形成历史

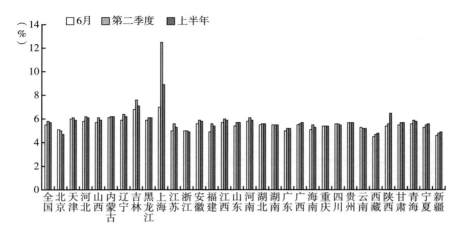

图8　2022年上半年、第二季度及6月全国及各省份调查失业率

数据来源：根据国家统计局网站各月发布的数据整理得到。

低位，表明非制造业行业用工困难加深。二是部分原有就业"优势"行业，如房地产、教培、金融、互联网等的部分企业招聘需求下降明显，甚至出现普遍裁员减员问题。这进一步加剧了市场波动，成为劳动力市场新的结构性风险，也在一定程度上加大了总体就业压力。

（七）部分劳动者就业质量受损，就业感受与预期走低

受复杂形势影响，劳动者就业状况出现分化，部分劳动者在工作机会获得、工资收入、福利待遇、工时加班等方面的就业质量出现明显下降。中国劳动和社会保障科学研究院的一项调查[①]显示，在过去一年遇到过拖欠工资、停工放假、减少福利、减少工时、裁员等情况的劳动者合计占比超过五成。三成左右劳动者劳动收入相比上年有所减少，灵活就业和建筑、交通运输、房地产、家庭服务等领域的从业者收入减少明显。同时，受总体就业环境和形势影响，民众就业感受与预期也有所减弱。据中国人民银行城镇储户调查，2022年居民就业感受指数和就业预期指数呈持续

---

① 该项调查于2022年9月进行，调查问卷46000多份。

下滑态势，年末两者均下行至近年来低位。第四季度就业感受指数为33.1%，环比下降2.3个百分点。其中，8.9%的居民认为"形势较好，就业容易"，42.0%的居民认为"一般"，49.1%的居民认为"形势严峻，就业难"或"看不准"。就业预期指数为43.0%，环比下降2.4个百分点（见图9）。

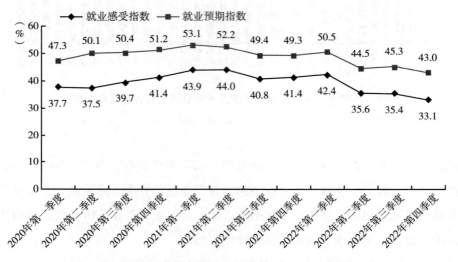

图9 2020~2022年各季度居民就业感受和就业预期指数变化情况

数据来源：《2022年第四季度城镇储户问卷调查报告》，中国人民银行（微信公众号），https://mp.weixin.qq.com/s?__biz=Mzk0NDAwMDExMA==&mid=2247530702&idx=3&sn=b4ffa0cbf9c4cdaf2d7b1404912b2388&chksm=c32965cff45eecd9d597bcd3d697e4db19d4e13407c0191d176293f22eb318ebc96d01eb8b57&scene=27，2022年12月27日。

二 就业优先政策的新发展

2022年，在以习近平同志为核心的党中央坚强领导下，人力资源社会保障部门紧紧围绕迎接党的二十大和学习宣传贯彻党的二十大精神，认真落实"疫情要防住、经济要稳住、发展要安全"的要求，坚持稳字当头、稳中求进，围绕保就业、稳就业，全面强化就业优先政策，加速落地减负稳岗各项政策，为稳定就业局势提供了有力政策支撑。具体体现在以下几个方面。

（一）落实中央精神出台系列稳就业政策，就业优先政策和服务体系进一步完善优化

2022 年，为应对经济发展遇到疫情等国内外多重超预期因素冲击，进一步落实党中央国务院稳经济稳就业稳预期精神，人社部门积极主动作为，出台系列稳就业政策。出台政策的侧重点集中在援企稳岗，促进高校毕业生、农民工、脱贫人口、长江退捕渔民等重点群体就业创业，加强零工市场建设，助推劳务品牌建设，公共就业服务等方面。促进就业优先政策体系和公共就业服务体系进一步完善优化。

具体而言，援企稳岗方面，出台了《人力资源社会保障部办公厅　国家税务总局办公厅关于特困行业阶段性实施缓缴企业社会保险费政策的通知》（人社厅发〔2022〕16 号）、《人力资源社会保障部　财政部　国家税务总局关于做好失业保险稳岗位提技能防失业工作的通知》（人社部发〔2022〕23 号）、《人力资源社会保障部　国家发展改革委　财政部　税务总局关于扩大阶段性缓缴社会保险费政策实施范围等问题的通知》（人社部发〔2022〕31 号）、《人力资源社会保障部　教育部　财政部关于推进企业吸纳就业社会保险补贴"直补快办"助力稳岗扩就业的通知》（人社部发〔2022〕37 号）、《人力资源社会保障部办公厅　教育部办公厅　财政部办公厅关于加快落实一次性扩岗补助政策有关工作的通知》（人社厅发〔2022〕41 号）等政策。它们在减轻企业负担，帮扶企业渡过经营难关，稳经营稳就业稳预期等方面作用明显，得到市场主体的一致好评。

促进重点群体就业方面，围绕高校毕业生、农民工、脱贫人口、长江退捕渔民等，出台了《人力资源社会保障部　教育部　科技部　工业和信息化部等十部门关于实施百万就业见习岗位募集计划的通知》（人社部发〔2022〕11 号）、《人力资源社会保障部　发展改革委　财政部　农业农村部　国家乡村振兴局关于做好 2022 年脱贫人口稳岗就业工作的通知》（人

社部发〔2022〕13号）、《人力资源社会保障部 国家发展改革委 民政部 财政部 农业农村部关于进一步做好长江流域重点水域退捕渔民安置保障工作的通知》（人社部发〔2022〕28号）等相关文件。相关文件的出台对支持稳定重点群体工作岗位，帮扶提升他们的就业能力，保持就业大局稳定，巩固拓展脱贫攻坚成果，起到积极作用。

促进零工市场建设方面，出台了《人力资源社会保障部 民政部 财政部 住房和城乡建设部 国家市场监管总局关于加强零工市场建设 完善求职招聘服务的意见》（人社部发〔2022〕38号）。该政策的出台对支持多渠道灵活就业，更好地促进大龄和困难等零工人员实现就业，强化零工人员就业服务，推进零工市场规划范建设起到积极作用。

在促进劳务品牌建设方面，出台了《人力资源社会保障部办公厅关于发挥人力资源服务机构作用助推劳务品牌建设的通知》（人社厅发〔2022〕9号）、《人力资源社会保障部办公厅 国家发展改革委办公厅 商务部办公厅 国家乡村振兴局综合司 全国妇联办公厅关于进一步加强家政劳务品牌建设的通知》（人社厅函〔2022〕90号）。这些是贯彻落实2021年出台的《人力资源社会保障部、国家发展改革委等20部门关于劳务品牌建设的指导意见》（人社部发〔2021〕66号）的充分体现，有利于助推劳务品牌提质增效、集聚发展、市场拓展，促进劳务品牌高质量发展。

公共就业服务方面，以人力资源服务机构稳就业为切入点，出台了《人力资源社会保障部办公厅关于开展人力资源服务机构稳就业促就业行动的通知》（人社厅函〔2022〕105号）。该政策有利于充分发挥人力资源服务机构匹配供需、专业高效的优势，助力高校毕业生、农民工等重点群体高质量就业，保障重点领域用工，创新发展灵活用工服务，加强人力资源市场供求信息监测，增强稳就业促就业的实效性。

（二）持续强化援企稳岗等就业保障政策，减负稳岗政策有力有效

市场主体是我国经济发展的底气和韧性所在，是就业的重要容纳器，量大面广的市场主体在促进高质量充分就业、保持社会稳定上发挥了关键作

用。2022 年，面对散点多发的疫情，人社部门积极作为，出台完善援企稳岗促就业系列政策。对受疫情影响较大的餐饮、零售、旅游、民航、公路水路铁路运输等行业企业，实施暂缓缴纳养老、失业、工伤保险费政策，为企业减轻负担。提高中小微企业失业保险稳岗返还比例，符合条件的地区从 60% 最高提至 90%。符合条件的地区再拿出 4% 的失业保险基金结余用于职业技能培训，并向受疫情影响暂时无法正常经营的中小微企业发放一次性留工培训补助。为尽早释放政策红利，助力企业纾难解困，推进就业补贴政策"直补快办"，实施就业再攻坚行动，失业保险稳岗返还和留工补助实施"免申即享"，缓缴社会保险费实施"即申即享"。全年通过系列"降缓稳补"释放政策红利约 4900 亿元。

（三）支持创业带动就业，推进零工市场规范建设

2022 年，支持创业带动就业，保障灵活就业和新就业形态权益，规范零工市场建设，也是人社部门就业工作的重点任务。2022 年是创业担保贷款工作启动二十周年，在这一年，各地积极落实创业担保贷款、创业补贴等政策，实施重点群体创业推进行动，举办"中国创翼"创业创新大赛，组织制造业、服务业两个组别的主体赛和青年创意、劳务品牌、乡村振兴三个专项赛，着力推动创新引领创业、创业带动就业和推进乡村振兴。健全灵活就业和新就业形态劳动用工和社会保障政策，开展新就业形态从业人员职业伤害保障试点，加强零工市场建设，出台零工市场建设意见（人社部发〔2022〕38 号），全面推行零工"即时快招"对接服务模式，支持灵活就业健康发展。截至 2022 年底，全国共有零工市场 3200 多家。

（四）加强重点群体就业帮扶，稳住重点群体就业格局

针对高校毕业生、农民工、退捕渔民等群体制定出台专门政策措施。千方百计拓展高校毕业生就业空间，全面启动未就业毕业生就业服务攻坚行动，提供不断线就业服务，创新推出吸纳补贴、扩岗补助等政策，加快公共

部门招录进度。为鼓励和支持国有企业 2022 年扩大高校毕业生招聘规模，人力资源和社会保障部办公厅下发《关于 2022 年国有企业招聘高校毕业生增人增资有关意见的函》（人社厅函〔2022〕132 号）。实施百万就业见习岗位募集计划，组织开展公共就业服务进校园活动，发布就业创业政策服务指南，提升服务精准度。帮助 250 余万名未就业毕业生实现就业。加大帮扶农民工就业创业力度，举办全国劳务品牌发展大会，开展"春暖农民工"服务行动。深化东西部劳务协作，支持帮扶车间、社区工厂、返乡入乡创业园发展，加大脱贫人口稳岗就业力度。截至 2022 年 12 月底，脱贫人口务工规模达 3278 万人。长江流域重点水域退捕渔民安置保障方面，为巩固拓展退捕渔民安置保障成效，将就业不稳定、就业转失业、新产生就业意愿、零就业退捕渔民家庭、大龄困难、退捕前后收入落差大的退捕渔民，作为重点帮扶对象，纳入台账管理，精准开展就业帮扶，分类组织技能培训，动态跟踪问效，激励先进，督促后进。

（五）扎实开展职业技能培训，提升培训质量

职业技能培训方面，出台了《人力资源社会保障部关于健全完善新时代技能人才职业技能等级制度的意见（试行）》（人社部发〔2022〕14 号）。该意见的出台健全了职业技能等级制度体系，完善了职业技能等级认定机制，促进职业技能等级认定结果与培养使用待遇相结合，明确了今后一个时期推进高技能人才队伍建设的指导思想和目标任务，围绕培养、使用、评价、激励等环节提出了一系列政策举措。同时，推进培训实名制信息化建设，公布 41 个国家基本职业培训包。深入实施《"十四五"职业技能培训规划》，组织实施重点培训工程和计划，深入实施康养职业技能培训计划，全面推行企业新型学徒制培训，聚焦高校毕业生、农民工、失业人员等重点群体和制造业、康养等重点领域开展补贴性培训，进一步加强急需紧缺职业（工种）培训，超过 1600 万人次参加。继续放宽失业保险支持技能提升补贴申领条件至参保满 1 年。

（六）推动劳务品牌建设，提升就业服务水平

推动劳务品牌建设，以品牌建设促高质量充分就业。2022年，人社部门从人力资源服务机构和家政服务业的角度分别出台劳务品牌建设相关政策文件，明确行业发展促进劳务品牌建设的方向和途径，有助于提升社会对劳务品牌的思想认识和认可度，对劳务品牌的分类指导更有利于不同行业从业者高质量充分就业，培育行业特色劳务品牌，助推劳务品牌提质增效。

组织开展春风行动、百日千万网络招聘专项行动、金秋招聘月等"10+N"就业服务专项活动，用好中国公共招聘网等平台，全年共举办线上线下招聘会12.7万场。加强企业招聘用工服务，帮助5.9万家重点企业解决用工215万余人次。实施公共就业服务能力提升示范项目。开展公共就业创业服务示范城市创建活动。进一步强化网络招聘服务监督管理。同时，加强人力资源市场管理，促进人力资源服务业发展，提升人力资源服务业的开放发展水平，开展"一带一路"人力资源服务行动，出台实施了"人力资源服务业创新发展行动计划（2023~2025年）"。

三 就业发展的下一步走势

从下一步走势看，我国就业形势仍具有维持总体稳定的有利条件。经济稳中向好、长期向好的基本面没有变。经济规模将进一步扩大，经济结构将进一步优化，市场空间广阔，发展韧性强劲。新一轮科技革命和产业变革深入发展，创新驱动的新技术、新经济、新业态加速发展，新就业增长动能不断加强；新型城镇化、乡村振兴等重大战略深入实施；构建双循环新发展格局，持续扩大开放和深化改革，新型开放经济将拓展新的世界市场。在党的二十大精神的指引下，就业优先政策进一步完善，各方面协同促进就业的机制更加完善，政策引导和服务支撑能力进一步加强。这些都将提供新的就业增长空间，为稳定就业局势提供基本支撑和有力保障。

同时，我国就业也面临外部环境不确定性、疫情影响长期性、复苏发展

不平衡性及经济减速影响滞后性等复杂多变局面，周期性、结构性、摩擦性、政策性因素叠加交织的复杂形势。

一是国内经济复苏动能不强，就业增长基础仍不牢固。受多重非预期因素的长期冲击和未来的不确定性影响，我国经济复苏的动能不强，消费、投资和出口等领域或在较长时间内处于弱增长态势，对就业增长的基础支撑和拓展能力偏弱。

二是疫情影响的长期效应将逐步显现。持续近3年的新冠疫情，叠加复杂的宏观经济社会因素，对劳动力市场造成了广泛深远的影响。疫情对劳动力市场从需求到供给、从数量到质量、从总体到结构，对劳动者从求职行为到求职观念、从身体到心理，对企业从用工方式到管理制度等，方方面面都产生了影响。后疫情时期，经济与劳动力市场结构进入新一轮调整期，行业调整仍将进一步深化，受损的劳动力市场还需较长一段时期才能恢复，新的就业增长动能还需持续蓄积。

三是外部政经关系不稳定性的冲击不容忽视。受俄乌冲突外溢，中美科技、贸易等领域的竞争加剧，美欧战略调整等多重因素叠加影响，我国经济社会发展的外部环境面临更多不确定性，它们影响我国社会经济整体发展，并给劳动力市场发展带来一定的不稳定性因素和风险点。2022年爆发的俄乌冲突持续至今，不仅对俄罗斯和乌克兰两国社会经济造成严重冲击，同时也对全球经济和金融市场产生多重影响。尤其是全球能源及食品价格上涨，美欧国家通胀率高企。中美科技、贸易等领域的竞争进入新阶段，脱钩断链风险进一步加大，供应链产业链变动的影响或逐步加强，从长期看，这一影响不容忽视。我国经济发展面临前堵后追局面：一方面是发达国家的贸易、技术等打压和产业回流，另一方面是其他发展中国家在中低端供应链和产业链中的竞争。这对劳动力市场两端都将产生影响：一方面是发达国家制造业回迁和技术限制，对高端技术人才的影响；另一方面是东南亚、南亚和其他地区发展中国家的洼地效应，吸引企业产能外迁，对基层一线人员就业的影响。

四是部分摩擦性、周期性因素的影响出现结构化、长期化趋势。受疫情及其他因素影响，市场结构调整持续深化，风险点位或不断转移，区域、城乡、行业和群体的就业状况出现新的变化。区域行业等的结构性变化加剧，各类失业风险叠加累积，局部失业风险或多点频发。同时，失业劳动者长期失业趋势愈加明显，失业者找工作或者再就业的"信心"不足，焦虑情绪增强。特别是以高校毕业生为主的青年就业问题或进一步加剧。作为在新冠疫情这一特殊背景下成长的新生代劳动者，近三年来应届毕业生在求职就业上面临许多特殊困难和问题，其学习、实习、求职就业过程和行为方式、观念等都具有明显不同于以往群体的特征，他们的就业失业问题不再是短期的，需要更长时间进行消化处理，在较长时期内逐步解决。

四　促进就业发展的对策建议

总体来看，面对未来不确定的世界，保持我国就业局势的总体稳定，需要更加系统和长期的政策服务支持，做好打长久战、攻坚战的准备。需要坚决贯彻落实党的二十大精神，坚持就业是最基本的民生的定位，实施就业优先战略，强化就业优先政策，健全就业促进机制，进一步加大就业优先政策力度、提高就业优先政策准度，兜住兜牢最大民生底线，有效防控失业风险，推进实现高质量充分就业目标。

（一）平衡宏观政策目标，加强政策支持，稳预期、强信心

坚持就业优先，实现经济增长、通货膨胀、失业率等宏观经济目标之间的平衡，加强政策的协调性、稳定性和可预见性，协调宏观调控政策的力度和时机，把握好政策强度和节点，提振和稳定市场信心。坚持就业优先，保持经济增长拉动就业的能力，实现经济转型与就业转型同步、高质量发展与高质量就业同步，避免"无就业复苏"。建立实施重大项目、重要政策和重大行政执法活动的就业影响评估机制，优先出台实施有利于扩大就业的政策措施，优先支持就业吸纳能力强的项目；对于可能会对就业产生破坏作用的政策措施要尽量少出慎出、少用慎用，合理设置政策红灯、绿灯，对于可能会对就业造成重大影响的政策要采取就业帮扶配套措施。

（二）优化就业政策体系，精准施策保主体促就业

各类经济社会政策要坚持问题导向，适时回应市场关切需求，调整政策目标功能定位，从"救急治病"向"康复提质""挖潜扩能"转变，更加重视对劳动力市场修复和结构调整政策的供给。利用宏观政策工具，加大力度培育和发展新的经济和就业增长点。着力推进数字经济、绿色经济、创意经济等新产业新业态发展。加强对消费服务行业、社会治理和公共服务、二三线城市和县域经济的支持，培育新的就业增长点。提高政策措施的精准度，精准支持特定主体，保供应、稳经营。精准出台区域性、行业性、主体性就业政策，加强结构性政策供给，加强供应链保障，维持企业的正常运转，提高市场主体存活率。将对中小微企业和个体户提供的财政、信贷、专利、政府采购等优惠政策系统化长期化。加大对社区工厂、扶贫车间、易地安置园区等特定主体的扶持力度。推进就业友好型营商环境建设，深入推进大众创业万众创新，持续释放全社会创业创新创造新动能，为劳动者自谋生计和就业门路广开方便之门。

（三）健全多元就业促进机制，保障重点群体就业

健全就业公共服务体系，破除妨碍劳动力、人才流动的体制、机制和政策弊端，清除影响平等就业的不合理限制和就业歧视，完善重点群体就业支持体系，加强困难群体就业兜底帮扶。积极完善促进高校毕业生市场化社会化就业机制，拓展市场和公共部门就业渠道和空间，加大事业单位、国有企业等的招聘力度，鼓励毕业生利用专业特长到中小城市和县乡创业，开办专业化服务机构，实施基层岗位支持计划，推动公共就业服务进校园，加强高校毕业生就业服务指导，加快疏解清除毕业生就业"堰塞湖"。加强对农民工的就业与权益保障，加强对农民工返乡回流情况的监测，加大就近就地就业创业政策支持和服务力度，扩容农村劳动力"蓄水池"。加强对灵活就业人员的就业服务，扩大就业创业补贴、各类社会保险、技能提升培训对灵活就业人员的覆盖面，建立零工市场和平台灵活用工信息监测和发布机制，为

灵活就业人员提供有效信息指导，加强灵活就业人员工时、工资、社保等各方面权益保障。发挥数字经济和平台企业的稳就业作用，做活做好灵活就业"周转池"。同时，加强对知识型、技术型、技能型失业人员的就业服务和帮扶指导，强化政策宣传、咨询、信息对接、转岗培训、创业扶持等。解决补齐劳动者收入增加和权益保障短板，稳步提升就业质量问题。

（四）加强失业监测预警，健全失业风险应对机制

建立跨部门就业形势分析机制，推进部门基础数据信息共享，增强政策和服务的及时性、针对性、有效性。加强对新风险点位和群体就业失业状况的监测，强化对重点群体和市场弱势群体的政策和服务支持。针对重点地区、重点行业和群体开展持续的监测调查。提高应对国内外严重冲击的能力，加快建立健全失业监测预警机制。完善风险应对机制和丰富应急政策工具箱，针对青年失业率走高、灵活就业人员增加、劳动者权益受损、企业裁员增多、劳动争议纠纷多发等风险做好预案，避免发生冲击社会情绪和稳定的失业风险。

宏观专题篇
Reports on Macro Economy

B.2
中国劳动力供需形势分析

宫倩楠　田大洲*

摘　要： 人口是构成劳动力的基础。本报告基于第七次全国人口普查数据，在预测我国中长期人口变动的基础上，对未来我国的劳动力供需形势进行分析。第一，我国劳动力供给总量依然充足，未来将加速减少，中青年劳动力规模相对萎缩，内部老化程度不断加深。第二，"十四五"时期我国新增劳动力数量年均1450万人以上，新增就业压力依然较大。第三，我国就业需求总量未来将下降，需求结构持续调整。第四，当前阶段我国劳动力供给规模仍大于需求，未来两者差值将不断缩小，劳动力供需形势在2035年前后发生较大转折的可能性大大增加。就业政策的着力点也应从突出强调总量矛盾向重点缓解结构性矛盾和有效提升就业质量调整。

---

* 宫倩楠，中国劳动和社会保障科学研究院人力资源研究室助理研究员，主要研究领域为人口与劳动计量；田大洲，中国劳动和社会保障科学研究院人力资源研究室副主任、副研究员，主要研究领域为人力资源、职业技能、就业和社会保障。

关键词： 人口 劳动力供给 劳动力需求 就业

一 引言

"十四五"时期是决胜全面建成小康社会、全面建设社会主义现代化强国的重要时期，也是我国转变生产方式、推动经济高质量增长和可持续发展的重要时期。在这一关键时期，唯有充分利用各种可以利用的资源，处理好各项关键问题才能促进经济社会各方面高质量可持续发展。其中，就业是民生之本，也是经济发展的"晴雨表"，直接影响社会经济发展和人民幸福。[①]

近年来，我国经济增长进入新常态，尽管经济下行压力加大，但是劳动力市场形势整体保持稳定。国家统计局数据显示，2011~2021年我国城镇新增就业年均超过1300万人，2022年城镇新增就业实现1206万人；2023年第一季度城镇调查失业率平均值为5.5%。劳动者的就业结构更加优化，在2013年第三产业首次超过第二产业成为吸纳就业的主要部门后，2022年第三产业就业人员占比达到47.15%，即将超过半数。此外，随着数字经济发展和产业结构转型升级，就业形态更加多样化，"新业态"成为关注热点。新冠疫情影响下，我国大学毕业生以及其他重点群体就业压力依然很大，"就业"成为"六稳""六保"工作的重要内容。教育部数据显示，2023届高校毕业生规模为1158万人，同比增加82万人。然而当前就业市场中"就业难"与"招人难"现象并存，结构性失业、摩擦性失业与近年来经济下行导致的周期性失业叠加，高校毕业生的就业形势严峻复杂。国家统计局数据显示，2023年5月，我国16~24岁城镇青年失业率达到20.8%。此外，农民工群体就业的两极分化现象加剧，技能型工人缺口较大，新进入劳动力市场、缺乏技能的青年农民工面临高失业率

---

① 王广州：《中国劳动力就业状况及变化特征研究》，《中国人口科学》2020年第2期，第2~14、126页。

和就业不稳定问题，老一代农民工技能水平偏低，失业风险加大。城镇就业困难群体的就业脆弱性也在进一步加强。"十四五"时期，我国经济增长的动力和源泉正在发生改变，作为人力资源的重要组成部分，劳动力供给与需求的变动关系就业岗位的稀缺或过剩、就业数量的多少与质量高低等，是判断我国就业形势变化的基础。

人口是构成劳动力的基础。化解劳动力供给总量、结构与经济系统内部结构之间的矛盾是一个长期、复杂的系统，是一个既涉及人口系统和社会经济系统长期运行机制，也涉及从自发系统调节进入目标调节的良性互动过程。当前我国人口发展的内在动力和外部经济社会条件已经发生显著变化，处于人口转变与经济发展转变的双重阶段。人口增长模式已经步入"低出生率、低死亡率、低自然增长率"的现代型再生产阶段。生育率长期低位徘徊，加上预期寿命不断延长，人口老龄化程度持续加深，劳动年龄人口在总人口中的比重及其绝对数量的增长从放缓停滞到转而下降，劳动力市场的供给侧格局不断发生变化。2022年，我国65岁及以上老年人口达2.10亿人，占总人口的14.90%，15~64岁劳动年龄人口比重降至68.20%；15~64岁劳动年龄人口规模也从2013年的峰值10.10亿人降至9.63亿人。我国在过去实现了长达40年的高速经济增长，富有生产性的人口年龄结构保证了充足的劳动力供给，为经济发展做出显著贡献，人口红利效应被普遍认可。[①] 但老龄化程度加深、人口出生率下降以及劳动年龄人口规模和比重相继下降，这些变化将会对我国未来的老年人口抚养、劳动力市场供需匹配、劳动生产率等诸多方面产生长期而深远的影响，而这引起了学界的广泛关注和讨论。当前相关研究主要围绕以下方面展开。第一，对人口结构转变下劳动年龄人口的主要特征及发展变动趋势进行分析[②]。第二，聚焦于人口红利

---

① 蔡昉：《人口转变、人口红利与刘易斯转折点》，《经济研究》2010年第4期，第4~13页。

② 原新、金牛、刘旭阳：《大变局与新格局：中国人口负增长时代的劳动力供需》，《江苏行政学院学报》2020年第5期，第61~68页；童玉芬、刘志丽、宫倩楠：《从七普数据看中国劳动力人口的变动》，《人口研究》2021年第3期，第65~74页。

及劳动力市场变动对经济发展的影响[1]。第三，对劳动力供给与需求变动引发的结构性就业问题进行分析[2]。尽管涉及未来劳动力供给与需求的预测，但部分研究开展时间较早，或者关注区域范围较小，基于最新人口变动形势对未来中国劳动力供给与需求形势的预测有待补充。

基于上述分析，本报告采用"七普"数据，将生育政策进一步调整放开的可能影响考虑在内，立足于新时代"两步走"战略安排，尝试研判到2050年我国劳动力供需状况的变动趋势，为未来劳动力市场的供给侧变化及劳动力市场的健康运行提供支撑和依据，并从塑造人力资本新红利的角度提出相关对策建议。

二 未来中国劳动力供给形势预测

本节在设置中生育方案估算未来我国分性别年龄人口规模的基础上，结合劳动参与率变动状况，对未来劳动力供给的规模与结构进行预测分析。[3]此外，在考虑教育影响的情况下，采用脱离教育人数法对未来我国每年新增劳动力规模进行预测，从而全面把握我国劳动力供给的可能变动趋势。

（一）16岁及以上人口规模2035年达到峰值12.24亿人，中青年人口规模整体下降，老年人口持续增加，老龄化程度不断加深

从基于中生育方案的中国中长期人口预测结果来看，我国已经进入人口

---

① Bloom, D. E., J. G. Williamson, "Demographic Transitions, Human Resource Development and Economic Miracles in Emerging Asia," *The World Bank Economic Review*, 1998, 12（3）: 419-455；原新、高瑗、李竞博：《人口红利概念及对中国人口红利的再认识——聚焦于人口机会的分析》，《中国人口科学》2017年第6期，第19~31、126页；颜色、郭凯明、杭静：《中国人口红利与产业结构转型》，《管理世界》2022年第4期，第15~33页。

② 孙文凯、郭杰、赵忠、汤璨：《我国就业结构变动与技术升级研究》，《经济理论与经济管理》2018年第6期，第5~14页；李建伟：《我国劳动力供求格局、技术进步与经济潜在增长率》，《管理世界》2020年第4期，第96~113页；莫荣：《如何促进高校毕业生就业，缓解就业结构性矛盾》，《中国党政干部论坛》2022年第3期，第59~63页。

③ 在生育方案的参数设置方面，采用了中国人口与发展研究中心基于联合国开发的贝叶斯分层概率预测方法的预测结果，在此表示感谢。

负增长时代。总人口规模在 2022 年前后达到峰值 14.13 亿人后呈持续下降趋势。2030 年和 2035 年分别降至 13.99 亿人、13.83 亿人，2050 年跌至 13 亿人以下，为 12.97 亿人。

16 岁及以上人口规模未来呈先上升后下降趋势。2035 年达到峰值 12.24 亿人，2040 年、2050 年分别降至 12.04 亿人和 11.37 亿人（见图 1）。2036~2040 年、2041~2045 年和 2046~2050 年的年均下降规模分别为 391.01 万人、616.39 万人和 721.13 万人，下降幅度不断加大。

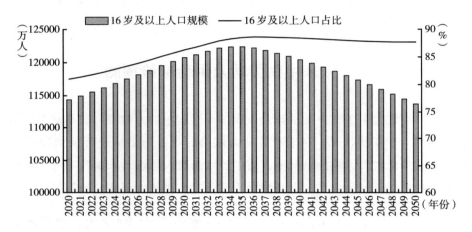

图 1　未来我国 16 岁及以上人口规模及占比

16~24 岁青年人口规模先缓慢上升后迅速下降，后期下降幅度较大，2045 年后进入平稳期。2021~2025 年、2026~2030 年的年均增加人数分别为 152.56 万人和 350.05 万人，2033 年 16~24 岁青年人口达到峰值，为 1.61 亿人；此后迅速下降，2036~2040 年和 2041~2045 年的年均下降规模分别为 750.47 万人和 577.40 万人，2050 年该年龄段人口规模降至 8613 万人（见图 2）。青年人口规模与未来我国每年新进入劳动力市场人口数量密切相关，2033 年前我国青年人口数量仍继续增加，意味着我国每年新增劳动力规模尤其是高校毕业生总量将处于高位，未来十年青年群体的就业问题依然较为严峻。

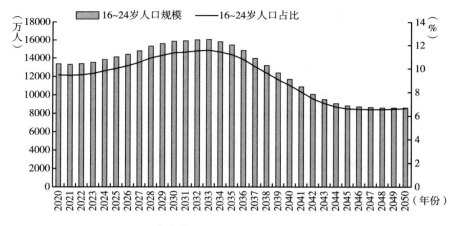

图 2　未来我国 16~24 岁人口规模及占比

　　我国 25~49 岁年龄段人口规模不断下降，从 2025 年的 4.82 亿人降至 2035 年的 4.46 亿人，2050 年进一步降至 3.73 亿人。"十四五"时期该年龄段人口年均减少 796.19 万人，占总人口的比重从 2025 年的 34.21% 降至 2035 年的 32.29%，2050 年这一比重持续降至 28.73%（见图3）。该年龄段人口是构成劳动年龄人口的主体部分，劳动参与率始终维持在较高水平，就业状态相对稳定，25~49 岁年龄段人口的持续萎缩意味着未来我国就业脆弱性群体比重上升，劳动力市场的不稳定性增强。

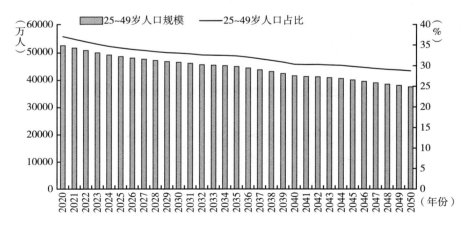

图 3　未来我国 25~49 岁人口规模及占比

我国 50～64 岁人口规模呈波动下降趋势，"十四五"时期有所上升，2026 年达到峰值 3.37 亿人，此后开始下降，2036 年后略有回升，占总人口的比重 2026 年最高为 23.90%（见图 4）。当前我国法定退休年龄为男性 60 岁，女干部 55 岁，女职工 50 岁。该年龄段人口是我国延迟退休政策的主要作用对象，是可以开发利用的老年人力资源主体。当前我国 50～54 岁、55～59 岁年龄段女性人口规模仍处于下降趋势，"十六五"期间将陆续降至波谷，2040 年前后会出现下一波峰值。我国 60～64 岁男性人口数量当前仍处于增长阶段，将在 2032 年前后达到峰值 5831 万人。总体来看，我国当前正处于延迟退休政策调整的机遇期，延迟退休政策覆盖的年龄段群体尤其是男性群体人口基数还在继续增加，整体处于增长期，应当抓住机会窗口推进延迟退休政策实施，确保政策实施效果。

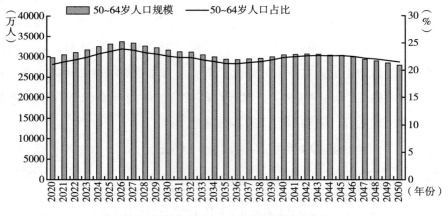

图 4　未来我国 50～64 岁人口规模及占比

我国 65 岁及以上老年人口规模持续上升。"十四五"时期数量年均增加 607.8 万人，2025 年达到 2.21 亿人。2026～2030 年和 2030～2035 年年均增长规模分别为 1014.6 万人和 1149.4 万人，增长速度进一步加快，2036 年 65 岁及以上老年人口为 3.40 亿人（见图 5）。此后年均增加幅度有所下降，但老年人口的绝对规模仍不断上升，2050 年接近 4 亿人。从结构来看，

2021 年 65 岁及以上老年人口占总人口的比重为 14.08%，2025 年后迅速提高，2031 年突破 20%，2048 年老年人口（65 岁及以上）比重达到 30%以上。

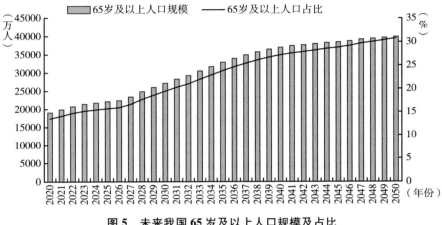

图 5　未来我国 65 岁及以上人口规模及占比

（二）青年和女性群体劳动参与率下降明显，人口年龄结构老化作用下总劳动参与率将继续下降

总劳动参与率主要受到分性别、年龄劳动参与率和人口年龄结构的影响。随着我国经济社会发展和教育政策、生育政策调整，不同年龄段群体的就业择业观念发生变化，其中 16～24 岁青年群体和女性的劳动参与率变动较大。

从总体看，我国劳动参与率的生命周期呈现倒 U 形。对比两次人口普查数据，15～24 岁人口劳动参与率下降幅度最大；25～49 岁人口劳动参与率稳定在较高水平，达到 80% 以上；50 岁及以上人口劳动参与率随年龄增加明显下降，其中 65 岁及以上人口的劳动参与率下降幅度较大（见图 6）。

15～24 岁人口劳动参与率的剧烈下降主要与高等教育扩招有关。国家统计局数据显示，2000～2010 年，我国普通本科专科招生人数从 220.6 万人

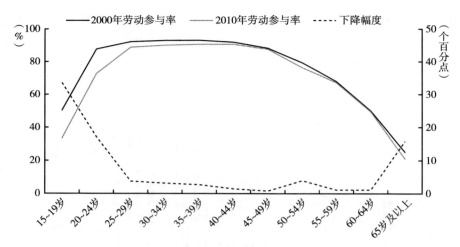

图6 我国2000年和2010年劳动参与率

升至661.8万人，增加了441.2万人；同期16~24岁非经济活动人口从608.47万人上升至812.83万人，增加了204.36万人，高等教育招生规模的扩大已经覆盖非经济活动人口规模的扩大。2020年，高等教育招生规模进一步升至967.45万人，与2000年相比增加了3.38倍，录取率达到82.7%。研究生招生规模也不断扩大，从2000年的12.85万人升至2020年的110.65万人。未来，随着高等教育继续扩张，以及高校毕业生"缓就业""慢就业"，我国青年人口的劳动参与率可能会继续下降，如何有效增加该部分人口的有效劳动力供给需要引起政策关注。

分性别来看，我国男性劳动参与率较为稳定，女性劳动参与率始终低于男性。世界银行数据显示，2021年我国15岁及以上人口男女劳动参与率分别为74.29%、61.61%，两者差距为12.68个百分点。划分年龄段看，我国15~24岁的男女劳动参与率差异最小，50~54岁相差最大，2010年男性比女性高27.37%（见图7）。这主要与男女退休年龄不同有关，如果将男女退休年龄逐步拉平，该年龄段女性的劳动参与率将得到一定提高。此外，2000~2010年25~34岁年龄段的女性劳动参与率下降幅度也较为明显，这主要与社会性别观念作用下生育水平和工资收入变动导致的家庭联合劳动供给决策有关。未来，在生育政策调整和延迟退休政策实施的背景下，提高女性劳动参与率水平、缩小男女劳动参与率差距始终是我国劳动力供给侧改革需要考虑的重点之一。

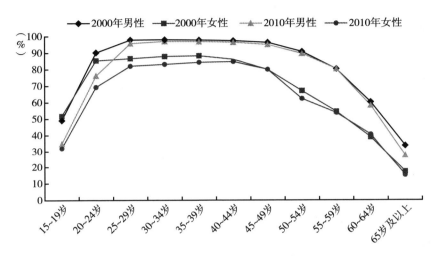

图7　我国 2000 年和 2010 年分性别劳动参与率

除分性别、年龄劳动参与率外，人口年龄结构加速老化将导致我国总劳动参与率未来呈持续下降趋势。即使设定我国分性别、年龄劳动参与率与 2010 年第六次全国人口普查数据保持一致，在内部人口年龄结构老化的作用下，未来我国总的劳动参与率仍将继续下降，从 2021 年的 67.86% 降至 2030 年的 62.83%，2039 年跌破 60%，2050 年降至 56.39%（见表1）。

表1　未来我国劳动参与率变动预测

单位：%

时期	年份	劳动参与率	时期	年份	劳动参与率
十四五	2021	67.86	十五五	2026	65.18
	2022	67.25		2027	64.63
	2023	66.59		2028	63.93
	2024	66.08		2029	63.38
	2025	65.60		2030	62.83

续表

时期	年份	劳动参与率	时期	年份	劳动参与率
十六五	2031	62.37	十八五	2041	59.36
	2032	61.97		2042	59.10
	2033	61.51		2043	58.83
	2034	61.16		2044	58.54
	2035	60.81		2045	58.25
十七五	2036	60.56	十九五	2046	57.89
	2037	60.38		2047	57.47
	2038	60.15		2048	57.13
	2039	59.90		2049	56.77
	2040	59.63		2050	56.39

结合世界其他主要国家如美国、德国和日本等的劳动参与率情况看,近年来数值基本稳定,其中德国劳动参与率先下降后上升,从1990年的58.04%降至2004年的56.87%,之后开始反弹,2011年升至60%以上,2021年为61.36%(见图8)。

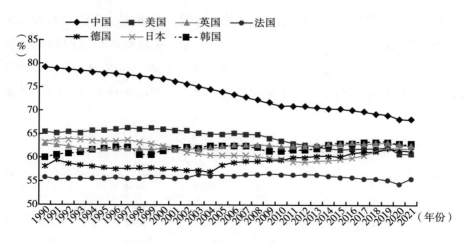

图8　1990~2021年世界主要国家的劳动参与率

数据来源:世界银行数据库。

劳动参与率受到所在国家或地区的宏观经济形势、人口性别年龄结构、劳动力市场变动以及相关政策调整影响。考虑国际经验并结合我国劳动力市场平衡和政策要素影响以及传统劳动价值观念作用，测算时假定2038年后我国劳动参与率稳定在60%左右这一水平。

（三）劳动力总量不断减少，内部加速老化，劳动力供给侧格局发生转折性变化

本报告参照国家统计局口径，将我国16岁及以上人口中的经济活动人口（包括就业人口和失业人口）视为劳动力。未来我国劳动力总量依然充足，但总体趋势上不断减少，从2021年的78003万人降至2025年的77097万人，"十四五"期间平均每年减少约211万人。2031~2035年、2036~2040年、2041~2045年、2046~2050年的年均下降规模分别达到292万人、434万人、350万人和480万人，2035年降至74415万人，2045年总量进一步减少至70495万人，2050年我国劳动力约6.8亿人。总体来看，2035年前我国劳动力供给规模仍维持在7.5亿人及以上水平，下降趋势带来的绝对量减少短期内尚不足以撼动我国劳动力基数。

从劳动力供给结构看，内部老化程度不断加深。16~24岁劳动力规模先上升后下降，2033年达到峰值8942万人，此后明显下降，2050年为5044万人，所占比重也从2033年峰值的11.90%降至2050年的7.41%；25~49岁劳动力规模总体上持续下降，"十四五"时期平均每年减少670万人，2025年为4.34亿人，2035年后萎缩至4亿人以下，所占比重从2025年的56.29%降至2035年的53.86%；50~64岁劳动力规模呈现波动下降趋势，但下降幅度相对较小，2035年减少至18733万人，所占比重为25.17%；65岁及以上劳动力规模大幅扩大，2025年、2030年和2035年分别为4628万人、5674万人和6866万人，2050年达到8854万人，所占比重不断提高，从2021年的5.36%升至2035年的9.23%，2050年达到13.00%（见图9）。

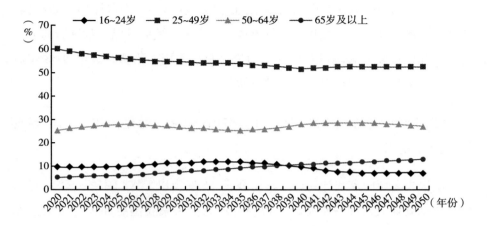

图9　未来我国劳动力内部年龄结构

（四）每年新增劳动力数量先上升后下降，2034年达到峰值，"十四五"时期年均增加1450万人以上

本报告利用教育统计数据，采用脱离教育人数法对每年进入劳动力市场的新成长劳动力进行了测算。具体方法是推算各级教育阶段辍学以及毕业而不再升学的16岁及以上人口数来计算每年的新增劳动力规模，依次按照小学、初中、高中（中职）、大学和研究生阶段，分别预测入学人数、辍学人数、毕业未升学人数、升入下一教育阶段人数，最终将每阶段辍学和毕业未升学人数加总得到每年新进入劳动力市场的劳动力数量，其中小学阶段辍学和毕业未升学人口假定4年后进入劳动力市场，初中到高中阶段以及研究生阶段的升学率参考过去的发展变化趋势并结合相关教育规划进行一定升高调整，使用数据主要来自国家统计局网站。

预测结果显示，2022年我国新进入劳动力市场人口数量约1400万人，此后呈缓慢上升趋势，"十四五"时期年均增加1450万人以上，峰值出现在2034年前后，此后迅速下降，2045年降至1000万人左右，2050年不足900万人（见表2）。这一结果与前面预测的16~24岁劳动力规模变动趋势相吻合，未来十年我国每年新增劳动力数量将会继续增加，解决青年群体的就业问题始终是就业工作的重点。

表2　我国未来新增劳动力规模

单位：万人

时期	年份	新增劳动力规模	年均增量	时期	年份	新增劳动力规模	年均增量
十四五	2021	1441	1450	十七五	2036	1655	1603
	2022	1400			2037	1662	
	2023	1443			2038	1624	
	2024	1466			2039	1611	
	2025	1500			2040	1463	
十五五	2026	1509	1577	十八五	2041	1370	1173
	2027	1573			2042	1288	
	2028	1595			2043	1138	
	2029	1593			2044	1059	
	2030	1618			2045	1010	
十六五	2031	1684	1686	十九五	2046	963	922
	2032	1670			2047	914	
	2033	1663			2048	924	
	2034	1730			2049	925	
	2035	1680			2050	882	

随着我国高等教育政策调整，新成长劳动力中受过高等教育的比重将会延续不断提高趋势，从2022年的54.59%进一步升至2039年的73.3%（见图10），劳动者素质的提高改善了劳动力供给的质量，为产业结构转型、经济高质量发展提供了有效支撑，同时高等教育也平滑了新成长劳动力进入劳动力市场的规模，但对我国产业结构的调整提出了更高的要求。

三　未来我国劳动力需求形势预测

在此进一步采用弹性系数法，在预测未来我国经济增长走势、计算就业弹性系数的基础上估算到2050年我国劳动力需求形势的变动状况。

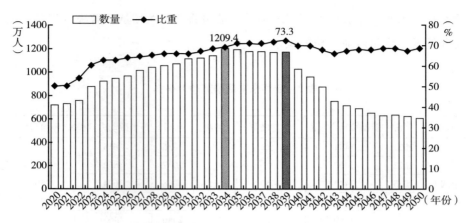

图 10　高等教育新成长劳动力数量及比重

（一）经济结构不断调整优化，经济增速逐步放缓

近年来，我国经济增速不断放缓，内部产业结构不断优化，2015 年开始第三产业比重超过 50%，2021 年达到 53.3%，第一产业和第二产业比重分别降至 7.3% 和 39.4%。本报告参考相关研究对我国未来经济走势进行预测。《世界经济展望》预计 2023 年中国经济将有所回升，增速约为 4.6%。国家信息中心在《中国与世界经济发展报告（2022）》中对未来中国经济发展的预测更为乐观，预计 GDP 增长 5.6% 左右。参考各研究机构预测结果以及我国经济发展规划，并结合对宏观形势的判断把握，我们认为随着我国经济进入高质量发展阶段，在兼顾经济发展质量和就业等民生保障的情况下，今后相当长一段时期内经济增速稳定在 5% 及以下或将成为常态。基于此对经济增速进行设置，其中"十四五"期间平均增速为 5.78%，此后按照五年一组平均增速不断减少，分别为 5.32%、5.08%、4.7%、4.2% 和 3.7%。

（二）第二和第三产业就业对经济增长的弹性系数为正，近几年有所下降，低于0.2

就业弹性反映了经济体在发展过程中创造就业岗位的能力，这种能力是经济结构、生产方式演变的结果。考虑到我国就业总量从 2015 年开始不断减少，经济发展所带来的就业增加主要表现为第二和第三产业的就业增长，因此本报告重点观察我国第二和第三产业就业弹性的变化。

我国第二和第三产业就业弹性近年来整体呈下降趋势。2011~2015 年第二和第三产业就业弹性为 0.33，2016~2020 年就业弹性降至 0.14（见表 3）。进一步参照世界其他主要国家的就业弹性，假定未来我国第二和第三产业的就业弹性不超过 0.2，从 2020 年的 0.13 开始下降，按照五年一组变动，降至 2050 年的 0.05。

表 3　我国分产业就业弹性变动

时期	总就业弹性	第一产业就业弹性	第二产业就业弹性	第三产业就业弹性	第二和第三产业就业弹性
2001~2005 年	0.074	-0.255	0.151	0.327	0.266
2006~2010 年	0.034	-0.832	0.328	0.211	0.280
2011~2015 年	0.007	-1.275	0.052	0.486	0.333
2016~2020 年	-0.082	-1.120	-0.104	0.321	0.142

数据来源：根据国家统计局数据计算得到。

（三）就业总量已达峰值，三次产业就业结构不断调整优化，城乡差距持续拉大

根据我国 GDP 增速、第二和第三产业就业弹性系数设定，可以预测今后一段时期的第二和第三产业就业总量，再根据第二和第三产业的就业比重变化情况对我国未来的就业总量进行预测。参照世界其他主要国家尤其是发达经济体的就业结构变动情况，假定我国第二和第三产业就业比重从 2021 年的 77.13% 开始，2022~2035 年按照年均 0.5 个百分点的速度增加，2035~2050 年按照年均 0.4 个百分点的速度增加，2050 年上升至 90.30%。

从预测结果看，我国就业总量已达到峰值，此后整体呈下降趋势。2022 年为 74605 万人，2030 年、2040 年、2050 年分别降至 74171 万人、73365

万人和 71652 万人。未来就业总量的下降速度将会加快，"十四五"时期平均每年减少 111 万人，2026～2030 年、2031～2035 年、2036～2040 年、2041～2045 年和 2046～2050 年的年均下降规模分别为 68 万人、91 万人、70 万人、152 万人和 191 万。

如果假定第二和第三产业就业弹性保持 2020 年的 0.13 不变，该方案下未来我国的就业规模将会继续扩大，2030 年、2040 年和 2050 年分别增至 75004 万人、75824 万人和 76263 万人。与就业弹性下降方案相比，到 2050 年不变方案的就业总量增加了 4611 万人，经济增长对就业岗位的拉动效果明显。

需要注意的是，就业总量变动不仅与经济规模、劳动生产率有关，同样也与劳动力市场中的供给状况相关，近年来我国就业总量持续下降的结果中包含劳动力减少这一供给侧因素。未来我国劳动力供给总量将会继续减少，而参照世界其他主要国家的就业弹性变动经验，我国就业弹性也会不断下降，因此双重作用下未来我国就业总量仍将呈持续下降趋势。

从城乡结构看，我国城镇就业规模不断扩大，从 2022 年的 47318 万人增至 2035 年的 54590 万人，2050 年城镇就业人数超过 6 亿人；乡村就业规模持续下降，从 2022 年的 27287 万人下降至 2050 年的 1 亿人左右（见图 11）。

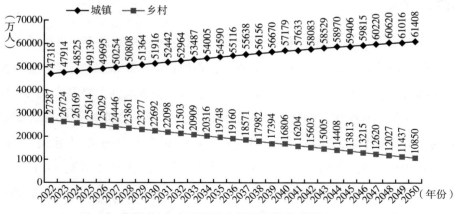

图 11　未来我国城乡就业规模变动状况

四　劳动力供需变动对劳动力市场的可能影响

总体来看，今后一段时期内，我国劳动力供给和需求均呈下降趋势，其中劳动力供给规模下降幅度相对较大，劳动力供求格局正在发生转折性变化，从过去无限供给向有限剩余、供求基本平衡、供给不足转变，由此劳动力供求的结构性矛盾会愈加凸显，未来劳动力供给总量不足的情况也需要引起重视。相应地，我国的就业问题也应从突出强调总量压力向重点缓解结构性矛盾、有效提升就业质量调整。提高重点人群包括女性、青年群体的劳动参与率，加快老年人力资源开发、调整产业结构与我国劳动力供给结构相匹配成为重要着力点。

（1）劳动力供给总量减少或将成为我国经济增长的重要约束条件，导致就业总量减少、结构调整速度加快。

未来我国劳动年龄人口减少速度加快，劳动参与率下降明显，有效劳动力供给持续萎缩。在宏观经济面临多重压力的条件下，这可能会对经济增长产生不利影响。一方面，劳动力总量减少将降低经济潜在增长率，就业总量因劳动力供给减少和经济增速放缓造成的拉动效应减弱而进一步减少；另一方面，经济增长将更加倚重劳动力质量、资本投入和技术进步，在推动经济增长的同时提高了经济结构调整速度和幅度，就业在产业、行业、区域、群体等维度的结构性问题将更加突出，使得就业工作从解决总量压力向侧重优化就业结构、提升就业质量的多元目标转变。如何实现就业规模与经济发展的有效匹配、就业结构与经济结构均衡协调发展，更加充分地开发利用各类人力资源、优化劳动力布局成为就业领域的核心问题。

（2）今后一段时期新成长劳动力规模继续扩大，叠加大龄劳动力比重上升，劳动力市场供需结构性矛盾加剧，对提高劳动力资源配置效率提出更高要求。

劳动力供给的内部结构变化加剧了劳动力市场中的供求失衡形势，未来我国就业的结构性矛盾愈加突出。一方面，16～24岁青年劳动力规模仍在

扩大，新成长劳动力"十四五"时期年均增加 1450 万人以上，2034 年达到峰值。由于新增劳动力普遍缺乏工作经验，技能匹配难度较大，今后一段时期就业面临的摩擦性和结构性困难会显著加大。另一方面，25～49 岁劳动力数量持续萎缩，大龄劳动力在劳动年龄人口中的比重不断提高。大龄劳动者的技能难以适应产业结构转型的需要，人员相对富余造成较大的稳就业压力。尤其是在后疫情时代我国经济增长仍处于修复期，需要警惕可能存在的"沮丧工人效应"。未来要维持一定水平的经济增速、实现充分就业，需要提高劳动力市场匹配效率，通过灵活的劳动力市场政策将不同年龄的劳动力群体配置到不同区域、不同产业、不同职业和不同所有制单位，通过提高人力资源总体配置效率调剂劳动力的冗缺，发掘人力资源新红利。

（3）人口结构老化与劳动力受教育水平提高同步，在增加人力资本总量的同时改变人力资本类别结构，需要持续优化人力资本投资策略和方向。

长期以来，加大教育投资力度、提高受教育水平是我国人力资本投资的最主要形式，由此形成受教育时间较长、受教程度较高、知识含量较为丰富的年轻劳动力群体。长期来看，我国新成长劳动力的增速逐步放缓，现有累积的丰富教育资源将会更加集中投资于这一群体，进一步提高该群体的受教育水平，也必然提高他们对劳动报酬的预期，改变他们的就业观念、择业方式、职业期望等，同时引致劳动力成本上升，对劳动力市场产生深远影响。另外，我国经济增长转向高质量发展，对投入生产的人力资本总量和类别，尤其是能力、技能和职业素养及其综合应用提出更高要求。继续加大职业教育、职业培训的投入力度成为人力资本投资的重要途径，培养与形成规模庞大的受教育程度较高、技能水平较高且与经济产业发展需求较为契合的中青年技能劳动者群体成为目标。此外，自改革开放以来，经过长期的经济高速增长和产业结构调整，我国至今已经培养了数以亿计的产业工人，他们中的很多人虽年龄较高但健康状况良好，受教育程度低但工作经验丰富，今后一段时期将陆续退出劳动力市场，该群体的人力资源开发也是亟待解决的重要课题。

综上，我国不同年龄段群体的人力资本投资路径泾渭分明，形成了对应的人力资本主体类型。年轻人以教育为主形成知识型人力资本，中年人以培训为主形成技能（能力）型人力资本，大龄劳动者以"干中学"、工作经历为主形成工作经验型人力资本。在人口老龄化背景下，这几类人力资本的总量和结构将会不断演化，需要根据经济发展之需调整投资策略和方向，同时更应考虑如何高效配置、综合利用，从而塑造人力资本新红利并将之转化为高质量经济发展的新动力。

（4）人口城镇化水平不断提高，深刻影响就业的城镇化进程，对乡村振兴中的劳动力城乡配置提出挑战。

我国是典型的城乡二元经济结构，城镇化进程深刻影响劳动力供给格局。从未来发展趋势看，我国城乡就业差距进一步拉大。在大力推进乡村振兴和实施新型城镇化战略的过程中，一是需要关注乡村振兴下对农村劳动力主体需求与农村高素质劳动力短缺之间的结构性矛盾。数量充足和素质技能较高的农村劳动力是实现乡村振兴的根本保障。在农村劳动力持续外流的趋势下，农村高素质农技人员、管理人员严重缺乏，已出现青黄不接、老化断层现象。二是应当继续加快农村潜在劳动力资源转移。目前农村地区的劳动力资源以大龄、女性劳动力为主，其就业意愿和能力具有特殊性，继续开发和利用农村潜在的劳动力资源，使之向非农领域转移就业将面临新的困难。

五　对策建议

（一）持续深化人力资源供给侧改革，提高劳动参与率，增加劳动力有效供给

一是出台积极的生育配套支持政策，加大对育龄妇女生育相关保障的积极政策支撑力度，有效提高生育率，同时避免女性劳动参与率下降。二是加快出台实施延迟退休政策，逐步拉平男女退休年龄，鼓励和支持老年人再就业，制定和完善延迟退休相应配套政策。三是深化教育学制改革，适当压缩

中学阶段、大学阶段甚至是硕士研究生阶段受教育年限（1~2年），让受过高等教育的优质人力资源提前释放潜力。

（二）重视人力资本投资，塑造人才红利

把握好我国利用人才红利的关键时期，不断提高劳动力素质，积极投资于人，塑造人才红利。一是提升我国劳动力技能水平，进一步优化教育结构，扩大职业教育招生规模，实现普通学校和职业学校更加均衡地发展。二是健全终身职业技能培训制度，加大职业技能培训力度，提升各类群体的技能水平和职业能力，尤其是大龄劳动力技能折旧速度更快，更需重点培训。三是加强农村地区劳动力的技能开发。针对新增农村劳动力尤其是欠发达地区劳动力，更要加大培训力度，使之更好地适应工业化、信息化和新型城镇化的要求。

（三）积极开发老年人力资源，收获长寿红利

积极开发和利用老年人力资源，重点加强对低龄老年人力资源的开发利用。一是要着重研究老年群体重新进入劳动力市场的就业失业、社会保障、权益保护等法律问题，建立有利于开发老年人力资源的工作岗位和工作机制，加强对老龄劳动者权益的保护。二是要重视低龄老年人培训，为有劳动意愿的老年人提供职业技能培训，提高其就业能力，提升其数字技能，帮助老年人通过再就业、续就业等社会化活动，展现老年人力资源价值，收获长寿红利。

（四）实施就业优先政策，与其他政策协同推进

一是坚持经济发展的就业导向，建立与人力资源协同的产业体系，促进就业与经济社会高质量发展协调同步。二是加快发展新产业、新业态；继续发展劳动密集型产业和服务业，为不同年龄、类别的劳动力群体创造相应就业岗位。三是统筹城乡就业政策体系，持续优化公共就业服务体系建设。加大对现有农村劳动力转移的挖潜力度，加强对返乡创业农民工和就地就近转

移就业大龄农村劳动力的政策支持和服务。四是加强区域性就业政策与经济社会发展规划的协同性；调整区域产业结构，形成差别性的人力资源需求结构，缓解人力资源供需之间的区域结构性矛盾。

（五）健全人力资源市场机制，消减就业结构性障碍，提高供求平衡效率

一是加强建设更加统一、公平、高效、规范有序的高标准人力资源市场，促进人力资源合理高效配置。二是深化劳动就业和人才管理体制机制改革，统筹城乡就业政策，清除各种显性和隐性的劳动力市场壁垒，促进劳动力跨区域、城乡有序、自由流动，提高人力资源配置效率和增强人力资源配置的公平性。三是推动人力资源服务业高质量发展，有效发挥市场机制的作用。

B.3
制造业用工情况分析
——基于对广东省的调查

楚珊珊　陈　云*

摘　要： 制造业是立国之本、强国之基，也是吸纳就业的重要渠道。伴随经济社会和产业发展转型，制造业用工需求和就业格局出现了新变化和新情况。本报告基于对广东省的调查，分析制造业用工与缺工变化情况，其主要特征是制造业用工规模呈下降趋势，且这一趋势将长期延续，用工需求层次发生结构性调整，人才空间集聚效应凸显。当前制造业企业用工形势总体稳定，缺工问题有所缓解，用工预期趋于保守。在此基础上，本报告剖析了制造业用工变化的主要影响因素，如国内外环境变化、产业结构持续优化、岗位同质低端与劳动者高质量就业的期盼不匹配以及制造业薪酬水平上升空间受到抑制等，并提出了针对性的对策建议，包括：加强顶层设计，加快构建与"后生产"社会相匹配的就业促进体系；加大多元化主体协作力度，合力打造高品质人力资源市场和劳动力供应链；充分发挥企业的主体作用，打造高质量就业导向的硬基础和软支撑；等等。

关键词： 制造业　招用工　缺工　广东

---

* 楚珊珊，中国劳动和社会保障科学研究院就业创业研究室助理研究员，主要研究领域为就业理论与政策、创新与就业；陈云，中国劳动和社会保障科学研究院就业创业研究室主任、副研究员，主要研究领域为就业创业与社会政策。

制造业是立国之本、强国之基。党的二十大报告指出，"建设现代化产业体系，坚持把发展经济的着力点放在实体经济上，推进新型工业化，加快建设制造强国"，未来制造业高质量发展将成为经济高质量发展的重中之重。实现制造业高质量发展，关键在人。当前，我国经济社会和产业发展正步入向"后生产"社会转型的重要阶段，制造业正处在转变发展方式、转换增长动力的攻关期，制造业用工需求和就业格局也随之出现新变化和新情况。广东是制造业用工大省，外来人口流入规模居全国首位，产业工人数量占全国的1/8，其制造业用工形势状况、结构变迁、变化趋势等都具有典型性。本报告主要通过统计监测、实地调研、典型访谈、问卷调查等方式，对广东制造业用工现状及其变化特征进行系统分析，提出加强制造业人力资源支撑、优化劳动力市场资源配置、促进高质量充分就业的对策建议。

一　广东制造业用工与缺工状况分析

（一）制造业用工总体特征

广东是中国制造业发展的先行区，其制造业发展历经改革开放初期的"筑巢引凤"，进入21世纪后早期的"腾笼换鸟"，以及如今的"鸟枪换炮"三次跨越，行业用工也呈现阶段性的演变特征，特别是近年来主要呈现如下特点。

1. 从总体看，制造业用工规模呈下降趋势

2021年，广东规模以上制造业企业用工人数为1314.7万人，占广东规模以上工业企业的97.9%，制造业吸纳了大部分就业；较2020年增长5.3%[1]，这主要是疫情防控举措优化调整后，经济稳定恢复，就业形势回暖的结果。2018年规模以上制造业企业用工人数同比下降8.7%，除特殊年份外，从近年情况来看，广东制造业用工规模总体呈下降趋势，与全国基本保持一致。2014~2017年广东规模以上制造业企业用工人数每年的同

---

[1]　除特别说明外，本小节数据均来源于《广东统计年鉴》。

比降幅在1.0%左右，低于全国3.0%左右的降幅（见图1）。这种下降趋势主要与近年来广东产业发展聚焦于调结构、促转型有关，在此情况下就业从以往依靠制造业的"工业吸聚"转向以现代服务业吸纳为主的"服务消化"，制造业企业用工人数下降。同时，广东制造业内部加速向以关键技术为支撑的先进制造业转型，推动制造业用工朝着更为集约高效的方向发展。

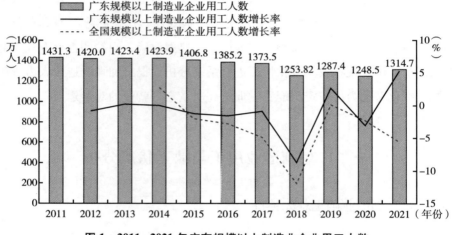

图1 2011～2021年广东规模以上制造业企业用工人数

数据来源：《广东统计年鉴》和《中国统计年鉴》。

2. 从行业看，传统制造业就业吸纳式微，先进制造业、高技术制造业用工人数不断增长

制造业就业人数在行业间的分布出现分化。根据广东省统计局数据，2011～2021年，劳动密集型行业用工人数有所下降，合计拉低制造业用工人数增速10.5个百分点。2021年，皮革、毛皮、羽毛及其制品和制鞋业，纺织服装、服饰业，文教、工美、体育和娱乐用品制造业用工人数减少较多，分别下降11.3%、7.7%、4.8%。同时，先进制造业和高技术制造业用工需求大幅增长。2019年广东规模以上先进制造业企业用工人数已占到规模以上制造业企业用工总数的一半以上，2020年突破800万人，占规模以上制

造业企业用工总数的比重超过65%。规模以上高技术制造业企业用工人数在2021年突破400万人（见图2）。这主要是因为，一直以来广东深耕制造业，近两年更是加快推动智能制造发展，传统制造业转型升级提速，战略性新兴行业加快布局，工人尤其是一线普工逐步被机器取代，对高技能人才的需求不断增加，这折射出用工新趋势，未来企业内部高层次、高素质产业工人规模占比不断增加，将成为企业用工发展的新常态。

图2　2011~2021年广东规模以上先进制造业和高新技术制造业企业用工人数

3. 从区域看，用工总量呈珠三角、粤东、粤北、粤西四级阶梯分布，用工结构的空间分布差异明显，珠三角地区的人才集聚效应凸显

综合看，不同区域制造业用工规模均呈下降趋势。除特殊年份外，与珠三角地区规模以上工业企业用工规模①相对平缓的下降不同，以2016年为节点，粤东西北地区规模以上工业企业用工规模呈现分化态势：2016年之前用工规模扩大，此后进入明显下降通道（见图3）。从规模结构看，历年珠三角地区规模以上工业企业用工人数占广东规模以上工业企业用工人数的比例均在八成以上，粤东、粤北次之，粤西占比最低。2016年之前，珠三角地区的

---

① 根据《广东统计年鉴》的数据，近年制造业企业用工人数占工业企业总用工人数的比例均在97.0%以上，鉴于不同区域、不同性质制造业企业用工人数获取的局限性，本报告采用不同区域工业企业用工人数来分析不同区域制造业企业用工人数的变化趋势。

这一比例呈缓慢下降趋势，粤东西北地区占比呈逐年上升趋势；2016 年之后，珠三角地区占比呈企稳回升趋势，而粤东西北地区占比则开始下降。究其原因，主要是 2008 年后广东实施"双转移"战略，珠三角地区部分劳动密集型产业转移到粤东西北，增强了高端制造业在珠三角、轻纺工业和资源加工业在粤东西北地区的比较优势，由此促使劳动者向非珠三角地区第二产业迁移。2016 年后随着政策效应的弱化，区域间发展不均衡加剧，非珠三角地区制造业后续发展动力不足，企业用工规模也明显下降。从人才结构看，区域间就业人口素质不平衡问题较突出，珠三角地区人才高度聚集。珠三角地区就业人口平均受教育年限比粤东西北地区高出 1 年以上，广东 75% 以上的专技人才、70% 以上的技能人才、90% 以上的博士后工作站和流动站位于珠三角，粤东西北人才净流出的状况没有发生根本改变。

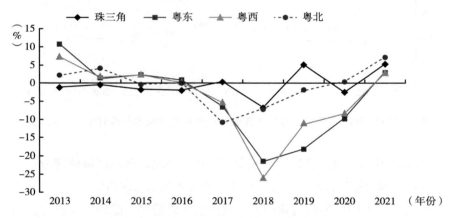

图 3 2013~2021 年广东不同区域规模以上工业企业用工人数同比变化情况

4. 从市场主体看，单个企业用工人数持续下滑，制造业吸纳劳动力的弹性逐渐下降

就单个制造业企业用工人数①的变化情况而言，虽然 2021 年广东规模以上制造业企业用工总量较 2020 年有所增长，但单个企业用工人数较 2020

———————————

① 单个制造业企业用工人数=当年规模以上制造业企业用工人数/当年规模以上制造业企业数量。数据来源于《广东统计年鉴》。

年下降 7.2%，较 2011 年下降 47.1%，单个企业用工规模呈不断下降的趋势特征（见图 4）。而广东规模以上制造业企业的产值、营收、利润总额均表现出逐年上升趋势，规模以上制造业企业全员劳动生产率从 2015 年的 18.9 万元/人提高到 2020 年的 23.9 万元/人，表明制造业吸纳劳动力的弹性逐渐下降。这主要是因为，一方面，企业通过技术应用促使生产经营方式发生变革，客观上智能设备对就业岗位产生了较为明显的替代效应；另一方面，企业内部人力资源结构不断优化，体现为以转型提质为导向，提高优质人力资本存量。另外，企业用人模式也发生调整。随着经济进入调整期，许多季节性生产特征明显的企业"只用工、不养工"，多通过雇用派遣工、临时工等应对订单的潮汐变化，以降低用工成本。

图 4　2011~2021 年广东单个规模以上制造业企业用工人数变化情况

（二）制造业用工新形势新变化

当前，广东制造业用工形势总体稳定，但与此同时，由于市场恢复整体不及预期，招用工呈现供给端快于需求端、外需弱于内需的特点，部分重点行业面临市场收缩、复苏不均衡等挑战，未来预期较为谨慎，用工趋于保守。主要表现为以下几个方面。

1. 整体用工规模稳定，扩岗意愿不强

当前，制造业用工需求总体基本稳定，但在经济下行压力之下，企业对经济前景持观望态度，用工稳中趋紧，多数采取少招工或缓招工策略，不急

于扩大规模。第一季度快速调查①显示，五成企业表示第一季度用工数量同比基本持平，三成半减少，仅一成半增加（见图5）。劳动力市场求职人数增加、招聘岗位减少的趋势持续显现，且求职人数增长快于招聘需求增长，如果经济发展难以实现快速恢复，人力资源供求关系变化的趋势可能将加剧。某人力资源服务机构表示"今年以来制造业企业复工大多还是用原班人马，没有扩张性需求"。

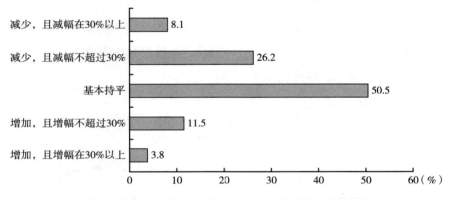

图5 样本企业2023年第一季度用工数量同比变化情况

2. 外贸企业需求不振，用工趋于萎缩

当前外部不确定不稳定性因素较多，海外去库存抑制外需，订单延续性减弱，受此影响很多外贸企业基本停止招工。第一季度快速调查显示，外贸类企业、外贸企业上下游配套企业反馈用工数量同比减少的比例分别为39.6%、48.6%，较内销为主企业高出11.2个、20.2个百分点（见图6）。调研中相关部门反馈，超半数生产型外贸企业在手订单最多维持3个月，预计全年订单还将减少，企业普遍反映出国抢订单收获甚微，长期将导致企业用工需求下降。某外贸企业表示，"受中美摩擦影响，订单不稳，企业用工规模已从之前的1800人自然减员到1300人左右，企业暂时没有招聘计划"。

---

① 2023年3月24~31日，为了进一步了解广东省制造业企业劳动用工新变化新情况，中国劳动和社会保障科学研究院通过线上问卷调查方式开展了快速调查，共回收有效问卷957份。

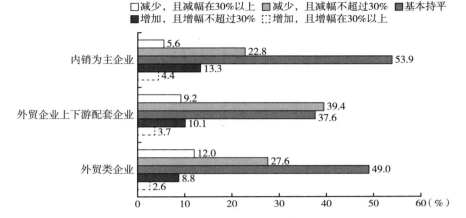

□减少，且减幅在30%以上 ▨减少，且减幅不超过30% ▦基本持平
■增加，且增幅不超过30% ⬚增加，且增幅在30%以上

图6 不同类型样本企业2023年第一季度用工数量同比变化情况

3. 转型企业提质增效，招工需求下降

近年来制造业企业加快数智化和精益化转型步伐，疫情更是加速了转型进程，随着自动化水平的提高，企业能够用更少的员工实现相同的产出，不可避免地带来用工需求下降。调研中某新材料产品供应商表示，企业自动化程度较高，招聘意愿和积极性较弱，主要原因是，一方面受企业发展战略影响，围绕提质增效花心思，机器换人速度加快，目前一条产线只需要4人，近3年来一线工人减少50%；另一方面，受复杂的经济形势影响，产能产量有所下降，企业用工需求较弱。

4. 重点行业业务压减，招工动力不足

调研中了解到，2023年以来，广东汽车、电子、石化、纺织服装等传统支柱行业产值双位数下降，产能不足的影响显现，为降本增效，企业招人动力不足。某人才资源开发有限公司表示"当前电子行业订单不稳，用工需求同比下降30%左右，市场上劳动力供大于求，企业普遍不缺工不招工，受此影响，工价也有所下滑，尤其是零工工价下降较多"。某人力资源外包服务企业反馈"公司主要为华为、荣耀等龙头企业提供服务，今年客户业务缩减，预期的招聘高潮并没有来，预计未来用工需求不大"。

（三）制造业缺工形势基本判断

综合调研情况，目前广东制造业"招工难"问题趋于缓解，部分企业确有缺工现象但对企业生产经营影响不大，缺工程度在行业间、企业间、岗位间、区域间走势分化。具体呈现以下特征。

1. 从整体情况看，缺工问题有所缓解，人员基本能够满足生产所需

市场需求和调研情况均反映企业平均实际招聘人数下降趋势显现，虽然部分制造业企业仍存在一定程度的缺工现象，但整体缺工状况较往年有所改善。第一季度快速调查显示，就第一季度招工需求而言，41.3%的企业表示没有招工需求，人员基本能够满足生产，甚至计划减员，48.5%的表示会进行补员性招聘，仅有10.2%的有扩张性需求（见图7）。就当前制造业用工方面的困难而言，反馈"招工难"的企业比例为27.6%，与上年调查相比下降24个百分点，"招工难"已经不是企业用工方面的最主要困难。实地调研中，地方政府、人社部门以及多数企业都认为当前用工总体较为稳定，部分反馈人员比较饱和，能够满足产能所需，一些缺工企业也表示生产经营未受到实质性影响。

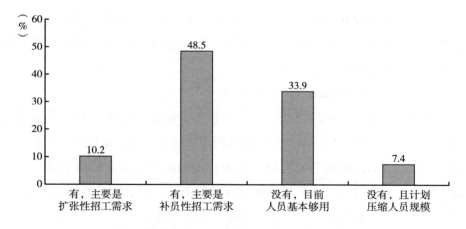

图7 样本企业2023年第一季度招工需求情况

2. 从行业门类看，制造业各门类均存在"招工难"，恢复性行业、新兴产业与传统行业结构性的分化加深

调查发现，不同行业企业缺工痛感有所差异。一方面，伴随消费市场热度回升、服务业加快恢复，农副食品加工业、食品制造业以及酒、饮料和精制茶制造业等用工需求持续释放；另一方面，当前新兴产业持续成长，动力电池、光伏等新能源产业生产形势较好，用工需求旺盛。另外，部分医药企业逐渐向康养保健方向转型，大健康产业开始释放产能，用工量随之扩大。这类恢复性行业、新兴产业用工缺口有所扩大。而汽车制造、医药制造、石化、纺织服装等传统用工大户，面临较大的需求收缩压力，招工需求不大，也不敢养人，缺工问题较之前明显缓解。但这类企业一旦有临时性大单，集中招人将较困难，容易面临阶段性招工难。

3. 从企业类型看，不同类型企业均有缺工，中型企业、内销类企业缺工面更大

从规模看，不同规模企业均有缺工，500~999人的中型企业缺工比例最高，比1000人及以上的大企业、500人以下的小微企业高出约11个、20个百分点。从内外销类型看，超三成内销为主企业面临缺工，较外贸类企业、外贸企业上下游配套企业缺工比例高出9.4个、7.6个百分点（见图8）。这主要是因为广东外贸依存度较高，且主要面向欧美地区出口，因此受欧美

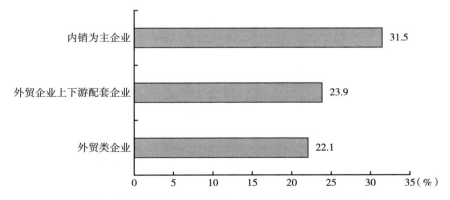

图8 外贸类及内销类样本企业存在招工难情况的比重

消费低迷影响较大。第一季度快速调查显示,外贸类企业、外贸企业上下游配套企业反馈第一季度产能减少的比例较内销为主企业高出 14 个、18 个百分点。面临市场需求减弱、活力不足、订单不稳等挑战,外贸类企业缺工程度也趋于下降。

4. 从缺工对象看,"招工难"主要体现为技工、研发人员缺口扩大,普工需求下滑,用工结构发生调整

一线普工、技工、研发管理岗位是制造业的主要缺工对象,但需求层次发生结构性变化。第一季度快速调查显示,一线普通工、技能/技术工人、研发和管理人员是缺工的主要类型,其选择比例分别为 50.4%、32.2% 和 17.0%,一线普通工仍是最主要的缺工对象,但是需求减少,选择比例较 2022 年调查下降 5.8 个百分点,技能/技术工人、研发和管理人员的选择比例分别提高 4.9 个、2.2 个百分点(见图 9)。调研情况也印证了以上结果。据相关部门反馈,制造业普工需求同比下降 14%,技工上升 19%,管理岗提高 10%。某食品公司表示,"企业目前拥有七条自动化程度较高的饼干生产线,普工需求越来越少,技工技师需求增加,同行业基本也是如此"。实地调研中反馈"急需高层次研发技术人才"的企业也较多。

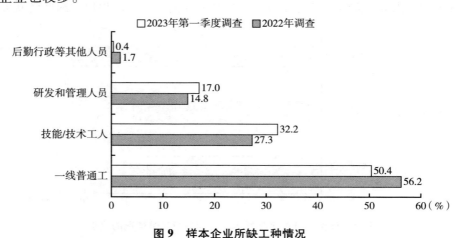

图 9　样本企业所缺工种情况

5. 从区域层面看，缺工类型具有多样性和异质性，珠三角以结构性缺工为主，粤东西北质量型缺工更突出

广东制造业缺工以结构性缺工为主，流动性、阶段性缺工也较为突出。其中，结构性缺工主要是找不到合适的工人，占比为30.9%；流动性缺工主要表现为因企业流失率较高形成的补员性缺工，其选择比例为29.0%；受多重不确定性因素影响，因企业扩大产能带来的阶段性缺工以及生产旺季带来的季节性缺工也比较突出，其选择比例分别为14.7%、13.3%（见图10）。调研中了解到，部分企业将生产制造环节从珠三角转移到粤东西北，以"总部+基地""研发+生产""生产+服务"等形式延伸布局产业链，由于各地区产业发展定位不同，企业面临的缺工状况有一定差异。珠三角地区企业结构性缺工比较突出，主要是缺研发人员、技术工人等高层次人才，所需专业和技能人才在本地缺乏供给。粤东西北则主要是质量型缺工，体现为岗位含金量不高或所处区位优势不明显，难以满足劳动者在薪酬福利、劳动条件、工作环境、职业发展等方面的要求。据相关部门反馈，本地劳动密集型企业存在招工难，且员工年龄结构失衡、新员工稳定性差，不利于行业接续发展。即使是研发类企业，由于区位优势的吸引力不大，也留不住人才。某超声仪器研究机构表示："企业所需研发人才更倾向于去珠三角就业，即便招到合适人才，入职一两年内也会流失，主要去向是考公、考编或到珠三角就业。"

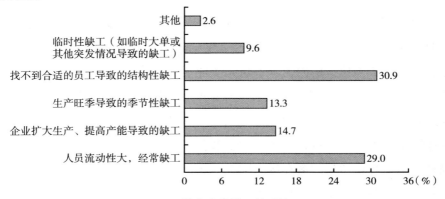

图10 样本企业缺工性质情况

6. 从缺工程度看，传统流水线工作方式缺乏吸引力，部分工种面临常态化缺工，甚至出现人员断层

当前社会观念中互联网、新业态等热门行业在社会地位、工资薪酬等方面均优于制造业，部分求职者选择放弃传统行业的合适就业机会，到热门行业寻求发展，在一定程度上导致部分职业人才缺口拉大，甚至面临人员青黄不接的困境。调研中，某时装公司反馈，"目前最短缺工种是'平车工（缝纫工）'，这类传统工艺技术实操工种机器无法替代，还面临人员老龄化、劳动力断层等问题"。某重工业企业表示，"车工、焊工、钳工等技能人员缺口较大，年轻人不愿来，通过校招留下来的也非常少"。另外，纺织、化工、轴承等行业存在普工难招情形。

二 广东制造业用工变化的主要影响因素分析

导致制造业用工变化的因素较为复杂，涉及经济发展环境、产业结构调整等多层面，也涵盖劳动力市场供给侧、需求侧、匹配机制和政策制度等多个维度，主要影响因素包括以下几个方面。

（一）国内外环境变化复杂深刻，就业增长动能减弱，扩张性用工需求减少

2023 年，国内外发展环境尚未明显好转，经济下行压力依然较大，制造业企业发展面临多重困难。第一季度快速调查显示，生产成本明显增加、国际局势不稳、国内需求不足是企业经营面临的前三位困难，其选择比例分别为 69.6%、56.5% 和 45.9%；库存积压、融资困难、供应链受阻也是影响企业经营的因素（见图 11）。在此背景下，市场主体预期转弱，企业用工需求不足，这在一定程度上改善了缺工状况，但也导致企业不敢轻易扩岗，就业增长的潜在压力增大。调研结果印证了这一点。调研中了解到，当前制造业企业生产信心偏弱，很多企业预期 2023 年将继续负增长，被迫调整生产经营策略，减少备货量以消化库存，避免产品积压和资

金占用，降低经营风险，用工意愿和需求随之减弱和下降，就业持续增长动能不足。

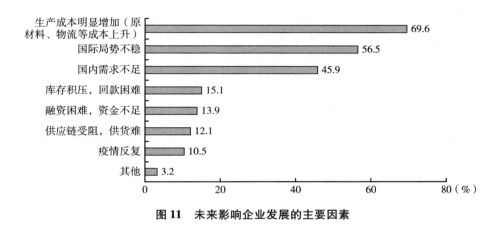

图 11   未来影响企业发展的主要因素

（二）产业结构持续优化，新经济新业态发展的虹吸效应显现，带来人才需求的结构性调整

近年来，广东着力构建现代化经济体系，稳固一产、深化二产、强化三产，三次产业结构从 2012 年的 17.2：48.4：34.4 调整为 2022 年的 4.1：40.9：55.0，经济社会开始向"后生产"社会转型，这对劳动力需求结构产生了深刻影响。一是制造业用工规模下降，服务业越来越成为吸纳就业的蓄水池。广东省统计局数据显示，广东服务业就业人员年均增长 5.6%，服务业成为就业主渠道；相比之下，制造业就业人员规模在 2012 年达到 2628万人的峰值后，便步入下降通道，2021 年制造业就业人数已回落到 2565 万人（见图 12），相当于 2010 年的水平。二是制造业向生产现代化转型，对低技能的生产性职业造成冲击，但中高端或技能型人才的需求明显增长，此类人才缺口扩大。三是新就业形态对制造业低技能劳动力产生了较强的吸纳能力，成为与制造业"争夺"人力资源的重要因素，加快了制造业就业人员流出。

图12　2012~2021年广东制造业就业人员情况

（三）岗位同质低端与劳动者高质量就业的期盼不匹配，企业招聘限制与劳动力市场供给变化不适应

劳动者对就业的要求已不仅是获得一份收入，还包括实现更高质量就业，制造业在薪酬福利、工作环境、成长激励、工作强度等就业质量方面优势不足，成为影响企业招工留人的重要因素。劳动者问卷调查①显示，关于劳动者从制造业离职跳槽到非制造业的原因中，"薪资不满意""上份工作没前景""上份工作地点离家太远无法照顾家庭"排在前三，选择比例分别为35.7%、25.7%、20.6%；选择"上份工作重复性太强""上份工作强度太大""上份工作环境不好"的比例也均在一成以上。针对打算离职以及当前未就业人员求职意向的调查显示，仅有三成劳动者考虑到制造业企业工作，近七成不打算到制造业工作，究其不愿从事制造业的原因，"工作时间长强度大""制造业工资水平低""工作枯燥环

---

① 为了解制造业"招工难"现状，摸准影响制造业缺工的突出因素，中国劳动和社会保障科学研究院于2022年10月1~20日在广东省范围内针对在粤制造业企业和就业求职的劳动者分别开展了"制造业缺工问题问卷调查"，样本覆盖珠三角、粤东、粤西、粤北地区的21个地级市，共回收企业有效问卷2921份、劳动者有效问卷13465份。

境差"排在前三位，其选择比例分别为 43.7%、36.8%、26.6%。在这种情况下，企业招聘约束进一步限制了用工广度。企业问卷调查显示，大多数企业倾向于招聘 26~35 岁劳动者，其次为 36~45 岁，对于 46~60 岁的劳动者，招聘意愿不强烈。但从实际情况看，2021 年广东本地农民工平均年龄为 46 岁，外来农民工为 36.8 岁，企业年龄偏好与劳动力供给存在错位，加剧了缺工现象。

（四）制造业薪酬水平上升空间受到抑制，直接削弱了行业吸引力

当前制造业企业面临的发展困难较多，普遍处于微利运行状态，扩张意愿不断减弱，劳动条件改善和工资水平提高也不明显，与劳动者的预期和需求不适，形成无效需求。企业问卷调查显示，造成企业用工难题的原因中排在前两位的是"无法提供具有竞争力的薪资福利水平""企业工作条件、管理方式等留不住人员"，其选择比例分别为 46.1%、31.3%。其中，薪酬预期差距是最直接的原因。劳动者问卷调查显示，超六成制造业劳动者当前月平均工资在 3000~6000 元区间，但期望薪酬为 5000~10000 元，两者相差 2000~4000 元。就当前工作过程中存在的不足而言，劳动者选择薪酬待遇方面的比例也最高，达 67.2%，表明劳动者薪资预期与制造业企业实际支付能力差距较大，这在相当大程度上影响到劳动者从事制造业的意愿，成为行业人员流失率较高的直接因素。

（五）制造业产业升级对企业提出更高的技能要求，劳动者能力转变滞后导致部分行业面临"技工荒"和"后备荒"

制造业企业在优化升级后，对从业者素质和技术能力的要求更高，而当前制造业劳动力供给仍以大龄、低技能群体为主，符合企业要求的技术工人呈供不应求态势。2021 年发布的《粤港澳大湾区（内地）急需紧缺人才目录》显示，粤港澳大湾区内地 9 市急需紧缺人才数量最多的是制造业，超过总需求人数的一半，长期看制造业人才缺口将持续存在。而广东目前尚未形成适应制造业产业链有效衔接的技能人才队伍培养和培训体

系。调查显示，就业劳动者中超四成未接受过任何培训，存在培训覆盖面不够广泛的情况，其中劳动者参加培训的途径以企业自己组织培训、企业安排的进修培训和自己参加的培训为主，而政府组织培训的开发利用率并不高，一定程度上造成低端劳动力就业能力提升和新成长劳动力技能供给乏力，导致他们不能满足市场需求，从而加剧了"技工荒"和"后备荒"现象。

（六）制度供给缺位与错位，就业服务保障不足成为劳动力供给和流动的机制障碍

广东制度安排尚存短板，尤其是公共就业服务领域的制度供给较为欠缺，成为人力资源畅通流动和素质提升的壁垒。从劳动者选择在务工地工作的原因看，劳动者多选择"离家近，不愿到外地""所在公司比较正规，工作安全稳定"，而选择"感觉本地发展前景较好""当地生活舒适，生活成本低""职业前景好，有个人发展空间""专业对口，能发挥专业技术能力"等原因的劳动者比例相对较低。从劳动者对就业环境及政策服务评价的调查结果看，各地在就业信息提供和劳动权益保障方面均存在短板弱项，尤其是粤东西北与珠三角相比又缺乏竞争优势，未形成足够吸引力，需进一步加强劳动力市场建设，健全就业服务体系。

三 改善制造业用工的对策建议

从长期看，制造业用工规模将延续下降趋势，劳动力供求发生新变化，低技能劳动力就业空间缩小，高技能人才需求不断增加。未来一段时期，内外经济环境复杂严峻，制造业升级与技术更迭持续，劳动力市场不确定性增强，劳动者就业质量、人力资源市场市场化程度仍存在突出短板，制造业用工和产业工人队伍建设面临诸多挑战，问题如果不能得到很好解决，可能成为"锁定"企业和制造业高质量发展的瓶颈。因此，需综合施策，贯彻实施就业优先战略，立足现代产业体系与人力资源相匹配、产业高质量发展与

高质量充分就业相协调，在加强技能人才培养、促进供需匹配等方面补齐短板，强化人力资源支撑，促进制造业平稳健康发展。

（一）加强顶层设计，加快构建与"后生产"社会相匹配的就业促进体系

一是探索符合省情和发展阶段的产业升级模式。每年大量新增劳动力进入就业市场，制造业应在促进就业中发挥较为积极的作用。建议根据不同行业、不同企业、不同岗位的实际情况，分类引导和推进自动化变革，让人、机、物在生产中高效互动，有效提高劳动生产率。二是加快发展适应制造业用工新趋势的职业培训体系。强化高等院校制造业人才培养，如新设立一批应用技术大学，引导高校招生向制造业专业倾斜，加强产学研深度融合，扩大制造业基础研究、重大科研攻关方向的博士研究生培养规模。在课程设置上，围绕"三新两特"中的设备调试和维护、电子电控、研发设计等重要领域岗位，增设实用课程。在培养方式上，鼓励具有点位优势的制造业和人才基地、大企业与职业院校对口合作，促进产业、行业、企业、职业和专业"五业"联动，开展订单式培训、定向培训，以"干中学"的模式培养不同层次人才。同时，对于转型升级带来的大龄、低技能劳动者就业难问题，通过补贴性培训、就业帮扶等措施进行兜底，必要时实施"就业保障计划"，稳住就业基本盘。

（二）加大多元化主体协作力度，合力打造高品质人力资源市场和劳动力供应链

一是制定出台人才急需紧缺目录。由人社部门牵头，结合区域人才供需不匹配现状，聚焦重点行业和重大项目与工程，摸清本地产业工人特别是高技能人才供需底数，做到用工缺口、缺工类型、技能要求、薪资水平"四清"，定期发布人才急需紧缺细化目录，向社会及时准确传递区域急需紧缺人才信息，引导人才向当地有序流动。二是将技能人才培养放在更加突出的位置。积极搭建重点用工企业、技工院校与培训机构的合作平台，

形成校企合作长效机制。大力发展技工教育，培育一批优势技工院校和优质企业，根据市场需求变化，及时调整专业结构和布局。贯彻落实职业技能提升行动，推进实施职业技能培训各项工作。健全人才培养、使用、评价、激励制度，提高职业认可度。三是加强劳动力开发。建立人才交流跨区域协作机制，加强与劳务输出大省的对接，将劳动力信息采集工作细化到县级层面，打造"劳动力输出地—渠道平台—企业"的完整供需对接体系，拓宽招聘渠道和覆盖面。

（三）充分发挥企业的主体作用，打造高质量就业导向的硬基础和软支撑

宏观部门和职能部门要加强对企业用工的咨询指导。在优化工资结构方面，定期制定出台人才薪酬分配指引，引导和鼓励企业建立健全多职级的人才发展通道，制定实施与技术技能价值对等的薪酬分配制度，包括针对关键技能岗位、关键工序和急需紧缺人才，引导与支持企业实施协议工资、项目工资、补助性津贴等多元化分配方式，提高制造业产业工人的经济待遇；参照高级管理人员待遇标准，鼓励企业探索长效激励机制，对重要或急缺人才实行股权、岗位分红等激励方式，构建长期稳定提高收入水平的机制。在企业管理策略方面，引导企业改善工作环境，注重员工的职业发展。另外，要引导企业理性面对制造业缺工现实，主动适应劳动力市场变化趋势和技术产业变革趋势，提早布局，根据转型升级需要，发挥企业的职业培训主体作用，鼓励企业广泛开展自主培训；根据人力资源市场供求变化趋势，克服用工路径依赖，鼓励企业探索"共享用工"等新型用工模式。

（四）以系统观念打造制造业发展生态，提升本地和行业吸引力

一是立足区域发展比较优势，既要支持吸纳就业能力强的劳动密集型产业发展，又要注重发展技能密集型产业，支持制造业在转型升级中创造更多就业机会。支持各地紧扣重点产业发展定位，发挥城市的要素禀赋比较优势，促进优势互补和差异化发展，重点打造战略性新兴产业高技能人才走

廊、重点产业高技能人才聚集平台、生态区特色产业技能人才聚集平台，引导生产要素和劳动力有序流动。二是发挥政府、企业、社会等多主体的协同作用，探寻能使制造业工人有空间实现自我价值的有效模式，加大对工匠精神的宣传力度，切实提升制造业员工的待遇和社会地位。

（五）加强源头治理，从供给侧、需求侧两端同时发力合理配置人力资源

一是强化制造业当家理念，加强土地、资金、服务、政策等要素的优先保障。进一步畅通劳动力社会性流动渠道，推进户籍、用人、档案服务等制度改革，打通专业人才开发、引进、流动、配置全链条，最大限度地开发人力资源的潜在红利。二是鼓励各地以产业园区、创业园区为载体，统筹规划，建立人力资源服务联络站，贴近市场一线开展需求监测、用工保障、人才引育等服务，统筹建立"农村人力资源、本地院校毕业生、本地外出务工人员、异地来粤务工人员"四大信息库，促进人力资源供需精准匹配。三是支持人力资源服务机构为制造业企业设计人力资源管理流程和模式，梳理整合相关环节的人力资源服务需求，持续提供专业化规范化信息对接和供需匹配服务。

B.4
2022年中小微企业经营与用工状况分析

曹　佳*

摘　要： 中小微企业是我国国民经济和社会发展中不可或缺的重要力量。2022年中小微企业生产经营呈震荡下降态势，整体状况好于2020年但弱于2021年，房地产业、建筑业和工业发展较好，12月底的疫情过峰导致企业经营筑底。中小微企业劳动力指数呈下降趋势，整体用工情况趋弱，超三成企业减员，近五成企业超过一年都未招工；疫情防控政策调整后，近七成企业到岗率不足，其中近两成基本处于停工状态。企业对生产经营和市场需求的预期先转弱后向好，对经营成本的预期一直向好，用工预期走弱后稳慎回升，特别是社招的预期上升，五成左右企业期望延续各项优惠政策。未来，随着经济生活逐步恢复正常，企业经营与用工状况和预期均将向好，但不能忽略世界经济的不确定性带来就业形势的不确定性。需要稳经济稳就业暖信心，优环境深落实保畅通，促进充分就业的经济复苏，持续精准帮扶中小微企业。

关键词： 中小微企业　生产经营　招工用工

中小微企业是我国社会主义市场经济的重要组成部分，是推动经济社会发展的重要力量，是广大劳动者就业的稳定器之一。2022年，我国新冠疫情散点多发，企业生产用工和人民生活均受到较大影响。党和政府坚

---

* 曹佳，中国劳动和社会保障科学研究院就业创业研究室副研究员，主要研究领域为就业创业。

持把稳就业、保就业置于"六稳""六保"之首，并在"六保"中强调保市场主体。年底的中央经济工作会议明确"稳增长、稳就业、稳物价"，要求"注重围绕市场主体需求施策，完善政策实施方式，增强时效性和精准性"。在经济修复的特殊时期，中小微企业彰显了经济发展的底气和韧性。

一 企业生产经营状况

（一）中小微企业生产经营总体呈波动下降态势

2022年，中小企业发展指数（SMEDI）呈现开局良好、中段回落持稳、年末下行探底的走势。第一季度平均超过89，1~2月分别为89.4、89.2，处于较高水平，但3月显著回落至88.6，下降0.8；4~11月，运行在88.1~88.4区间，总体稳定，略有波动；12月则下滑至87.9（详见图1），环比下降0.2，同比下降1.3，为两年来的最低值。这主要是因为由于12月疫情防控措施调整后感染人数迅速达峰，地缘政治冲突等超预期因素出现，中小企业面临供需循环不畅、订单不足、账款拖欠、效益下降、融资困难、开工不达产等问题，这些影响到企业的正常生产经营。

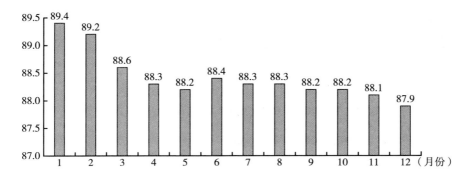

图1　2022年中国中小企业发展指数月度走势

数据来源：中国中小企业协会。

中国劳动和社会保障科学研究院联合阿里研究院开展的 2022 年季度平台中小微企业经营与用工状况问卷调查①数据显示，从 2021 年第二季度开始，经营持续状况走低，营收下滑的企业占比开始上升，从 56.2%、56.2%、66.5% 一路升至 2022 年第一季度的 72.1%②。2022 年第二、第三季度，企业经营状况一度有向好趋势，营收下滑的企业占比连续两个季度收窄。但到 2022 年第四季度③，这一向好趋势未能巩固，重新掉头向下，营收下滑的企业占比达到 73.0%，为自 2020 年第二季度以来的历史第二低值（详见图 2）。

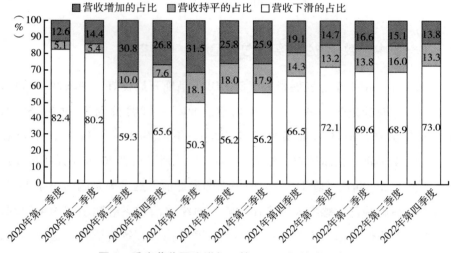

图 2　季度营收同比增加、持平、下滑的企业占比

基于阿里电商平台超过百万家中小商家经营情况编制的活跃度指数显示（详见图 3），2022 年 10 月、11 月、12 月该指数分别为 46.0、46.2 和 41.9，12 月的数值已基本降至 4 月的当年历史最低位。

---

① 季度平台中小微企业经营与用工状况问卷调查的开展频次为每年四次，分别为每季度最后一月的下旬。

② 2022 年第一季度调查实施时间在 3 月下旬，中小微企业处于年初开局后显著下滑时期。

③ 第四季度调查选取标准时点（2022 年 12 月 30 日）近 90 天内的活跃商家，对淘宝、天猫 2 个内贸平台商家，以及阿里巴巴国际站和速卖通 2 个外贸平台商家进行了随机抽样。此次调查共获得有效网络问卷 11357 份，问卷 IP 覆盖 31 个省（区、市）。样本以小微型企业（年营业收入低于 500 万元）为主，占比为 87.3%；直接进行生产加工的占 48.0%，纯代理销售的占 52.0%。样本地理位置和圈层覆盖较为全面，具有一定的代表性。

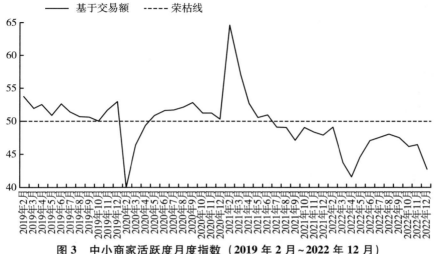

图3　中小商家活跃度月度指数（2019年2月~2022年12月）

数据来源：阿里研究院。

（二）中小微企业生产经营整体状况2022年好于2020年但弱于2021年

从三年来中小微企业生产经营的状况变化来看，2022年整体要好于2020年，但弱于2021年。2022年，中小企业发展指数的月度均值为88.4，比2021年低1.2，比2020年高出2.7。从波动幅度来看，2022年1月峰值89.4与12月谷值87.9之间相差1.5，与2021年的波动幅度相当，但比2020年缩小了14.7（详见图4）。这说明即便是受到疫情的影响，但在政府系列稳市场主体优惠政策的作用下，中小微企业的韧性充分发挥，政策效应开始显现，避免了生产经营状况大幅波动。

（三）不同行业中小微企业发展分化明显

受整体经济形势，特别是疫情影响，2022年各行各业中小企业发展指数全年均处于景气临界值100以下。整体来看，行业中中小企业的经营状况与整体宏观形势的表现一致。从不同行业来看，2022年，房地产、建筑业、

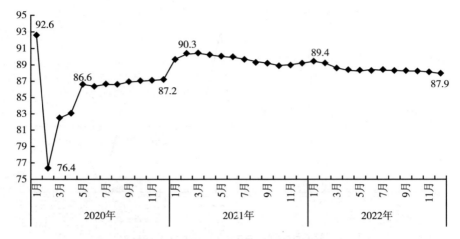

图4　中国中小企业发展指数月度走势

数据来源：中国中小企业协会。

工业是中小企业发展指数较高的三个行业，其月度均值分别为92.1、89.2和88.7；住宿餐饮业、交通运输业则是中小企业发展指数较低的两个行业，其月度均值分别为81.1和83.0（详见表1）。从全年趋势来看，除建筑业和房地产业外，工业、交通运输业、批零业、社会服务业、信息传输软件业和住宿餐饮业等中小企业发展指数末月与首月相比下降均达到或超过1.0。

表1　2022年分行业月度中小企业发展指数

行业	1月	2月	3月	4月	5月	6月	7月	8月	9月	10月	11月	12月
工业	89.6	89.6	89.0	88.5	88.4	88.6	88.4	88.5	88.4	88.5	88.3	88.1
建筑业	89.6	89.6	89.2	88.9	89.2	89.3	89.3	89.2	89.0	89.2	88.8	88.8
交通运输业	83.8	83.8	83.1	82.8	83.0	83.1	83.2	82.7	82.7	82.8	82.6	82.3
房地产业	92.6	92.6	92.0	92.1	91.9	92.2	92.1	92.0	92.1	91.8	91.7	91.8
批零业	88.7	88.7	87.9	87.8	88.0	88.1	88.3	88.0	87.9	87.9	88.1	87.7
社会服务业	89.1	89.1	88.3	88.2	88.1	88.5	88.4	88.1	88.3	88.1	88.1	87.9
信息传输软件业	88.5	88.5	87.8	87.5	87.1	87.6	87.5	87.5	87.4	87.3	87.0	87.1
住宿餐饮业	81.8	81.8	80.9	80.8	80.7	81.3	81.3	81.6	81.2	80.8	80.7	80.8

数据来源：中国中小企业协会。

（四）疫情过峰导致企业经营筑底，商机恢复不理想是企业经营最突出的困难

2022 年 12 月 7 日"新十条"政策发布，新冠疫情防控政策进行优化调整。疫情过峰对中小微企业的生产经营产生较大影响。中国劳动和社会保障科学研究院联合阿里研究院开展的问卷调查数据显示，从 12 月 7 日到调查时点的近三周时间里，48.4%的企业认为经营状况仍在持续恶化；38.0%的企业认为与放开前变化不大，没有明显好转；仅有 13.6%的企业认为经营状况有所好转。

具体到企业面临的经营困难，2022 年，企业对"成本负担"的反馈明显减少，而对"需求不足"的反馈始终是最为突出的。截至问卷调查时点，在企业经营面临的诸多困难中，54.1%的企业认为新订单和客流量的减少是企业经营面临的难题，有 25.4%的企业认为疫情反复和防疫政策变化后的不确定性是企业经营难题。此外，资金短缺、现金流不足（11.0%）和经营成本负担重（9.5%）也是企业感受到的经营困难（详见图 5）。经营成本方面，房屋租金（53.8%）、人力成本（49.0%）、疫情影响的停工成本（46.9%）是企业负担最大的前三项。人力成本负担重的主要原因在于受疫情影响员工不能正常到岗，临时招工用工增多，工价上涨（65.2%），员工流失率高，新老衔接

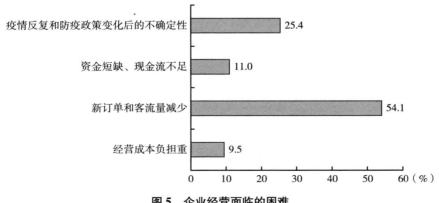

图 5 企业经营面临的困难

成本高（35.0%）和为员工缴纳社保压力大（29.2%）。为此，帮扶中小微企业纾难解困的力度仍需进一步加大。

二　企业招工用工状况

（一）2022年中小微企业劳动力指数呈下降态势，12月达到最低值

中小企业劳动力指数是中小企业发展指数的分项指数，是反映劳动力供应和需求综合情况的指数。从该指数的月度变化情况来看，2022年中小微企业劳动力市场供需动力不足，呈下降态势。该指数由1月的105.6上升至本年度最高值2月的105.8，之后下降至4月的105.3，后逐月上升至7月的105.6，此后震荡下降至12月的105.1（详见图6）。12月出现最低值主要在于疫情高发地区员工到岗率下降，影响企业正常生产。

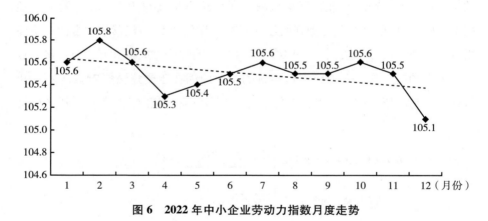

图6　2022年中小企业劳动力指数月度走势

数据来源：中国中小企业协会。

（二）2022年中小微企业整体用工情况趋弱，超三成企业减员

调查显示，2022年中小微企业用工状况整体趋弱。从员工总数增加的企业占比情况来看，它呈逐季度下降趋势，由第一季度的12.8%下降至第

二季度的 9.6% 后再降至第三季度的 8.4%，之后继续下降至第四季度的 5.5%。从员工总数减少的企业占比情况来看，它呈现先上升后下降态势，由第一季度的 32.7% 上升至第二、第三季度的 36.6% 后下降至第四季度的 34.8%。整个年度的减员企业占比均在 32% 以上（详见图 7）。

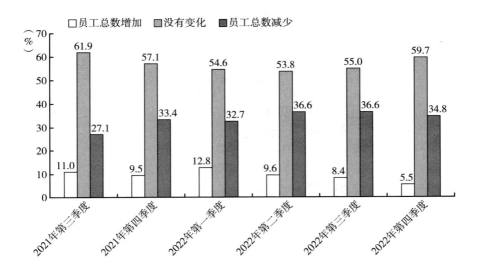

图 7　2021 年第三季度至 2022 年第四季度企业员工变化占比

数据来源：中国劳动和社会保障科学研究院联合阿里研究院开展的问卷调查。

具体到减员的原因，虽然每个季度间选择比例有所不同，但主要集中在新订单减少，主动裁员，企业整体经营成本增加，通过裁员压缩成本，疫情影响，不能正常开工等方面。如第四季度选择新订单减少，主动裁员的比例为 50.8%；企业整体经营成本增加，通过裁员压缩成本的比例为 22.1%；疫情影响，不能正常开工的比例为 16.8%。与第三季度相比，受疫情影响不能正常开工减员的比例增加 2.7 个百分点；招工难，原有员工离职后没有补充的比例增加 0.2 个百分点；而新订单减少，主动裁员的比例减少 1.2 个百分点（详见图 8）。总体看，第四季度企业减员原因是多方面的，主要受疫情冲击、经济下行、经营成本压力等影响，其中疫情冲击的影响较第三季度更加严重。

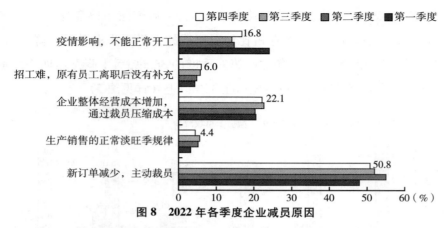

图 8　2022 年各季度企业减员原因

数据来源：中国劳动和社会保障科学研究院联合阿里研究院开展的问卷调查。

（三）2022年中小微企业整体招工情况趋弱，近五成企业超过一年都未招工

从企业招工情况看，2022 年中小微企业整体招工情况趋弱。1 个月之内招过工的企业占比明显降低，由第一季度的 20.1% 下降至第四季度的 10.1%，下降了 10.0 个百分点；而超过一年没有招工的企业占比逐季度上升，由第一季度的 41.3% 上升至第四季度的 49.8%，上升了 8.5 个百分点（详见图 9）。

2022 年第四季度与第三季度相比，超过一年没有招工的企业比例增加 0.3 个百分点，超过半年、3 个月没有招工的企业比例分别增加 1.1 个和 2.4 个百分点，3 个月之内招过工的企业比例减少 3.7 个百分点。与 2021 年第四季度相比，2022 年第四季度超过一年没有招工的企业比例增加 2.2 个百分点，3 个月之内招过工的企业比例下降 1.1 个百分点。总体看，第四季度整体招工状况弱于第三季度也远未恢复至 2021 年第四季度水平。

（四）疫情防控政策调整后，近七成企业到岗率不足，其中近两成基本处于停工状态

疫情防控政策优化调整是 2022 年对经济社会影响重大的事件，为了解

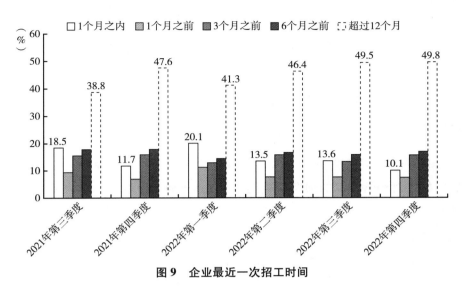

图9 企业最近一次招工时间

数据来源：中国劳动和社会保障科学研究院联合阿里研究院开展的问卷调查。

政策调整对中小微企业招工用工的影响，问卷设计了相关问题。问卷调查数据显示，截至 2023 年 1 月 2 日，只有 31.0% 的企业一切正常，全员到岗；近七成企业员工到岗率不足，其中 18.8% 的企业到岗率为 70% 左右，18.6% 的企业到岗率为 50% 左右，13.0% 的企业到岗率 30% 左右，18.6% 的企业基本处于停工状态（详见图 10）。

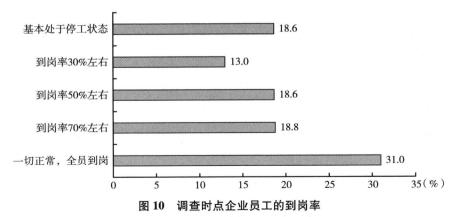

图10 调查时点企业员工的到岗率

数据来源：中国劳动和社会保障科学研究联合阿里研究院于 2022 年第四季度开展的问卷调查。

三 企业经营与用工预期及政策需求

（一）企业对生产经营和市场需求的预期先转弱后向好，对经营成本的预期一直向好

总体而言，2022 年中小微企业对生产经营和市场需求的预期先转弱后向好，对经营成本的预期一直向好[①]。具体而言，企业对生产经营的预期在经历了第二季度的向好、第三季度的减弱后，第四季度回升但未恢复至第二季度的水平。预期的变化主要与当时整体宏观经济形势和疫情情况相关，第二季度疫情形势有所好转，叠加一揽子政策"组合拳"，经济筑底企稳回暖势头开始显现，市场预期有所改善。第三季度由于美联储连续加息，全球滞胀风险上升，外部环境不稳定不确定性因素增加；国内疫情持续反复、经济增长"三重压力"仍然存在，内生动力偏弱，生产经营和市场需求预期减弱。第四季度随着疫情防控措施调整后感染人数迅速达峰，社会普遍预期生产生活秩序有望逐步恢复，中小企业发展信心有所增强。

调查显示，第四季度有超八成企业打算在未来 6 个月扩大经营或维持现状，其中 28.1% 的企业会扩大经营，52.6% 的企业保持规模不变。与第三季度的预期相比，打算扩大经营的企业占比增加 3.0 个百分点，缩减规模的企业占比减少 4.7 个百分点。但与第二季度的预期相比，打算扩大经营的企业占比减少 1.9 个百分点（详见图 11）。生产经营预期还有待进一步恢复。

具体到对市场需求的预期，2022 年企业对市场需求的预期走势与生产经营类似，经历了第二季度的向好、第三季度的走弱后，第四季度逐步恢复。调查显示，第四季度七成多企业预判未来 6 个月市场需求会增加或基本

---

① 生产经营预期为企业对未来 6 个月整体生产经营状况的预期，市场需求预期为对未来 6 个月需求端订单量等的预期，经营成本预期为企业对未来 6 个月供给端生产成本（原材料成本、人工成本等）的预期。

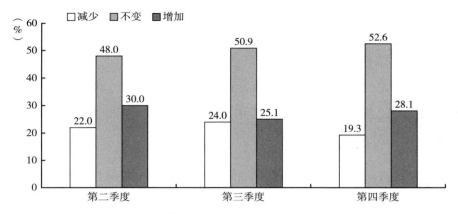

图 11　2022 年第二至第四季度企业对生产经营的预期

注：2022 年第一季度问卷调查中没有设计对生产经营预期的问题，从第二季度开始增加涉及生产经营预期的问题。所以缺少第一季度的相关数据。

数据来源：中国劳动和社会保障科学研究院联合阿里研究院开展的问卷调查。

不变，其中 40.2% 的认为会增加，30.7% 的认为基本不变。与第三季度比，认为市场需求会增加的企业占比增加了 5.6 个百分点，认为会减少的企业占比减少了 5.6 个百分点。但第四季度的市场需求预期还未恢复至第二季度的水平，认为市场需求会增加的企业占比比第二季度还少 0.6 个百分点（详见图 12）。

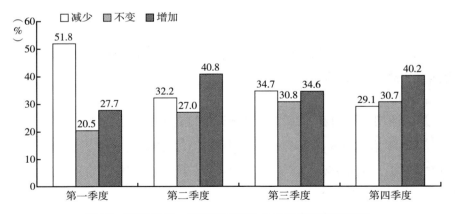

图 12　2022 年第一至第四季度企业对市场需求的预期

数据来源：中国劳动和社会保障科学研究院联合阿里研究院开展的问卷调查。

具体到对经营成本的预期，2022年认为经营成本会降低的企业占比呈逐季度上升趋势，认为经营成本会上升的企业占比呈逐季度下降趋势。调查显示，第一季度认为经营成本会降低的企业占比为12.5%，第二季度上升到16.5%，第三季度继续上升至17.3%，第四季度为18.4%；而认为经营成本会上升的企业占比由第一季度的62.2%下降至第四季度的35.2%，下降了27个百分点（详见图13），预期向好。

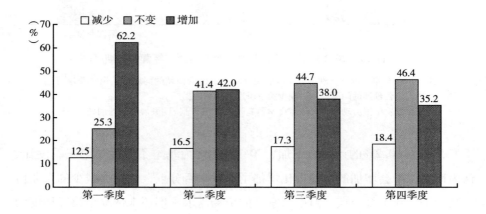

图13 2022年第一至第四季度企业对经营成本的预期

数据来源：中国劳动和社会保障科学研究院联合阿里研究院开展的问卷调查。

（二）2022年企业对未来半年的用工预期走弱后稳慎回升，但用工预期弱于生产经营预期

从企业用工预期看，2022年呈现逐季度走弱后稳慎回升态势。调查显示，2022年第一季度认为未来6个月用工人数增加的企业占比为17.4%，但第二季度下降至15.5%，第三季度继续下降至13.5%，第四季度恢复至14.5%。认为未来6个月用工人数减少的企业占比由第一季度的26.9%下降至第二季度的20.9%再上升至第三季度的21.7%，之后小幅下降至第四季度的21.6%。与2021年第四季度相比，2022年第四季度认为用工基本

不变的企业占比增加了 5.9 个百分点，认为用工人数增加和减少的企业占比分别减少了 1.9 个和 4.0 个百分点（详见图 14）。比较企业对生产经营改善的预期情况，企业对用工改善预期的程度要相对较低，表明劳动力市场的复苏可能滞后于经济增长复苏，经济增长带动就业增长的动能有待进一步加强。

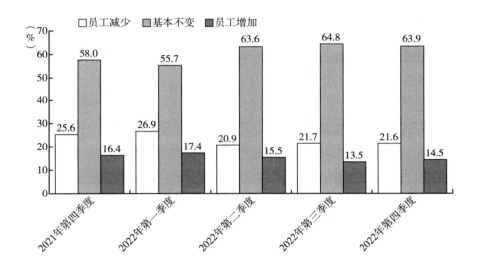

图 14　企业对未来 6 个月的用工预期

数据来源：中国劳动和社会保障科学研究院联合阿里研究院开展的问卷调查。

（三）社招的预期上升，校招和灵活用工的预期下降

从下一季度招聘员工的计划看，2022 年企业招聘正式员工的预期平稳上升，招聘灵活就业人员的预期略有下降。招聘正式员工中社招的企业比例震荡上升，由第一季度的 12.2% 下降至第二季度的 11.7%，后继续下降至第三季度的 11.3%，第四季度恢复至 12.9%；招聘正式员工中校招的企业比例震荡下降，由第一季度的 7.7% 上升至第二季度的 7.9%，后下降至第三季度的 7.7%，第四季度下降至 7.3%。而招聘灵

活就业人员的企业比例也震荡下降，由第一季度的 17.6% 下降至第二季度的 17.0% 后上升至第三季度的 17.6%，后下降至第四季度的 16.7%（详见图 15）。

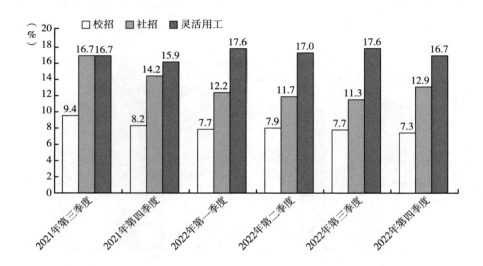

图 15　企业对下一季度不同类型招工的预期

数据来源：中国劳动和社会保障科学研究院联合阿里研究院开展的问卷调查。

（四）五成左右企业期望延续各项优惠政策

对稳经济一揽子政策中中小微企业涉及较多的 11 项政策进行问卷调查的结果显示，企业对各项政策的期望延续率多在 50% 以上，其中房租减免、减税缓税、对受疫情影响生活困难人员发放生活补贴和救助金此三项"真金白银"式政策的期望延续率较高，分别为 65.9%、65.1% 和 64.5%。另从政策需求度来看，对于各项政策均有二成左右的企业认为不太需要，有没有无所谓，其中水电气欠费不停供、缓缴五险一金、扩岗补助和失业保险留工补助的选择比例较高，分别为 25.6%、24.3% 和 22.4%（详见图 16）。

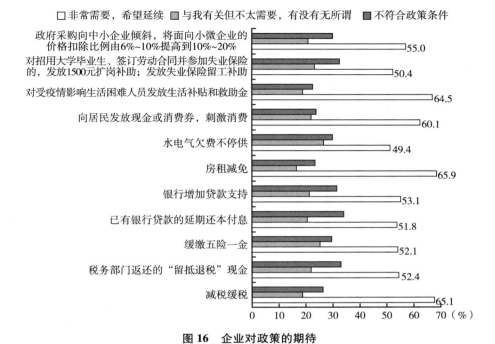

图16　企业对政策的期待

数据来源：中国劳动和社会保障科学研究院联合阿里研究院开展的问卷调查。

四　企业经营与用工的下一步发展趋势

（一）随着经济生活逐步恢复正常，企业经营与用工状况和预期均将向好，但不能忽略世界经济的不确定性带来就业形势的不确定性

随着我国疫情防控平稳转段，各项稳增长政策及延续政策持续发力，经济循环加快畅通，生产需求明显恢复，就业物价总体稳定，市场预期有所好转，经济运行呈现企稳回升态势。预计在这种宏观大背景下，中小企业开工率和复工达产率将明显上升，企业的生产经营与用工状况会明显好转。随着经济运行持续回暖，增长动能不断释放，企业的发展信心将明显增强，对生产经营、市场需求、经营成本以及招工用工的预期会逐步向好。但同时，我

们也不能忽略未来世界经济的不确定性。一些新兴市场经济体和低收入国家经济复苏力度较小，发达国家收紧货币政策带来的影响，或将导致全球复苏分化局面持续恶化。多国因供应链危机而出现的局部和阶段性"短缺经济"问题或将持续到2023年。根据联合国发布的报告《2023年世界经济形势与展望》，2023年，世界经济增长将从2022年的3%左右放缓至1.9%。这主要是受多重危机交汇的影响，世界经济前景黯淡且存在不确定性；美国、欧盟等发达经济体的增长势头明显减弱，全球其他经济体由此受到多重不利影响。宏观经济增长走弱，对就业的影响将进一步显现，加剧就业局势的不确定性。

（二）政府加大对中小微企业的政策扶持力度，助力它们"活下来"并"活得好"

当下，政府促进中小微企业发展的政策，从"活下来"和"活得好"两个方向，帮助中小微企业经营与融资。一方面，给予中小微企业扶持性政策，如减免税费、普惠金融等，通过政府补贴降低中小微企业经营与融资成本，帮助中小微企业"活下来"；另一方面，优化中小微企业营商环境，颁布规范性与创新性政策，如取消违规收费、拓宽企业融资渠道、实施失业保险稳岗返还等，帮助中小微企业"活得好"。党和政府十分关注中小微企业的发展，党的二十大报告在"加快构建新发展格局，着力推动高质量发展"板块提出"构建高水平社会主义市场经济体制……支持中小微企业发展"。在2023年两会期间，习近平总书记在看望参加全国政协十四届一次会议的民建、工商联界委员并参加联组会时强调，正确引导民营经济健康发展高质量发展。这让代表委员、民营企业家和广大干部群众倍感振奋。2023年的《政府工作报告》多次提到中小微企业，要求："完善相关政策，鼓励支持民营经济和民营企业发展壮大，支持中小微企业和个体工商户发展，构建亲清政商关系，为各类所有制企业创造公平竞争、竞相发展的环境，用真招实策稳定市场预期和提振市场信心。"可以预见，下一步，有关部门会密切跟踪中小微企业运行态势，围绕市场主体需求制定政策，加强政策研究和储备，适时出台部分惠企政策到期后的接续政策。持续优化市场营商环境，加大对实体经济特别是中小微企业的支持力度，提高中小微企业应对困难挑战的能力，推动中小微企业走"专精特新"发展之路。

（三）中小微企业与高校毕业生之间的就业结构性矛盾将常态化且逐步走向就业结构性适应

中小微企业校招预期下降，除了与宏观经济形势相关外，还与中小微企业招工难、用工难问题和高校毕业生不愿意到中小微企业就业的结构性矛盾有关。在未来一段时期，这种结构性矛盾将呈现常态化趋势。与外部经济环境和经济下行压力并行，我国经济发展目前正进入转型升级和结构调整的关键时期，新兴产业发展，新技术、新模式和新业态不断涌现。在传统制造业向机械化、自动化方向转型的同时，信息化、数字化、智能化发展加速推进，技术应用跨代升级。互联网等新兴产业在经历20多年发展之后，也进入新的战略调整期，一些互联网企业进行发展战略规划调整、业务和组织架构重组。传统的服务业也在新技术、新模式应用中加速转型升级。从机械化、自动化解放劳动者体力劳动，向智能化、数字化进一步解放劳动者智力劳动转变，对劳动者的素质要求从技能提升向整体知识素质能力提升转变。不同经济部门的同时转型升级，可能会使得就业结构性矛盾更加突出。据中国劳动和社会保障科学研究院的测算，到2025年，智能化、自动化的使用将直接替代岗位超过1500万个，间接影响的上下游相关岗位将会更多；而此时制造业十大重点领域人才缺口接近3000万人。在宏观经济发展推动和政府积极作为、中小微企业适度参与、高校毕业生主动改观的形势下，未来中小微企业与高校毕业生之间的就业结构性矛盾会逐步走向就业结构性适应，中小微企业校招的预期也会随之上升。

（四）数字化赋能中小微企业，实现从"低人工成本策略"向"高质量就业战略"转变

数字化通过技术和要素两个途径，对数以亿计的劳动者及成千上万的中小微市场主体发挥作用，促进就业资源和机会下沉，浇注劳动力市场底层，

增强市场包容性，对就业基本面产生影响。"十四五"时期是我国数字经济转向深化应用、规范发展、普惠共享的新阶段，随着《"十四五"数字经济发展规划》的出台，数字经济将更加规范健康发展。工业数字化转型加速，工业企业生产设备的数字化水平持续提升，更多中小微企业将迈上"云端"，平台企业加速出海，影响力和竞争力不断提升。而中小微企业自身也将更加主动适应劳动力市场变化趋势和技术产业变革趋势，抢抓先机实现转型升级，抢占产业链、价值链高端位置，加快数字化、自动化技术应用。应当加强宏观部门和职能部门对中小微企业用工的咨询指导，引导中小微企业根据人力资源市场供求变化趋势，克服企业用工路径依赖，适时调整改进人力资源发展战略和策略，实现从"低人工成本策略"向"高质量就业战略"转变。

五 关于企业经营与用工的对策建议

（一）稳经济稳就业暖信心，促进充分就业的经济复苏

当前处于巩固经济回稳向上基础的关键时间点，必须保持经济持续恢复态势，为2023年经济开好局起好步创造良好条件。在疫情防控政策全面优化调整的情况下，要进一步着力稳定和增强市场预期，稳就业稳物价，保持经济运行在合理区间。坚持经济发展的就业优先导向，处理好经济增长、通货膨胀、失业率等宏观经济目标之间的关系，注重稳经济大盘政策的就业效应评估，促进充分就业的经济复苏。

（二）优环境深落实保畅通，持续精准帮扶中小微企业

要深刻领会把握中央经济工作会议的总基调总精神，更加关注和扶持中小微企业，不仅在税费方面加大支持力度，也要在融资、用工方面给予倾斜和照顾，制定出看得见也摸得着的措施，切实落实"两个毫不动摇"，认真听取地方和市场反映的情况，尽快解决政策落实中存在的困难和问题，对症

施策。继续延续企业获得感较强的扶持政策，对于存在感较弱的国家和平台政策，要深入调查研究，该退出退出，该完善完善，增强政策服务的精准性、可及性。要不断优化营商环境，激发中小微企业的市场主体活力，持续保障交通物流畅通，坚定中小微企业发展信心，带动包括民营企业在内的社会资本投资。

（三）准研判备政策完储备，积极应对疫情之后用工变化

引导企业未雨绸缪地准确分析研判疫情之后的经营和用工形势，特别是针对中小微企业复工达产情况和招用工服务需求，政府部门要备好政策储备箱，加大对中小微企业和个体工商户的政策支持和公共服务力度，提前摸清底数与需求，优化布局，加强区域劳动力流动监测和劳务服务协作，推进零工市场建设，拓宽企业招工渠道，以应对疫情之后的用工变化。

（四）强宣传重评估稳后续，增强政策的稳定性与连续性

加强对中小微企业的政策服务需求调查，开展对前期实施政策的效应评估，将调整评估阶段性政策、完善对中小微企业的倾斜支持政策作为工作重点。对于实际享受度不够高的政策，要进行深度调研，挖掘深层次原因，该退出退出，该完善完善。要增强宏观政策的稳定性，保持纾困政策的连续性，提升监管政策的透明度和可预期水平，增强政策服务的精准性和可及性。

政策与服务篇

Reports on Employment Policy and Service

B.5
江西省创业担保贷款政策效应评估报告

中国劳动和社会保障科学研究院课题组*

摘　要：　创业担保贷款作为中国特色就业优先政策的重要内容，在20年
的探索实践中取得了显著成效。本报告基于对江西省的调查，
分析了创业担保贷款扶持创业带动就业政策的实施状况及其综
合政策效应。评估结果显示，江西省创业担保贷款政策在就业
带动、经济拉动和社会支持等方面发挥了重要作用。但也存在
政策普惠性不够、稳定性不足、资金保障不足以及业务经办能

---

*　课题组主要成员：莫荣，中国劳动和社会保障科学研究院院长、研究员，主要研究领域为劳
动就业、人力资源管理、国际劳动保障等；陈云，中国劳动和社会保障科学研究院就业创业
研究室主任、副研究员，主要研究领域为就业创业与社会政策；鲍春雷，中国劳动和社会保
障科学研究院就业创业研究室副主任、研究员，主要研究领域为就业创业、重点群体就业；
楚珊珊，中国劳动和社会保障科学研究院就业创业研究室助理研究员，主要研究领域为就业
理论与政策、创新与就业；李付俊，中国劳动和社会保障科学研究院就业创业研究室副研究
员，主要研究领域为就业创业；曹佳，中国劳动和社会保障科学研究院就业创业研究室副研
究员，主要研究领域为就业创业；郭锦亮，江西省就业创业服务中心主任；饶雪征，江西省
就业创业服务中心党委书记；程波财，江西省就业创业服务中心创业金融服务处处长；邹
峻，江西省就业创业服务中心创业金融服务处七级职员；孙松，江西省就业创业服务中心创
业金融服务处七级职员。

力仍有欠缺、风险防控和容错机制亟待完善等突出问题，并据此提出了针对性的对策建议，包括强化普惠公共政策性质，建立可持续的良性融资机制；以需求为导向，进一步优化创贷政策；制定落实风控和激励机制，增强经办机构的积极性；进一步加强经办能力建设，提升服务效能。

关键词： 创业担保贷款　就业　创业政策　江西

　　创业担保贷款是具有中国特色的就业优先政策的重要内容，也是普惠金融政策的主要支撑之一。自 2002 年启动至今，无论是政策对象范围，还是政策支持力度，都获得了长足的发展，对最大限度地激发全民创业潜力、释放创业倍增效应，实现高质量充分就业，具有重要意义。习近平总书记在党的二十大报告中强调，要"完善促进创业带动就业的保障制度"。这对于创业担保贷款等创业支持和保障政策提出了新的要求，需要进一步提升政策精准度，优化政策执行效果，从而推动创业担保贷款政策规范发展。江西省是全国创业担保贷款政策实施的先进地区，在实践中不断推动政策和服务创新，形成了卓有成效的"江西模式"。为了促进创业担保贷款政策更好地发挥作用，本报告基于对江西省的调查，通过对创业担保贷款政策扶持的创业对象、没有享受创业担保贷款政策扶持的个体创业项目、企业等开展问卷调查，并结合实地调研、专题座谈和个案访谈等方式对创业担保贷款政策的实施情况进行效果评估，分析了创业担保贷款在就业、经济、社会等各方面的政策效应。调查问卷在全省范围内发放，共收集个体创业者有效问卷 16899 份，其中创业担保贷款扶持对象 10376 份、未扶持对象 6523 份；收集企业有效问卷 1226 份。

一　创业对象基本情况

（一）个体创业者情况

从性别看，男性创业者占 61.0%，较女性 39.0% 的比重高出 22.0 个百

分点，其中扶持对象中男性占 64.0%，高于女性 28.0 个百分点，未扶持对象中男性占 56.2%，高于女性 12.4 个百分点。

从年龄看，个体创业者平均年龄为 39.9 岁，其中扶持对象平均年龄为 41.6 岁，较未扶持对象（37.2 岁）高出 4.4 岁；获得扶持次数越多的创业者，其平均年龄也越高，其中获得过三次及以上的政策扶持对象平均年龄为 42.7 岁，高出被扶持两次的创业者 0.8 岁，高于获得一次扶持的创业者 1.6 岁。从年龄结构看，扶持对象主要集中在 31~50 岁，占 78.4%，35 岁以下青年群体占比较低，为 24.9%；未扶持对象集中在 26~40 岁，占 70.2%，35 岁以下创业者比例为 47.9%，高出扶持对象 23.0 个百分点。

从受教育程度看，65.6% 的个体创业者为高中及以下学历。调查显示，女性创业者文化程度更高。有 37.3% 的女性创业者为大专及以上受教育程度，高于男性约 5 个百分点。被扶持创业者的受教育程度总体低于未扶持对象。扶持对象中高中学历占 38.7%，初中学历占 35.2%，大专及以上学历占 26.1%；未扶持对象高中学历占比为 28.7%，初中学历占 23.9%，大专及以上学历占 47.4%。

从创业者职业身份构成看，扶持对象中 41.9% 为城镇登记失业人员，占比最高；其次为返乡创业农民工，占 22.4%；再次为农村自主创业农民，占 15.4%；高校毕业生占 8.6%，其他身份类别占比均在 3.0% 以下。从近 20 年情况看，被扶持创业者中城镇登记失业人员占比总体呈下降趋势，农村自主创业农民、返乡创业农民工和高校毕业生占比呈上升趋势。

从项目注册类型看，扶持对象中注册个体工商户的比重最高，达 82.3%；其次为有限责任公司，占比为 6.5%；其他注册类型所占比重均在 5.0% 以下。从注册所属行业看，被扶持个体创业项目大多为批发和零售业，占比为 48.2%；其次为农、林、牧、渔业，占比为 12.2%；再次为住宿和餐饮业（9.1%），制造业（6.2%），居民服务、修理和其他服务业（5.5%），其他行业占比合计不足两成。

（二）扶持企业基本情况

从企业性质看，私营、民营企业占比最高，达到 93.7%，国有企业占

1.1%，其他类型企业占5.2%；有34.7%属于促进就业基地或者创业孵化基地。

从行业看，企业所属以制造业为主，占57.4%，批发和零售业企业占14.1%，农、林、牧、渔业企业占11.2%；有34.0%的企业属于劳动密集型行业。

从人员规模看，用工规模集中在40人及以下，占比49.2%，其中用工数量在21~40人的占比达到20.6%；10人及以下占14.7%，11~20人占13.9%。另外，用工规模在101人及以上的企业也较多，占比为20.6%；41~60人占15.1%，61~80人占8.6%，81~100人占6.5%。

二 政策实施基本情况

（一）贷款情况

扶持的个体创业对象方面：贷款额度逐年提高，实际获得贷款的平均金额由2015年的10.3万元增加至2022年的17.0万元，增幅为65.0%；平均贷款期限总体有所延长，从2015年的16.7个月提高到2022年的22.0个月。扶持企业方面：申请创贷在300万元以下的企业居多，占64.0%；有72.9%的企业实际获批贷款与预期申请一致甚至超额获批，其中样本企业申请贷款平均金额为351.8万元，实际获批贷款平均金额为315.7万元。

（二）担保情况

扶持的个体创业对象方面：扶持对象最主要的担保方式是公职人员担保，占比为39.5%；其次是抵质押物担保，占26.9%；此外，免担保占18.5%，信用社区担保占5.8%，其他有稳定收入人员担保占5.2%，互保联保占2.1%，其他担保方式占2.0%。扶持企业方面：82.3%的企业申请创贷获得了担保支持，17.7%未获得担保支持。整体来看，创贷政策供需两端的"双向"覆盖效果较为明显，38.7%的样本企业是主动到相关部门申请创业担保贷款，申请积极性较强，有38.9%的企业是由人社部门等创贷经办机构主动上门扶持。

（三）还款情况

扶持的个体创业对象方面：调查显示，第一次获得扶持的个体创贷项目中 90.0% 的创业者表示已还清贷款，其中 80.8% 的扶持对象按期还贷，8.4% 提前还贷，0.8% 虽逾期还贷但已还清；另有 9.7% 未到还贷时间，仅 0.3% 逾期尚未还清。逾期额度多在 10 万元以内，逾期者贷款期限多在 1 年内。获得二次、三次扶持的个体创业者还清贷款的比重分别为 93.1%、94.0%，逾期尚未还清的比重持平。扶持企业方面：84.7% 的企业在规定期限内还清获批贷款，有 15.1% 的没到还款期，未按期还贷的企业仅占 0.2%。总体看，个人和企业还款情况良好，总体风险控制成效明显。

三　政策效应分析

江西省创业担保贷款政策在就业带动、经济拉动和社会支持等方面发挥了重要作用，显现突出成效。

（一）发挥了积极的就业带动效应

一是直接扩大就业成效显著。扶持的个体创业项目方面：调查显示，扶持对象在首次获得创贷时员工规模平均为 5.12 人。98.6% 的创业者表示获得贷款一年内人员稳中有增。据测算，首次享受政策扶持的个体创业者，每个项目可带动就业 4.23 人；获得二次扶持的每个创业项目可带动就业 4.82 人；获得三次扶持的每个创业项目可带动就业 5.86 人。这些数据表明，除了创业初期的直接吸纳就业效应，创业项目通过政策扶持和继续成长，仍能扩大就业规模。从资金投入视角看，2022 年每万元贷款（剔除物价因素）带动的就业人数为 0.31 人，2013 年这一数字为 0.53 人，表明近 10 年来每万元贷款拉动就业人数的边际效应是递减的。扶持企业方面：调查显示，66.2% 的企业在获得创贷后员工数量增加。据测算，每扶持一家小微企业平均带动就业 17.2 人，且获批创贷额度与带动就业规模呈正相关关系（见图 1）。

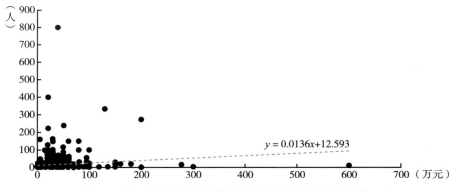

图1　企业实际获得贷款额度与增加员工人数的相关性

二是政策支持行业面宽、业态丰富。扶持的个体创业项目方面：行业分布上各个领域均有涉及，不同行业创业项目初期吸纳就业的情况有较大差异，其中金融业项目吸纳就业人数最多，每扶持1人创业，可带动就业14.75人；制造业，电力、热力、燃气及水生产和供应业，水利、环境和公共设施管理业，采矿业，农、林、牧、渔业等领域创业项目的带动就业效应也相对较强（见图2）。扶持企业方面：多数行业企业在获得创贷后扩大了用工，其中有71.4%的制造业企业在获得创贷后增加了员工，农、林、牧、渔业与住宿和餐饮业也有超六成企业在获得创贷后扩大了用工（见图3）。不仅基本覆盖各领域各行业，业态场景也不断丰富，既有小微工厂，也有实体小店，还有网络商户，"贷"动各类市场主体发展，也有利于促进就业结构和地方产业结构的匹配优化。

三是有利于解决重点群体就业。从创业者职业身份看，复员转业退役军人、返乡创业农民工、高校毕业生的每个创业项目带动就业人数均在5人左右；脱贫人口的每个创业项目可带动2.64人就业（见图4）。可见，创业担保贷款政策对解决重点群体就业问题发挥了积极作用。

（二）发挥了有力的经济拉动效应

一是资金杠杆作用。扶持个体创业者方面，36.4%的扶持对象表示

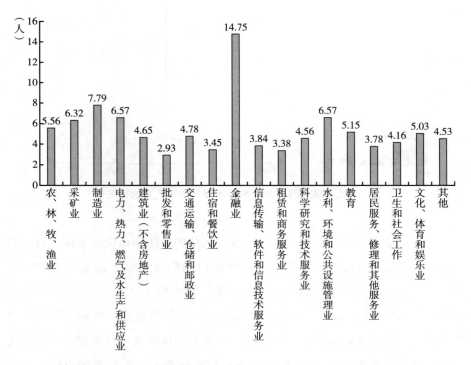

图2 不同行业个体创业项目获得贷款一年内平均员工规模增加情况

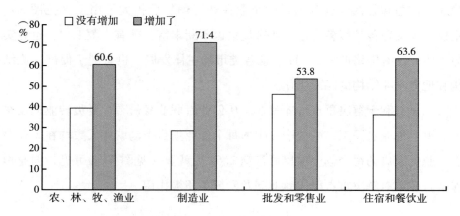

图3 不同行业企业在获得贷款后增加员工分布情况

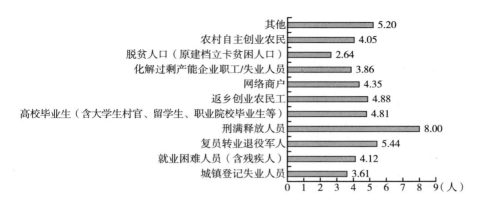

图 4　不同身份创业者创业项目获得贷款一年内平均员工规模增加情况

创业担保贷款带动了其他资金投入，平均带动金额为 27.3 万元，2011～2022 年平均带动资金投入规模总体明显大于实际获得贷款平均额度（见表 1）。企业方面，36.1% 的企业在获得创贷后有带动其他资金投入，平均带动其他资金 370.4 万元。据测算，企业每增加 1 万元创贷额度，可带动 1.3 万元的其他资金投入（见图 5）。获得贷款轮数越多的企业，带动其他投资的效应越明显，其中四成以上获得三轮贷款的企业有带动其他相关资金的投入。表明通过创贷投入，可撬动社会资本，较好地发挥资金杠杆效应。

表 1　创业担保贷款历次扶持带动其他资金投入情况

单位：万元

年份	首次扶持		二次扶持		三次扶持	
	实际获得贷款额度	其他资金投入	实际获得贷款额度	其他资金投入	实际获得贷款额度	其他资金投入
2011	8.7	27.8	6.1	9.3	23.3	/
2012	8.7	27.6	12.4	27.4	14.6	30.0
2013	10.4	49.5	10.5	13.5	13.8	40.0
2014	9.9	19.2	9.1	21.2	11.8	16.2
2015	10.3	22.8	10.2	26.5	13.7	22.5
2016	11.4	34.1	12.9	29.6	12.1	26.7
2017	13.7	25.0	13.7	38.0	15.3	22.7

续表

年份	首次扶持		二次扶持		三次扶持	
	实际获得贷款额度	其他资金投入	实际获得贷款额度	其他资金投入	实际获得贷款额度	其他资金投入
2018	13.4	28.2	14.9	29.0	14.4	37.6
2019	15.2	32.6	15.6	30.7	16.8	34.4
2020	16.3	26.5	16.2	34.6	16.9	36.5
2021	17.2	29.5	17.6	30.9	17.7	33.9
2022	17.0	22.6	18.4	29.0	19.2	33.5

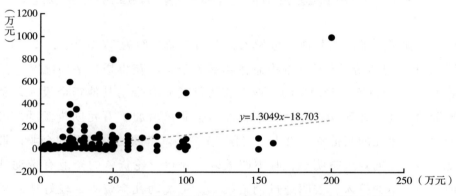

图5 企业实际获得贷款额度与带动其他资金投入规模的相关性

二是扶持发展作用。一方面有利于稳定和扩大经营。扶持个体创业者方面，87.8%的扶持对象认为创贷额度完全满足或大部分满足了当时的资金需求，也有12.3%认为资金缺口还是很大（见图6）。企业方面，62.4%的企业表示资金缺口问题在获得创贷后得到有效解决，37.1%表示有所缓解，但没完全解决问题，仅有0.5%的企业认为创贷对缓解资金问题作用不大（见图7）。从用途看，创贷扶持资金主要用于进货、补充流动资金、扩大生产、购买设备、租赁或购置场地等方面。另一方面能够促进盈利增收。获得贷款扶持或再扶持的创业项目均有九成半以上反映一年内营业收入稳中有增，劳动者收入情况改善。另外，创贷也有利于创业项目的可持续发展。从支持效果看，超九成扶持对象认为创贷起到了支持作用，其中45.4%的认为作用非常大，39.9%认为作用比较大，9.8%认为有一点作用，仅有5.0%认为完全没作用或作用一般（见图8）。

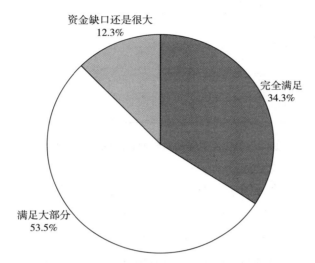

资金缺口还是很大
12.3%

完全满足
34.3%

满足大部分
53.5%

图6　被扶持创业者贷款金额满足资金需求情况

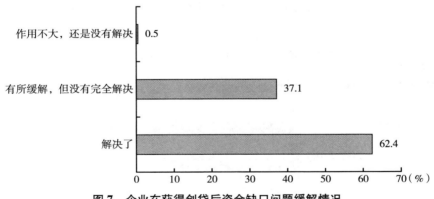

图7　企业在获得创贷后资金缺口问题缓解情况

（三）发挥了良好的社会支持效应

主要体现为创业对象对创贷政策的社会满意度较高。享受过创业担保贷款政策的创业者对政策内容和服务的总体评价积极，享受政策扶持次数越多

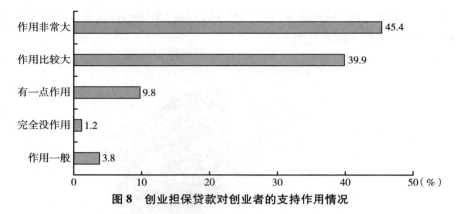

图8 创业担保贷款对创业者的支持作用情况

的创业者评价越高（见图9）。扶持对象对当地创业环境持积极评价的比例为80.2%，显著高于未扶持对象的61.5%；90.2%的扶持对象对政府的创业创新工作满意度较高，高于未扶持对象的78.8%。企业方面，相比于其他贷款政策或者金融产品，93.9%的企业认为政府贴息优势显著（见图10），同时企业对创贷政策满意度也较高，各方面满意度均在九成左右。表明创业担保贷款政策的实施对提高政府信用水平和公共政策的社会认同度有积极作用。

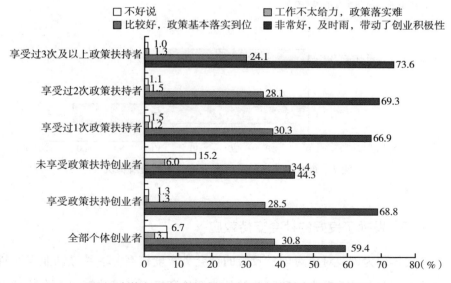

图9 个体创业者对当地政府的创业创新工作评价情况

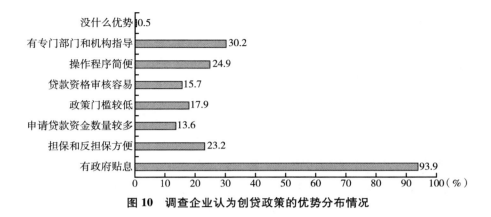

图 10　调查企业认为创贷政策的优势分布情况

四　主要经验与突出问题分析

（一）主要经验

江西省创业担保贷款政策成效显著，主要有以下几方面经验。

一是坚持政策普惠理念，同时突出重点群体。逐步实现从"小众"到"大众"的转型，政策对象从国有企业下岗职工逐步扩大到其他群体，逐步实现"面向人人"的政策覆盖，在国家政策覆盖的 10 类自主创业人员的基础上，进一步将合法创业的其他自主创业人员也纳入扶持范围，真正实现了普惠金融和政策全覆盖。同时，在不同时期，根据社会实际分别将城镇登记失业人员、高校毕业生、返乡农民工等各类创业人才作为扶持重点群体，点面结合，重点突出。

二是坚持政策公共属性，重视政府责任和职能。自 2002 年政策制度出台以来，江西省始终将创业担保贷款政策作为重要的民生工作纳入政府工作考核范围。江西省委省政府对创业担保贷款政策高度重视和高位推动。省委省政府领导亲自抓好工作部署，形成了由政府主要领导主抓，人力资源和社会保障部门牵头，财政部门、金融机构、就业服务部门和工青妇等部门积极配合参与的工作协调机制。政府财政资金在创业担保贷款基金和贴息资金、

工作经费等方面加大支持力度。在人社部门成立了专门职能机构，形成了省、市、县的专业服务机构和专业人员队伍。从组织领导、资金支持、部门协作、机构队伍等各方面，形成了政府主导、各方积极参与的良好格局，为政策的不断完善、实施提供了基本保障。

三是坚持政策创新，将政策设计和经济社会发展需求紧密结合在一起。从不断增加政策对象、扩大项目支持范围、加大政策支持力度到与县域经济发展、传统产业结构转型升级、新业态新模式发展、脱贫攻坚等经济社会发展中的重大任务紧密结合，充分发挥创业担保贷款政策在保障社会充分就业、促进经济产业结构调整、提升经济发展质量、助力脱贫攻坚等方面的积极作用，形成了创业担保贷款政策与经济社会发展相互促进的良性循环。

四是坚持政策有效性，强调贷款数量和质量并重，强化服务效能。江西省在创业担保贷款政策制定和实施过程中，始终将扩大覆盖面、扩大贷款规模与加强规范管理、提高贷款质量、防控风险紧密结合起来，做到扩量与提质两手抓、两手硬。坚持加强规范管理，不断完善管理体系，提高管理能力。随着政策的不断丰富完善，江西省在创业担保贷款政策的管理体制和运作机制方面不断创新，突出抓好平台建设、运作机制、绩效管理、风险防控、队伍建设、服务跟踪、信息化管理等，建立了一个整体运作较为成熟、规范和健全的创业担保贷款服务体系，保障了政策的顺利实施和可持续发展。

（二）突出问题

创业担保贷款政策在发展过程中，仍然存在与经济社会发展需求不相适应的方面，政策设计和执行过程中仍然存在某些短板和瓶颈，一些突出问题需加强关注。

一是政策普惠性仍需加强。创业担保贷款政策作为一种包容性金融政策体系，在本质上它是一种金融工具，是金融资本的一种配置方式，但需要特别注意的是，我国的创业担保贷款政策有着自身的特点。它是一项与金融领域的商业性小额担保贷款有着不同性质、特征和内容的公共政策，其担保基金来源于公共财政，而不是市场资金和社会资本，并且其核心目标是促进创业带动就业，实现社会充分就业和社会稳定和谐，目标具有公共性和社会性。尽管它客观上具有经济功能，但不是以经济利润为首要目标。因此，创业担保贷款政策未来仍然需要进一步突出"普惠"的公共属性，但目前由于金融风险把控的相关要求、政策本身仍然不够完善等原因，部分群体尤其是"贫困群体"以及部分市场主体仍然不能进入创业担保贷款范围。但近年来，受经济下行，特别是国内外多重不确定性因素交织影响，小微企业生产经营困难，新招用员工能力下降，难以达到政策规定的新增员工数，这限制了对小微企业发放创业担保贷款。此外，虽然一些地方对个体创业者逐步消除了身份限制，但由于担保和反担保条款规定仍然有部分创业者迈不过政策的门槛。

二是政策稳定性不足。当前，为了加大创业担保贷款政策的扶持力度，国家各相关部门不断对政策进行调整创新，政策在覆盖对象、借款条件、贷款金额、贷款利率、贴息办法、资金使用、运行机制等方面不断调整。这一方面有利于政策更好地适应经济社会发展需要，另一方面也带来政策的不稳定性，在很大程度上造成政策贯彻落实的困难。比如，受国家个人贷款贴息政策影响，江西省个人贷款申请数量明显降低，个人贷款发放量下降18.88%，直接导致全省创业担保贷款发放量降低7.02%。2021 年 12 月，财政部发布了《普惠金融发展专项资金管理办法（修订版征求意见稿）》，但在扶持期限、担保方式、贴息标准、资金分配等方面均有较大调整，国家政策的频繁调整给基层创贷工作人员的政策执行带来一定的影响。

三是政策资金保障不足。现有政策给部分经济欠发达地区带来较大压力，一些地方因为财政资金紧张，多年来未有新的担保基金注入，在贴息配套资金方面存在困难，在一定程度上限制了扶持规模。从江西省情况看，首先，贴息资金仍然存在缺口。2020 年的中央贴息资金仍有 2.01 亿元尚未拨付到位，同时部分县（市、区）的地方配套贴息资金难以落实到位，直接影响创业担保贷款工作的稳定发展。其次，奖补资金使用范围限制严格，难以形成有效激励。省财政厅要求创业担保贷款奖补资金只能用于创业担保贷

款工作相关的经费补助，并只明确了信息平台建设维护费、会议费、培训费、调研费 4 项支出范围，这对基层就业部门工作的积极性产生较大影响，导致难以形成有效工作激励。

四是业务经办能力仍待加强。首先，信息共享水平有待提升。由于目前银行征信数据和部分政府部门数据的缺失，自有金融风险防控体系还不完善，难以完全解决降门槛和防风险之间的矛盾。其次，队伍专业性和稳定性亟待加强。近年来，江西省创业担保贷款政策需求持续增加，贷款规模不断扩大，但长期以来，基层工作人员并没有得到明显扩充，加之基层事业单位改革，不少创贷工作人员进行了岗位调整，兼职人员、聘用员工约占 2/3，工作人员队伍的专业性和稳定性受到较大影响。

五是风险防控和容错机制亟待完善。随着创业担保贷款政策的持续推进，政策对象覆盖范围不断扩大，贷款额度增加，扶持项目类型多元，经济社会风险加大和不稳定性增强。虽然当前贷款回收率仍处于可控范围，但随着外部和内部不可控因素的发展，创业担保贷款的风险也在不断上升。目前这部分风控管理仍然存在不足，需谨慎对待。创业担保贷款政策虽然对风险补偿、年度代偿率有明确规定，但在实际操作过程中并未建立起相关的机制，加之法院追偿执行困难，造成呆坏账长期挂账无法处理。同时，对于当前各地方创业担保贷款政策执行机构的工作绩效考评，多数仍然以工作结果导向为主，工作过程评价指标比重较小，但在执行过程中对相关工作的评价仍然较少考虑工作过程以及容错机制的建立问题。没有风险补偿、呆坏账核销机制既不利于财务可持续性，也影响基层工作人员的主动性积极性，妨碍工作的进一步开展。

五　对策建议

随着经济社会发展到一定阶段，以及人们就业观念和方式的转变，创业正在成为社会成员普遍接受和选择的人生职业途径。我国的就业机制正在发生积极的变化，适应岗位的被动就业模式逐步转向充分发挥人力资源作为第一资源的主体性作用，通过以人力资源为主导因素来配置其他资源以创造岗位的主动就业模式。加之新冠疫情以及国内外经济环境压力不断增大，创业与就业的关系越发紧密。未来一段时间，我国社会创业将有较快和较大规模的发展，创业主体会更为复杂，各类社会群体成员都可能成为创业者，创业活动的范围、内容和方式也将更加多样化，对创业资源和相关政策制度的需求也会增加。创业担保贷款政策是积极就业政策的重要内容，如何激励各类群体创业，满足其多样化政策需求，并建立起完备配套的制度体系，是面临的现实课题。综合调查研究及课题组分析，促进创业担保贷款规范发展可从以下几个方面着手。

一是强化普惠公共政策性质，建立可持续的良性融资机制。进一步明确创业担保贷款政策扶持创业、促进就业的公共就业服务政策性质，将创业担保贷款政策纳入基本公共服务体系建设规划。要进一步强化政府的扶持政策性小贷责任，理顺工作体制机制，探索建立可持续发展的良性融资机制。注意整合、宣传和运用各方面的政策、资金和资源，多层次、多方位地满足各类群体在创业就业方面的资金需求。探索建立将新增财政的一定比例划拨到小额担保贷款担保基金，纳入年度财政预算的制度。同时，又要探索多元化的担保方式，充分利用民间资本在促进创业中的作用，努力化解创业担保贷款担保基金不足、地方财政贴息资金紧张等问题。

二是以需求为导向，进一步优化创贷政策。在贷款额度、范围、条件、贴息等方面优化调整创业担保贷款政策。从个体创业者和扶持企业的问卷调查看，创业者对提高创业担保贷款额度、延长扶持期限、放宽申请条件、提高贴息比例等方面具有较高的期待。在经济发展迅速、资本需求增大的环境下，建议进一步适当提高贷款额度。范围方面，建议将"新市民"群体纳入重点扶持范围。申请条件方面，建议取消对扶持对象和贷款记录的限定，只要创业属实、征信达标即可申请创业担保贷款，进一步提高贷款准入的普惠度；降低小微企业申请创业担保贷款的门槛，可以以企业现有符合创业担保贷款申请条件的职工人数占在职职工总人数的一定比例，或当年企业新招用符合创业担保贷款申请条件的人数作为申请条件。贴息方面，加大中央和

省级资金统筹力度，在市县财政紧张的情况下，建议取消市县两级贴息资金配套，进一步发挥普惠金融政策在创业担保贷款工作中的作用。

三是制定落实风控和激励机制，加强经办机构的积极性。进一步完善创业担保贷款风险防控体系和工作机制，加强数字化技术运用，升级信息化服务平台，建立公共部门信息共享机制，完善风控模型，强化贷前调查、贷中过程监管、逾期追偿等工作机制。制定和出台相应文件，在政策上落实创业担保贷款工作容错机制，建立创业担保贷款呆坏账的认定、核销工作机制。完善贴息资金和奖补资金的落实机制，保障足够及时落实到位，加强经办机构和人员的积极性。

四是进一步加强经办能力建设，提升服务效能。建立包含财政、金融等部门的常态化政银企对接机制，通过加强政府相关部门和金融机构的沟通协调，让各部门在申请、审核、发放、跟踪管理等方面都可以在同一个信息化平台系统中进行。进一步升级完善创业担保贷款服务平台，提升经办服务能力。在确保风险可控的前提下，简化贷款材料手续、缩短贷款审批时间，为扶持对象提供优质、高效、快捷、便利的服务，提高经办服务能力。进一步加强创业担保贷款专业化、职业化人员队伍建设。以创业担保贷款服务为依托，把创业担保贷款与创业培训、创业指导、创业服务结合起来，将单一的资金支持拓展到集资金、技术、信息、服务于一体的综合性创业服务载体，整合各种资源，探索打造开放、便捷、高效的创业公共服务平台。通过高效高质管理和服务，为创业担保贷款的可持续、高质量发展提供基础保障。

B.6
低碳转型绿色发展的就业
相关政策进展及建议

曹　佳[*]

摘　要: 低碳转型绿色发展的就业是实现"双碳"目标和落实就业优先政策的结合点。本报告主要梳理了低碳转型绿色发展的就业在产业经济、劳动保障及政府配套工作制度等方面的政策措施,归纳了政策特点。这些政策都是坚持辩证思维和系统观念,综合性强涉及面广,从以行政手段为主过渡到行政管理与市场机制并重,以人民为中心、以问题为导向、以目标为牵引。但也存在政策体系尚需进一步完善、产业政策与就业政策的协同联动需要加强、各部门之间需加强统筹协调协同治理等短板需要补齐。针对问题,提出加强部门间的统筹协调、加强形势研判、强化宏观政策的协同性以及提升就业政策的精准度等针对性对策建议。

关键词: 低碳转型　"双碳"目标　绿色发展　就业政策

　　当前及今后一段时期,我国就业形势依然十分严峻,劳动者高质量充分就业的需求和经济社会发展所能提供的就业岗位之间不相适应的结构性矛盾已成为就业领域的主要矛盾。继续把就业摆在经济社会发展和宏观政策落实的优先位置,扩容提质,优化结构,聚焦重点,守住底线,是摆在各级政府面前的首要任务。低碳转型绿色发展的就业是我国转变经济增长方式,建

---

　　[*] 曹佳,中国劳动和社会保障科学研究院就业创业研究室副研究员,主要研究领域为就业创业。

立健全绿色低碳循环发展的经济体系的一个重要就业增长点；也是有序推进碳达峰碳中和工作，落实碳达峰行动方案，在就业工作方面推进能源低碳转型的实际行动。基于此，本报告从政策制度角度梳理低碳转型绿色发展的就业相关政策，统筹分析政策特点，挖掘存在的短板，提出针对性的对策建议，有助于丰富低碳转型绿色发展政策储备箱，促进各部门之间协同治理。

一 低碳转型绿色发展的就业相关政策进展

低碳转型是实现国家与区域能源安全和能源保障的必然选择，是推动经济发展和经济增长的新动力，也是切实履行《巴黎协定》要求、实现能源利用碳中和目标、应对全球气候变化的有效举措。为有效促进低碳转型，政府部门从产业经济、劳动保障和政府配套工作制度等方面出台了多项政策措施，这些措施直接或间接影响就业，也将促进低碳转型绿色发展的就业。

（一）产业经济政策措施

1. 不同政策取向，促进产业结构调整

为了鼓励发展低能耗低污染的先进生产力，控制高能耗高污染行业的过快增长，2005 年 12 月 2 日，国家发改委发布《产业结构调整指导目录》。该目录是《促进产业结构调整暂行规定》的配套文件，涉及 20 多个行业，其中鼓励类 539 条（受到广泛关注的小排量汽车此次列入鼓励发展项目），限制类 190 条，淘汰类 399 条。其后，根据实际情况分别于 2011 年、2013 年、2016 年和 2021 年与时俱进地对目录内容进行了多次调整。目录划分了鼓励类、限制类、淘汰类三类产业，并有针对性地采取不同的政策取向。修订后的目录中鼓励类的产品门槛比以前提高，限制类、淘汰类的范围也比原来更小。其重点内容涵盖七个方面：一是瞄准薄弱领域，着力提高基础工艺、基础材料、基础元器件等基础制造能力；二是突出关键环节，更加注重提高关键设备制造能力和关键部件配套能力；三是强化保障支撑，加快发展

重点产业和新兴产业所需装备；四是更加关注"三农"，扶持发展先进适用农用装备；五是适应需求变化，大力发展新兴领域装备；六是防范产能过剩，坚决抑制部分行业重复建设；七是淘汰落后产能，加快产业转型升级。

2. 优化能源结构，发展循环经济

优化能源结构，也是产业升级。为此，国家出台了《节约能源法》《"十四五"节能减排综合性工作方案》（国发〔2021〕33号）、《中国应对气候变化国家方案》《中国应对气候变化的政策与行动》等，提出要应对气候变化，优化发展能源工业，提高可再生能源在能源结构中的比重，持续优化生产和消费的能源结构。

发展循环经济，以把经济活动对自然环境的影响降低到尽可能小的程度。国家制定并实行了《循环经济促进法》，发布《促进产业结构调整暂行规定》，印发了《"十四五"循环经济发展规划》，指出循环经济对保障国家资源安全、推动实现"双碳"目标、促进生态文明建设具有十分重要的意义，并提出了循环经济的主要任务、重点工程和重点行动。

3. 建立重点行业准入制度，推进经济结构战略性调整

2006年，为推进经济结构战略性调整，提升产业国际竞争力，国务院出台《关于加快推进产能过剩行业结构调整的通知》（国发〔2006〕11号），要求坚持以市场为导向，综合运用经济、法律手段和必要的行政手段，推进产能过剩行业结构调整。2007年出台的《国家环境保护"十一五"规划》提出，新建项目必须符合国家规定的准入条件和排放标准。2009年，环保部提出加强新建项目的环境准入，对于环保不达标的企业取消它所享有的有关税收优惠。2021年11月，《中共中央　国务院关于深入打好污染防治攻坚战的意见》印发，该意见和"十四五"生态环境保护规划构成了我国"十四五"生态环境保护的顶层设计。

（二）劳动保障政策措施

在低碳转型过程中，对就业产生的影响体现为创造效应、挤出效应和改造效应。创造效应即低碳绿色职业和岗位的增加，挤出效应即灰色岗位面临

萎缩甚至消失，改造效应即现有岗位的工作内容和技能发生变化。我国目前有相应的劳动保障政策为低碳绿色岗位的顺利转型和绿色岗位的开发提供政策支持。

1. 建立职业技能培训体系和新职业发布制度

职业技能开发为实现更加充分更高质量的就业提供了人才支撑，也为低碳绿色职业和岗位的增加提供了技能支持。我国目前已经形成具有中国特色的职业技能开发体系，包括职业分类和职业技能标准、职业技能培训与办学机构、职业技能鉴定与职业资格证书制度、职业技能竞赛和技能人才表彰机制等，这对提高劳动者素质、促进和稳定就业、促进低碳转型、促进经济发展和社会和谐起到了积极的作用。特别是《职业技能提升行动方案（2019~2021年）》（国办发〔2019〕24号）强调把职业技能培训作为经济转型升级和高质量发展的重要支撑。2021年12月，我国第一部职业技能培训规划《"十四五"职业技能培训规划》印发，标志着我国初步建立了覆盖全体劳动者的终身职业技能培训政策体系。

随着"互联网+"计划的实施和信息技术的飞速发展，新职业不断涌现。党和政府也强调关注建立新职业动态编制发布机制。如国发〔2019〕28号文《国务院关于进一步做好稳就业工作的意见》，提出实施新职业开发计划，加大职业技能标准和职业培训包开发力度。自2015年版《职业分类大典》颁布以来共发布四批新职业，第四批对应2022年6月向社会公示的18项新职业信息，其中在碳达峰碳中和的发展目标要求下涌现的绿色职业包括碳汇计量评估师、建筑节能减排咨询师、综合能源服务员、煤提质工四项。

2. 促进下岗失业人员安置和再就业

在低碳转型过程中，高能耗高污染等岗位的减少甚至消失在所难免，对于企业破产、关闭或裁员情况下失业人员的安置和再就业，政府部门备足了政策箱并逐步完善政策。如在化解过剩产能期间，《国务院关于化解产能严重过剩矛盾的指导意见》（国务院〔2013〕41号）明确规定，将化解产能严重过剩矛盾中企业下岗失业人员纳入就业扶持政策体系，通过多种方式促进下岗失业人员的安置和再就业。人社部会同有关部门认真落实国务院文件精神，制定了一系列具体政策措施，主要包括：一是促进转岗就业创业，摸清拟分流职工底数，对拟分流安置人员在 100 人以上的，要求举办专场招聘活动，有组织地开展劳务输出，对符合条件的就业困难人员给予一次性交通补贴；二是将依法与企业终止劳动合同的失业人员纳入当地就业政策扶持范围，提供免费政策咨询、就业指导、职业介绍等服务；三是支持企业开展"双创"，对有创业意愿的失业人员，提供创业培训和指导，并进行跟踪服务；四是对大龄就业困难人员实行公益性岗位兜底帮扶。

3. 依法依规妥善处理劳动关系

劳动关系的妥善处理是在面对低碳转型对就业的挤出效应时，需要特别关注的核心问题。因涉及受影响职工的切身利益，它也是各级政府做好低碳转型就业工作的重点领域，在以往处理诸如化解过剩产能等类似失业人员劳动关系时，政府积累了多项政策经验，以保持劳动关系的和谐稳定。第一，要求依法依规妥善处理劳动关系。在淘汰落后产能和化解过剩产能的各项政策文件中，均要求做好劳动关系处理工作，提出了"依法、妥善"处理劳动关系的原则，强调"依照相关法律法规和规定妥善安置职工""积极稳妥解决职工劳动关系、社会保险关系接续、拖欠职工工资等问题""依法妥善处理职工劳动关系"。第二，提出了多种妥善处理劳动关系的方式。比如可灵活工时、培训转岗，可依法变更劳动合同，企业为他们发放生活费并缴纳养老保险和医疗保险费。第三，对解除劳动关系问题做出了详细规定。在去产能中不少职工与企业解除或终止了劳动关系，对此，国家政策规定了依法妥善处置的具体意见，要求应依法支付经济补偿，偿还拖欠的职工在岗期间工资和补缴社会保险费，并做好社会保险关系转移接续手续等工作。

4. 通过多项补贴或减免政策安置富余人员保市场主体

近些年，国家陆续出台多项缓减或补贴优惠政策，一方面安置富余人员，另一方面减少企业成本，保市场主体。安置富余人员方面：国家进一步发挥失业保险预防失业、促进就业的作用，对去产能企业采取有效措施不裁员、少裁员，稳定就业岗位的，可按不超过该企业及其职工上年度实际缴纳失业保险费总额的 50%，由失业保险基金给予稳岗补贴。目前，失业保险

基金支持企业稳定岗位政策的实施范围已经扩大到所有符合条件的企业。在去产能工作中，失业保险援企稳岗政策不断得到落实，不裁员或少裁员的企业及时得到稳岗补贴。保市场主体方面：为降低企业成本，减轻企业负担，2015 年，人社部和财政部连续发布《关于调整失业保险费率有关问题的通知》（人社部发〔2015〕24 号）、《关于适当降低生育保险费率的通知》（人社部发〔2015〕70 号）、《关于调整工伤保险费率政策的通知》（人社部发〔2015〕71 号），下调失业、生育、工伤三险费率。2016 年 4 月，人社部和财政部发布《关于阶段性降低社会保险费率的通知》（人社部发〔2016〕36 号），又一次针对降低社会保险费率做出调整。2017 年 2 月，人社部和财政部又发布了《关于阶段性降低失业保险费率有关问题的通知》（人社部发〔2017〕14 号），从 2017 年 1 月 1 日起，失业保险总费率为 1.5% 的省（区、市），可以将总费率降至 1%。至此，"五险"的总费率由 41% 降至 36.75%，其中，企业负担为 26.25%，个人负担为 10.5%。

（三）政府配套工作制度

1. 碳减排目标责任制

目标责任制是我国政府绩效评价的重要手段，碳减排目标责任制是我国低碳转型政策措施的核心，其雏形来源于节能目标责任制，是"一票否决"式的责任考核。在 2006 年的"十一五"规划中，明确提出全国单位国内生产总值能源消耗降低 20% 左右，之后国家发改委将这一目标具体分解到全国各省区市，并采取奖惩具体措施，这就是最初的节能目标责任制。2011 年 12 月，国务院出台《"十二五"控制温室气体排放工作方案》，规定了"十二五"末期全国及各省区市碳减排目标，即全国性碳减排目标责任制。2016 年 10 月，国务院印发《"十三五"控制温室气体排放工作方案》（国发〔2016〕61 号），规定到 2020 年单位国内生产总值二氧化碳排放比 2015 年下降 18%，分类确定省级碳排放控制目标。2021 年，国务院印发《"十四五"节能减排综合工作方案》（国发〔2021〕33 号），要求到 2025 年，全国单位国内生产总值能源消耗比 2020 年下降 13.5%，开展"十四五"省级人民政府节能减排目标责任评价考核。各省区市根据自己的发展阶段、资源禀赋、战略定位、生态环保等因素，积极将任务分解到下一级政府，对各地市级政府进行评价考核，推动碳减排目标责任制走实走深。

2.碳排放权交易试点工作

2010年7月，国家发改委发布的《关于开展低碳省区和低碳城市试点工作的通知》是我国碳排放权交易市场发展的开端。2010年10月发布的《国务院关于加快培育和发展战略性新兴产业的决定》首次正式提出"建立和完善主要污染物和碳排放交易制度"，这是我国首次正式提出碳排放权交易制度。2011年，按照"十二五"规划纲要关于"逐步建立碳排放交易市场"的要求，我国在北京、天津、上海、重庆、湖北、广东及深圳7个省市启动了碳排放权交易试点工作，各试点地区建立专职工作队伍，编制碳排放权交易试点实施方案，研究制定碳排放权交易试点管理方法和基本规则，培育和建设交易平台。2012年，北京、上海、广东分别启动碳排放权交易试点。为规范各地的交易行为，2012年，国家发改委出台《温室气体自愿减排交易管理暂行办法》，确立自愿减排交易机制的基本管理框架、交易流程和监管办法，建立交易登记注册系统和信息发布制度，鼓励基于项目的温室气体自愿减排交易，保障有关交易活动的有序开展。2013年，党的十八届三中全会要求发展碳排放权交易制度。2013年起，7个地方试点碳排放权交易市场陆续开始上线交易，有效地促进了试点省市企业温室气体减排。2016年3月，《碳排放权交易管理条例》被国务院办公厅列入立法计划预备项目。2016年8月，发布《关于构建绿色金融体系的指导意见》。2016年12月，福建省启动碳排放权交易市场，作为国内第8个碳排放权交易试点。2019年，应对气候变化及减排职能由国家发展改革委调整至生态环境部。

3.成立碳达峰碳中和工作领导小组

2021年5月26日，碳达峰碳中和工作领导小组第一次全体会议在北京召开，标志着"双碳"工作领导小组成立。中共中央政治局常委、国务院副总理韩正同志任工作领导小组组长，财政部、科技部、国家发改委、生态

环境部、住房和城乡建设部、工业和信息化部、自然资源部、交通运输部、商务部、国家市场监督管理总局、国务院国资委、全国政协人口资源环境委员会、国家统计局、国家税务局、中国人民银行、银保监会等部门是成员单位。"双碳"工作领导小组明确了"双碳"工作是以习近平同志为核心的党中央经过深思熟虑做出的重大战略决策，要紧扣目标分解任务，加强顶层设计，指导和督促地方及重点领域、行业、企业科学设置目标、制定行动方案。要坚持问题导向，深入研究重大问题。要求工作领导小组发挥统筹协调作用，各成员单位按职责分工全力推进相关工作，形成强大合力，确保党中央决策部署落地见效。各省区市陆续成立碳达峰碳中和工作领导小组，以加强地方碳达峰碳中和工作统筹。

二 低碳转型绿色发展的就业相关政策特点

综观各领域对低碳转型的政策措施及配套工作制度，可以发现低碳转型绿色发展的就业相关政策具有以下特点。

（一）坚持辩证思维和系统观念，综合性强涉及面广

低碳转型绿色发展，关乎经济社会可持续发展，和人民对美好生活的向往，党和政府密切关注。综观不同领域出台的涉及低碳转型绿色发展的相关政策，发现它们中存在对低碳转型与经济社会发展之间的辩证思维，和关于人类命运共同体和国家整体系统发展的系统观念，是在对气候变化协定有了逐步深化认识后，根据新的实践需要，形成的一系列新布局和新方略。碳排放的来源较广，其中能源活动是碳排放的主要来源之一，而涉及能源活动的部门较多，包括财政、金融、科技、发改、生态环境、住房和城乡建设、工信、自然资源、交通运输等，如果再统筹考虑低碳转型对就业及人民生活的影响，还会涉及人社、工商、公安、统计等部门。总而言之，低碳转型绿色发展有关的政策综合性较强，涉及面较广，实现低碳转型绿色发展需要多个部门统筹协调、通力合作。

（二）从以行政手段为主过渡到行政管理与市场机制并重

在低碳转型绿色发展的过程中，国家从顶层设计角度规定了全国和各省区市在"十一五""十二五""十三五""十四五"时期的节能目标及碳减排目标，实行了节能目标责任制、碳减排目标责任制。从"十二五"时期开始，北京、天津、上海、重庆、湖北、广东及深圳7个省市启动了碳排放权交易试点工作，并于2016年增加福建省为第8个试点省份，并延续至今。目标责任制主要是通过设定目标，进行绩效考核，实行奖惩的一种行政手段。而碳排放权交易试点工作，虽然就规则制度而言，也是人为设定的，但是它通过制定碳排放权配额，依靠供求双方的力量形成碳排放权的交易价格，促使企业以较低的成本实现降低碳排放量的目标，在本质上属于市场机制。我国政府支持低碳转型绿色发展做法的转变，表明我国政府更加重视市场在资源配置中的决定性作用，工作机制也日益过渡到行政管理与市场机制并重。

（三）以人民为中心，用制度措施保市场主体护人民权益

国家层面在制定出台低碳转型绿色发展的就业相关政策时，把实现经济增长和广大人民群众更高质量更加充分就业作为政策的方向，瞄准低碳转型绿色发展中市场主体和劳动者就业创业最迫切的需求，对于创造低碳绿色岗位的行业和企业，给予优惠与支持；对于高污染高能耗，需要关闭、破产或转型的企业，出台稳岗补贴等政策鼓励企业安置富余人员，促进下岗失业人员安置和再就业，制定并实施降低社会保险费率政策，以降低企业成本，减轻企业负担。这说明政府在制度完善、政策配套、能力建设等方面下功夫，加快从顶层设计角度构建低碳转型绿色发展的就业工作体系，依靠强有力的社会政策来规范支持促进低碳转型绿色发展的就业，努力满足人民群众在低碳转型绿色发展方面的就业需求。

（四）以问题为导向以目标为牵引，聚焦重点守住底线

综观不同领域低碳转型绿色发展的就业相关政策，发现政策的出发点均

是以职责范围内的重点行业、重点企业或重点群体为对象，紧盯各个领域关键环节和突出问题，以问题为导向，以目标为牵引。政策具有精准性，突出时效性，强化分类指导，分类帮扶援助，如产业政策的重点行业准入制度，劳动保障领域的重点群体多项补贴政策、重点群体再就业政策等，从不同领域切实促进产业低碳转型绿色发展，兜牢了民生底线。

三　低碳转型绿色发展的就业相关政策存在的短板

现阶段，碳达峰碳中和目标促进科学技术创新与新经济、新产业业态和新投资发展。"双碳"目标倒逼能源转型和高质量发展，推动我国自然生态系统改善，对国际经济和贸易的低碳绿色合作与发展有着重要引领作用。实践的快速发展，也导致新问题新挑战的不断产生，而政策制度的出台需要一段时间的研究和磋商，因而在现有的低碳转型绿色发展就业相关政策方面还存在一些短板。

（一）政策体系尚需进一步完善，各方面的保障方案有待进一步研究完善

碳达峰碳中和目标是以习近平同志为核心的党中央经过深思熟虑做出的重大战略决策。低碳转型绿色发展就业相关政策的出台正是落实国家战略、确保如期实现目标的抓手。碳达峰碳中和目标实现涉及的行业领域较多，相关的职能部门也较多，并且存在化解过剩产能、产业转型升级、治理环境污染、解决失业人员再就业问题等与之相关方面的政策储备，这些都为加快构建碳达峰碳中和 "1+N"① 政策体系奠定了坚实的基础。目前，总体来看，我国碳达峰碳中和 "1+N" 政策体系已基本建立，但尚且处于初级阶段，各

---

① 所谓 "1+N" 政策体系，"1" 是指 2021 年 9 月发布的《中共中央国务院关于完整准确全面贯彻新发展理念做好碳达峰碳中和工作的意见》，它是管总管长远的，发挥统领作用；"N" 则包括能源、工业、交通运输、城乡建设等分领域分行业碳达峰碳中和实施方案，以及科技支撑、能源保障、碳汇能力、财政金融价格政策、标准计量体系、督察考核等保障方案。

方面的保障方案还有待进一步研究完善，相关政策文件还需推动出台实施。对于已出台政策需要扎实做好落实工作，明确责任分工、细化任务安排、强化跟踪调度，加强对地方工作的督促指导，及时纠正偏差，推动各项工作落实落细。加快形成目标明确、分工合理、措施有力、衔接有序的政策体系和工作格局，全面推动碳达峰碳中和各项工作取得积极成效。

（二）产业政策与就业政策的协同联动较弱，就业优先导向的宏观调控有待进一步加强

低碳转型绿色发展相关的产业政策是以经济发展为首要前提的，是指导各地产业低碳转型绿色发展的顶层设计，但与就业政策的协同联动较弱。相关部门将就业优先置于宏观层面并持续强化的痕迹较少，对就业优先战略的落实考虑较少，在制定实施宏观政策时对就业的影响也考虑得不够充分，同时在实施重大政策和项目时就业影响评估机制存在不足。另外，指导"双碳"工作的领导小组成员中也缺少主管就业的人社部门。这样容易导致在低碳转型过程中，对就业的影响程度被低估，一旦出现大规模失业风险，失业预警机制及为应对重大失业风险采取的超常规举措不足；产业政策与就业政策的互动不强，存在经济发展和就业增长"两张皮"现象。

（三）各部门之间需加强统筹协调协同治理，上下之间需进一步配合联动

就目前对低碳转型绿色发展就业相关政策的梳理来看，相关政策体系尚未形成"各方配合、上下联动、任务落实、政策落地"的格局。一方面，低碳转型绿色发展的就业涉及的行业多领域广，就业创造、就业转型的形式多样化，群体分布差异化，具体政策在制定出台时涉及面广，牵涉的职能部门也较多，而我国各部门职能分散，就各自领域出台政策措施，容易造成缺乏统一的政策规划。另外，由于职能分散，出台一项专项政策措施需要征求其他部门的意见建议，时间战线长，有时会跟不上事物发展的速度，而出台的相关政策需要具有可持续性和可操作性，需要长短期兼顾，不能是打补丁

式高频度发文。另一方面，中央层面的顶层设计也是大的思路方向，我国各省区市资源禀赋和产业结构不同，低碳转型的步伐节奏和重点领域不一，具体执行层面的措施难以尽述，需要地方层面针对实情具体研究完善。同时，还要破除现行政策落实方面的体制机制不顺和工作保障不足等诸多难题，探索地方政策措施的弹性和调整余地，适应复杂多变的基层情况。

（四）虽然低碳转型对就业尚未产生显著影响，但需进一步加强形势研判

目前，"双碳"背景下对就业的影响处于研究阶段，相关部门的政策也还处于前瞻性研究的阶段。从近期就业形势的变化来看，低碳转型对就业的影响尚未凸显，只是 2021 年能耗双控下的"限电"等政策对部分企业造成短期影响，但是随着政策调整，并未形成大规模长期影响，目前就业形势稳中向好。然而，不能就此麻痹大意，忽视低碳转型对就业的长期影响，要考虑到低碳转型如同技术进步一样，是一个影响就业的慢变量，需要未雨绸缪，加强调查研究和形势研判，密切跟踪"双碳"领域的新形势、新情况、新动向、新问题、新挑战，备好政策工具箱，以满足不时之需。

四　完善低碳转型绿色发展就业相关政策的建议

对于低碳转型绿色发展的就业相关政策，我国还在探索前行，在将就业置于宏观战略层面的背景下，劳动保障领域的政策探索，可能会对其他公共政策领域产生示范效应。现结合梳理的低碳转型绿色发展就业相关政策的特点及短板，提出以下建议。

（一）加强部门间的统筹协调，进一步完善"双碳"政策体系和工作机制

当前，我国已开启全面建设社会主义现代化国家新征程，正在构建以国内大循环为主体、国内国际双循环相互促进的新发展格局，发展环境面临深

刻复杂变化，就业形势依然严峻复杂。面对推进碳达峰碳中和工作的紧迫性和艰巨性，我们要清醒认识到低碳转型作为影响就业的慢变量，虽然在短期内不会引起大规模的失业，但会如同技术变革一样"润物细无声"地在改变我们的生产和生活方式，对就业的影响会慢慢显现。因此，一方面，要统一规划低碳转型各方面政策制度的顶层设计，增加政策的系统性，提升协同治理能力。各职能部门要提升对低碳转型的统一认识，加强研究，要随着新事物的发展，不断加深认知。另一方面，要加强低碳转型工作的组织领导。建议将人社部门列入碳达峰碳中和工作领导小组成员单位，同时充分发挥国务院就业工作领导小组的作用，将低碳转型绿色发展的就业工作纳入就业工作协调机制，推动各部门履职尽责，发挥各类群团组织的积极性，凝聚就业工作合力，促进低碳转型绿色发展和就业增长的良性互动。建立健全县级以上政府主要负责同志牵头、相关部门参与的"双碳"工作组织领导机制，明确目标任务和责任单位，层层压实责任。坚持全国一盘棋，建立跨层级、跨部门、跨区域的重大风险协同应对机制。鼓励条件成熟、工作基础较好的地区大胆创新，先行探索完善低碳转型绿色发展政策和绿色就业管理服务制度。

（二）加强形势研判，提前研究低碳转型绿色发展就业相关政策的规范文件

2022 年《政府工作报告》指出："推动绿色低碳发展……有序推进碳达峰碳中和工作。落实碳达峰行动方案……加快形成绿色低碳生产生活方式。"低碳转型已经成为未来经济社会发展的重要趋势。为适应经济社会发展形势变化，对低碳转型下的就业要加强形势研判，并将之作为就业工作中的一个重点关注的方面，进行提前政策研究，以前瞻性地发现其中可能存在的短板和问题，预备低碳转型下关于就业政策的规范文件。这样在一旦出现低碳转型过程中的就业问题时，政府部门就可以变被动处理为主动疏导，将有可能出现的危机解决于萌芽状态。

一是在就业规划中加入低碳转型绿色发展就业的任务和要求，并将之与

国家低碳转型绿色经济发展规划相衔接。逐步探索建立低碳转型绿色发展就业的指标体系，明确低碳转型绿色发展就业的工作重点，促进重点群体实现低碳转型绿色发展的就业。

二是充分利用现有就业政策促进低碳转型绿色发展。将现有的积极就业政策延伸到低碳经济领域，凡符合规定条件的，均可享受相关优惠政策。地方根据当地低碳转型绿色发展实情，进一步完善扶持政策，帮助劳动者实现低碳转型绿色发展的就业。

三是制定专门的低碳转型绿色发展就业政策，配套解决低碳转型带来的失业问题。完善失业动态监测制度，准确掌握由于低碳转型而导致的失业情况。进一步完善优化落实就业优先政策，及时组织就业服务、职业培训，促进失业人员通过多种渠道实现再就业，保障低碳转型绿色发展各项工作顺利进行。同时，结合地方实际情况，采取切实可行的政策措施，做好重点行业企业职工安置工作，通过相应的扶持政策促进企业职工实现再就业和自谋职业、自主创业。

四是创造良好环境，鼓励支持低碳转型绿色创业创新。大力创造在低碳转型领域的创业机会，建立完备低碳转型绿色创业项目库，建立完善低碳转型绿色创业项目评估和推介制度，并开展低碳转型绿色创业培训和服务。

（三）强化宏观政策的协同性，实施重大政策和项目的就业影响评估机制

坚持经济发展的就业导向，强化就业优先导向的宏观调控，进一步加大财政、金融、产业宏观政策对就业的支持力度，落实低碳转型产业政策支持就业的导向，加强政策间的统筹协调性、稳定性和可预见性，以提振和稳定市场信心。实施重大政策规划、重大工程项目、重大生产力布局的就业影响评估机制，对于可能对就业造成重大影响的政策要采取就业帮扶配套措施。加强就业资金保障，中央和省级财政要加大对低碳转型重点地区的专项转移支付力度，建立政策信息和政策资金直达市场主体和劳动者的制度通道和机制，让政策下沉到底，防止政策漂浮和空转。坚持问题导向和需求指引，为

应对由于低碳转型而引起的重特大失业风险采取超常规举措，允许地方根据实际情况统筹合理使用就业资金。

（四）提升政策的精准度，加强政策的有效性和可及性

我国积极就业政策是具有中国特色的一项重要的公共政策，是党和政府确定的一项基本政策，是不断延续、扩展、调整和充实的政策体系。低碳转型作为我国经济社会发展过程中的必经之路，也将是积极就业政策完善的一个契机。建议将低碳转型过程中受影响较大的群体列入就业工作重点群体之中，并根据受影响程度或就业意愿或年龄、技能程度等对这部分群体进行细分，将之归入就业困难群体、农民工、高校毕业生或者其他群体中，或者不适合归入这些群体的，单列一个群体。并针对其技能、就业意愿、年龄等出台针对性的政策。对于类似化解过剩产能时期的群体，效果好的政策建议完善延续；效果较弱的政策，在充分调研之后进一步完善实施；要注重培训政策与补贴政策的协同配套，增强用人单位或扶持对象参与与岗位相关的技能培训的积极性和主动性，提升扶持对象对岗位的胜任力。

（五）加强公共就业服务，以职业培训为基础提升低碳转型绿色发展所需技能

按照低碳转型的发展理念，围绕推进低碳转型绿色发展的就业，进一步完善公共就业服务的内容和形式，建立完善低碳转型绿色发展相关就业岗位的收集和发布制度，将低碳转型绿色发展的就业纳入招聘洽谈、职业介绍和职业指导的内容范围，同时积极应对低碳转型过程中的失业问题，将政府公共就业服务、就业援助和职业培训延伸到企业，为转岗或下岗劳动者提供及时有效的就业服务。

将符合低碳转型绿色发展需要的中长期职业培训内容加入职业培训发展规划中，并在国家职业能力开发和高技能人才培训规划中有所体现。鼓励引导典型行业和龙头企业开发和制定一批低碳转型绿色发展的职业技能标准，

统筹利用各类职业培训资源，大力推进低碳转型绿色发展的就业技能培训、岗位技能提升培训、转岗转业培训和创业培训，全面提升劳动者技能水平，以满足经济转型发展和产业结构优化升级的需要。

参考文献

［1］ 白书宽：《低碳视角下我国产业发展的就业效应及影响因素研究》，硕士学位论文，大连理工大学，2020。

［2］ 曹俊金：《我国能源低碳转型法律制度研究》，博士学位论文，华东政法大学，2016。

［3］ 付庆杰：《低碳话语中的绿色就业战略转型路径》，《理论观察》2016年第5期。

［4］ 蓝虹：《碳交易市场发展及其制度体系的构建》，《人大生态金融》2022年第5期。

［5］ 游钧、张丽宾等：《中国绿色就业研究》，社会科学文献出版社，2014。

B.7
赣州市公共就业服务发展报告

薛 斌 谢庚福 李明伟*

摘 要： 近年来，赣州市坚决落实就业优先政策，积极提升公共就业服务水平，扎实稳住重点群体就业，用好市场化就业力量，不断壮大技能人才队伍，积极推动创业带动就业，促使赣南革命老区高质量就业服务示范区建设初见成效。但是，就业服务能力不足、信息化平台与交互共享机制欠缺、服务供给与需求错配，以及市场化就业服务机构散小低等问题制约了赣州市公共就业服务的发展。下一步，为了推动公共就业服务工作顺利开展，应当建设全覆盖的公共就业服务体系、培育市场化人力资源市场体系、完善创业带动就业服务体系以及健全技能人才培训体系。

关键词： 公共就业服务 高质量就业 赣州

近年来，赣州市人社部门始终坚持就业是最大的民生，积极落实就业优先战略，努力提升基本公共就业服务水平，全市就业形势总体稳定，创造了一批经验做法，取得了较好成效。2022年，赣州市人社局获评"全国人社系统先进集体"，被评为"全省社会保障工作先进集体""全省脱贫攻坚先进集体"，"赣南革命老区高质量就业服务示范区"获评全

* 薛斌，赣州市人力资源和社会保障局党组书记、局长，主要研究领域为就业创业、人力资源管理等；谢庚福，赣州市人力资源和社会保障局党组成员、副局长，主要研究领域为就业创业；李明伟，赣州市人力资源和社会保障局就业科科长，主要研究领域为就业创业。

国公共就业服务能力提升示范项目，获得部、省 1.4 亿元资金支持。人社部、国务院扶贫办在全国推广就业扶贫"赣州模式"，2017 年全国、全省就业扶贫经验交流现场会在赣州召开；龙南市杨村镇车田村包村就业脱贫车间案例成功入选"全球减贫案例征集活动"最佳案例；赣州市家政服务业发展促精准脱贫、于都县返乡创业"店小二"服务机制、南康区发行"双创债"支持返乡创业企业融资等典型经验得到国家发改委全国推广；创业担保贷款工作连续多年走在全省全国前列，获得国务院表彰的"就业创业工作先进单位"等多项国家级殊荣，创造了创业担保贷款赣州模式。2022 年以来，赣州市围绕"赣南革命老区高质量就业服务示范区"这一提升示范项目建设，积极推进全市公共就业服务进一步扩容提质增效。

一 赣州市就业基本情况

2010 年以来，赣州综合经济实力从全国城市的第 108 位（2011 年）前进到第 62 位（2022 年），2022 年经济总量突破 4500 亿元大关，达 4523.63 亿元，城镇化率从 2011 年的 39.34% 提高到 57%，中心城区建成区面积突破 200 平方公里，人口超过 200 万人。① 赣州市着力打造独具特色的现代产业体系，培育形成现代家居、有色金属、电子信息、纺织服装、新能源及新能源汽车、医药食品等"1+5+N"特色产业集群，培育了一批千亿元产业、千亿元园区、百亿元企业，为稳定和扩大就业奠定了扎实基础。

截至 2022 年末，赣州市户籍人口总数为 986.23 万人，其中城镇人口348.84 万人，乡村人口 637.39 万人。同期，赣州市常住人口总数为 898.81

---

① 综合经济实力位次数据来自《努力打造革命老区高质量发展高地——省委十五届四次全体（扩大）会议精神解读之一》（《江西日报》2023 年 7 月 26 日，第 2 版）；2022 年经济总量和城镇化率数据来自《赣州市 2022 年国民经济和社会发展统计公报》；2011 年城镇化率数据来自《沿着赣南苏区振兴发展康庄大道奋勇前进》（《求是》2022 年第 12 期）；建成区面积和人口数据来自《牢记嘱托 感恩奋进 加快建设革命老区高质量发展示范区》（《学习时报》2022 年 5 月 4 日，第 5 版）。

万人。其中，0~15 岁人口 203.54 万人，占比 22.6%；16~59 岁人口 547.17 万人，占比 60.9%；60 岁及以上人口 148.09 万人，占比 16.5%。总体呈现老龄化程度进一步加深、城镇人口稳步增加特征。截至 2021 年末，全市社会从业人员共 453.37 万人，其中第一产业 83.16 万人，占比 18.3%；第二产业 155.05 万人，占比 34.2%；第三产业 215.16 万人，占比 47.5%。[①]

二 赣州市公共就业服务主要举措

（一）坚决落实就业优先政策

一是高度重视高位推动。认真贯彻落实党中央、国务院和人社部等对就业工作的部署，在经济社会发展中坚持就业优先战略，将稳就业、保就业工作作为市委市政府"三大战略""八大行动"的重要内容，市领导常态化调度就业工作，将市就业工作领导小组成员单位履职情况纳入市直机关综合考核、将县（市、区）就业工作完成情况纳入县（市、区）综合考核，使工作有抓手、推进有动力。二是超额完成各项就业指标。深入贯彻落实稳就业保民生各项举措，全力稳住就业"基本盘"，确保了全市就业形势总体稳定，2022 年全市城镇新增就业 7.93 万人，新增转移农村劳动力 11.56 万人，失业保险参保人数 46.5 万人[②]，分别完成年度目标任务的 129.79%、125.65%、100.3%。三是落实助企纾困政策。充分发挥补贴政策的作用，通过免申即享、即申即享等方式，为企业落实政策。2022 年，全市通过实施降低失业保险费率政策为参保单位减负 2.57 亿元；受理 501 家企业失业保险缓缴，缓缴金额 265.51 万元；发放稳岗返还资金 8753 家 9338.14 万

---

① 人口数据来自《赣州市 2022 年国民经济和社会发展统计公报》，社会从业人员数据来自《赣州统计年鉴（2022）》。
② 城镇新增就业数据来自 EP1 号表、人社一体化综合信息系统；新增转移农村劳动力数据来自《江西省农村劳动力转移就业情况统计表》；失业保险参保数据来自人社统 UI2 表。

元；为 973 名职工发放提升技能补贴 138.65 万元。对于受疫情严重影响暂时无法正常生产经营的企业发放一次性留工培训补助 2163 家 3144.1 万元，发放一次性扩岗补助 1361 家 840.15 万元。[①]

（二）积极提升公共就业服务水平

一是建立"四级服务网络"。建起覆盖市县乡村四级的公共就业服务网络，为群众提供便捷的基本公共就业服务。中国公共招聘网的后台数据显示，截至 2022 年底，全市建立市县两级就业服务单位 21 个，从业人员实有 675 人；街道（乡镇）总数 293 个，从事就业服务工作的人员有 730 人；社区（村）总数 3981 个，从事就业服务工作的人员有 4456 人。在全省率先实现县域零工市场全覆盖，在全市各县（市、区）建设完善至少一家公益性零工市场（驿站），扩大服务供给，增强服务效能，为灵活就业求职人员提供岗位咨询、岗位辅导、技能培训、劳资纠纷调处等服务，截至 2023 年 10 月全市各县（市、区）已建设零工市场（驿站）41 个[②]，为灵活就业人员搭建求职平台，拓宽求职信息渠道。

二是首创"三支服务队伍"。2022 年，赣州市创新性地在全市招聘基层公共就业服务专岗人员 859 人，制定并完善对基层公共就业服务工作人员的业务培训、日常管理、监督考核等制度，依托全市统一的智能化招聘平台"赣州人才热线"，加快构建智慧服务体系，扩大就业和失业管理服务范围，通过乡镇、街道公共就业服务和网格化责任区域管理，发挥好基层公共就业服务专岗的作用，为居民提供高效、快捷、智能的就业服务。向高校派出就业服务专员 12 人，创新设立大学生就业创业服务工作站，在南昌、赣州等地 20 所院校设立大学生就业创业服务工作站，派驻就业服务专员面对面为大学生提供岗位推荐、就业政策咨询、

---

① 降费率数据来自失业保险基金月报表，缓缴数据来自江西省社会保险业务经办系统，稳岗返还和技能提升补贴数据来自人社统 UI4 表，一次性留工培训补助和一次性扩岗补助数据来自失业保险基金月报表。

② 数据来源：根据各县（市、区）上报数据汇总。

求职培训等服务。向企业派驻用工服务专员 34 人，通过建强服务队伍来打通就业供需两端对接渠道。

三是新建"两个网络平台"。利用"互联网+"思维和信息化技术，创新建设智能化招聘平台和流动人员人事档案管理服务平台，为用人单位和求职者搭建便捷高效的信息化桥梁，为流动人员构筑人事档案管理的数字化港湾。"两个平台"的推广使用，正推动全市人力资源服务的数字化水平、智能化程度、协同化能力及人本化体验再上新台阶，实现了就业信息和就业数据的智能化改造，有力提升了公共就业服务水平。截至 2023 年 10 月 20 日，智能化招聘平台已注册用人单位 9015 家，单位发布招聘岗位 9.54 万个，求职者发布个人简历 5.41 万份；流动人员人事档案管理服务平台已完成对 7.2 万份人事档案的规范化整理和数字化扫描，全市通过系统经办各类档案业务 13.54 万笔，网办业务量呈每月翻倍增加趋势。两个平台的运用实现了就业信息和就业数据的智能化改造，有力提升了公共服务水平。目前正完善智能化的政策经办、求职招聘、信息监测、档案服务系统，将实现全市劳动力信息和用工岗位信息上线整合，形成数据互联互通和信息共享，实现数字平台与实体窗口结合，打造横向到高校、企业等各用人主体和全市求职者，纵向到乡村、社区的线上就业服务网络。

（三）扎实稳住重点群体就业

一是"4+N"模式服务高校毕业生就业。搭建校内服务平台：坚持关口前移服务延伸，在市属（驻市）院校设立大学生就业创业服务工作站，在每个工作站派驻就业服务专员。搭建全市毕业生实习对接平台：专门开发实习对接系统，发挥政府在校企合作中的"红娘"作用，从学校招生阶段入手，一体化推进招生、培养、实习、就业。搭建线下招聘平台：变危为机，在全省率先开展线下校园招聘活动，全省 2022 年前两场线下校园招聘会均在赣州举办，效果良好。搭建创业扶持平台：2022 年至 2023 年 9 月，全市向高校毕业生发放创业担保贷款 8.99 亿元，直接扶持创业 4729 人次，带动就业 18916 人次。出台 N 条新政策：围绕高校毕业生求职、落户、实习、

就业等方面采取硬核举措，政策标准力度空前。2022届毕业生留市就业
2.18万人，创历年新高。①

二是"四个一批"模式助力脱贫劳动力就业。引导外出就业转移一批，
对就业能力和就业意愿较强的群体，通过提供岗位信息、提升就业技能、给
予就业激励等措施引导鼓励他们转移就业，2022年至2023年9月，全市共
拨付交通补贴、招工补贴、吸纳帮扶对象补贴等3.55亿元。发展帮扶车间
吸纳一批，对有就业能力和就业意愿但年纪偏大，因家有老小等原因无法转
移就业的群体，通过发展就业帮扶车间帮助他们实现家门口稳定就业。截至
2023年9月，全市有帮扶车间1106个，直接吸纳脱贫劳动力就业1.05万
人；2022年至2023年9月，共发放帮扶车间建设补贴等4099.02万元。开
发专岗安置一批，为劳动能力偏弱、无法适应企业要求但有就业意愿的就业
困难群体，开发了护林员、保洁员、图书管理员等17大类21种公益性岗位
5万余个，共安置5.19万名脱贫劳动力、监测对象就业，2022年至2023年
9月共拨付公益性岗位补贴4.8亿元。鼓励自主创业带动一批，2022年至
2023年9月，全市共发放支持脱贫劳动力创业就业的创业担保贷款5.68亿
元，其中直接扶持脱贫劳动力创业490人，能人带动和小微企业吸纳脱贫劳
动力就业4490余人。"四个一批"举措，助力全市有劳动能力的脱贫人口
和监测对象实现就业，提供了就业困难群体的就业兜底保障。②

三是"两个渠道"主抓农民工就业。坚持引导农村劳动力有序外出
务工转移就业，和鼓励返乡就地就近就业创业两个渠道并举，特别是随着
承接粤港澳大湾区产业转移，赣州市积极开展劳动力进园区和企业参观与
企业下乡村宣讲等活动，双向交流使留在本地就业人群显著增加。截至
2023年9月底，全市农村劳动力转移就业200.99万人，其中省内转移

---

① 创业担保贷款数据来自江西省创业担保贷款信息管理系统，毕业生留市就业数据来自赣州
市人力资源和社会保障局。
② 外出就业相关补贴与帮扶车间建设补贴数据、公益性岗位数据来自就业帮扶月报，帮扶车
间数量和吸纳劳动力数据来自江西省巩固拓展脱贫攻坚成果大数据管理平台，自主创业相
关数据来自江西省创业担保贷款信息管理系统。

86.22 万人，省外转移 114.77 万人。2022 年至 2023 年 9 月，全市新增农村劳动力转移就业累计 20.94 万人，其中省内新增转移就业累计 17.19 万人。[①] 2023 年 1 月，央视新闻直播间报道赣州市产业发展好、本地岗位多，返乡就业热。

（四）用好市场化就业力量

一是打造更加成熟的人力资源市场。加快就业驿站、零工市场和人力资源市场建设，鼓励委托第三方人力资源服务机构运营，为求职人员提供更加专业化的服务。从人力资源服务机构遴选用工服务专员对接联系重点企业，积极服务重点产业招工用工，举办市重点企业用工保障对接会等供需对接活动。2022 年在疫情影响下，全市人力资源服务机构 457 家，从业人员总数 9967 人，帮助实现就业和流动人数 65.06 万人次，总营业收入 28.5 亿元，同比增长 19.2%。[②]

二是推动人力资源服务产业园扩容升级。围绕推动人力资源服务业发展，加强人力资源服务产业园建设，专门制定出台人力资源服务业发展扶持政策，在机构引进、税收、房租、购买公共服务、自主品牌建设等方面给予政策扶持，有效地促进了产业集聚和高质量发展。赣州市人力资源服务产业园（一园三区）成功获批省级人力资源服务产业园。2022 年，围绕数字经济等重点产业，在章贡区数字经济产业园、金垣广场布局建设集人力资源服务、技工教育、创业孵化和公共就业创业服务等功能于一体的赣州市人力资源服务产业园章贡分园。

三是推动人力资源服务业规范发展。充分发挥行业协会在行业规范、行业管理、行业发展中的作用，积极开展法律、税务、人才激励、数字化企业培训建设等线上线下讲座及走进"大师工作室"、走进"院校"等系列活动，与深圳、广州人力资源协会建立战略合作关系，搭建人力资源服务交流

---

① 数据来源：《江西省农村劳动力转移就业情况统计表》。
② 数据来源：根据 2022 年人力资源市场统计系统数据整理得到。

合作平台；开展 2022 年度人力资源服务机构诚信等级和人力资源服务行业优秀骨干企业、优秀经理人评选活动，评选一批市级人力资源服务行业骨干企业和优秀经理人，推荐 10 家人力资源服务机构获评省级 AAA 诚信服务机构；成功举办赣州市首届人力资源服务创新创业大赛、赣州市重点产业人力资源服务供需对接会暨人力资本高峰论坛、人力资源服务"菁英培养"研修和从业人员培训等活动。

（五）不断壮大技能人才队伍

一是做大技能人才总量。截至 2023 年 9 月，全市有技工院校 17 所，其中技师学院 3 所、高级技工学校 2 所、普通技工学校 12 所，在校生 3.4万人；全市技工院校共开设了电工电子、轻工、信息、医药等 11 个大类81 个专业，与本市"1+5+N"产业密切相关的家具设计与制作、新能源汽车维修与检测、服装设计与制作、电子技术应用等专业有 36 个。建有国家级公共实训基地 1 个、国家级高技能人才培养基地 2 个、全省唯一首批全国技工院校工学一体化教师培训基地 1 个、省级高技能人才培养基地 2个，世界技能大赛中国选拔赛集训基地 2 个、世界技能大赛中国集训辅助基地 2 个、世界技能大赛省级集训基地 7 个，省级技能大师工作室 8 个，省级共建共享公共实训基地 4 个，市级大师工作室 10 个。全市共 8 人享受国务院政府特殊津贴、省政府特殊津贴，6 人荣获"全国技术能手"称号，有"赣都英才 555 工程"高技能领军人才 3 人，全省"赣都工匠"和"能工巧匠"15 人，200 余人荣获"江西省技术能手"称号，3 人入选全省高技能领军人才培养工程，2 人入选省"双千计划"，7 人入选"苏区之光"人才计划。①

二是提高技能人才就业能力。围绕数字经济、新职业、社会急需培训项目，在全省率先发布公开征集职业技能培训资源公告，加快数字经济、新职业培训发展，提高劳动者的职业技能水平，引导高校毕业生留市就

---

① 数据来源：赣州市人力资源和社会保障局。

业，共征集评选出大数据工程技术人员、人工智能训练师、电子竞技运营师、无人机驾驶员等 21 个培训项目（涉及 22 个培训主体）供劳动者参训，有效地丰富了本市培训项目和培训资源。截至 2023 年 9 月底，全市有职业技能培训机构 223 家，其中市管职业技能培训机构 75 家。2019 年至 2023 年 9 月，共开展补贴性职业培训 58.75 万人次，拨付提升行动专账资金 3.15 亿元，就业补助资金 8998.54 亿元；开展以工代训培训 7.97 万人次，拨付以工代训补贴资金 1.21 亿元，惠及企业 2300 余家，累计开展新型学徒制培训 6045 人次，创业培训 9.29 万人次。[①] 各项数据绝对数和完成比例均位列全省各设区市前列，有效地推动了各行业劳动者就业能力和职业素质提升，为促进就业创业和经济社会发展提供了良好支撑。发布重点产业职业培训需求指导目录，涉及 10 类重点产业 86 个职业，将对目录内工种的补贴标准提高 20%。

三是提高技能人才地位。市政府出台《关于加快技工教育发展加强技能人才队伍建设的实施意见》，提出 20 条"硬核"措施，在技能人才的培养、选拔、评价、使用、激励等方面给予有力政策支持；将技工院校毕业生、初级工及以上技能人才纳入全市人才分类目录 E～G 类，加大对技能人才住房保障、个人发展等方面的支持力度；完善补助激励机制，鼓励技工院校学生留市实习就业；从职业教育发展专项资金切块 200 万元用于技工教育；市县两级全面落实技工院校全日制中级工、高级工、预备技师班毕业生比照中专、大专、应用型本科学历政策，在事业单位招聘、"三支一扶"招募、应征入伍等方面对技工院校毕业生给予大力支持。

（六）积极推动创业带动就业

一是加大创业担保贷款扶持力度，进一步优化个人创业担保贷款服务发展环境，助力个人通过创业实现高质量就业和发挥创业带动就业倍增效应。

[①] 数据来源：《江西省职业技能培训工作进展情况月报表》和《江西省职业培训补贴资金使用情况月度统计表》。

2022 年，全市新增创业担保贷款 55.06 亿元，直接扶持创业 2.81 万人次，带动就业 13.53 万人次，到期贷款回收率 99.95%，贷款发放量、扶持带动就业人数等指标连续多年保持全省第一、全国前列。二是实施创业孵化示范基地建设计划，依托经济技术开发区、工业园区等建设创业孵化基地，打好政府扶持、整合资源、市场化运作"组合拳"，加快创业孵化基地提档升级。截至 2023 年 9 月，全市有创业孵化基地 37 个，其中国家级 1 个、省级 19 个、市级 8 个、县级 9 个；共入驻中小微创业实体 2582 家，直接带动就业 2.13 万人。三是营造浓厚创业氛围，成功举办第五届"中国创翼"创业创新大赛赣州市选拔赛。赣州市 1 个项目获得全国总决赛三等奖，5 个项目获得省赛三等奖，8 个项目获得省赛优秀奖。对符合条件的高校毕业生、农民工等创业群体发放一次性创业补贴，2022 年至 2023 年 9 月共计发放 2670 人 1329.25 万元。①

三 赣州市公共就业服务存在的主要不足

（一）就业服务能力不足，公共就业服务体系建设亟待完善

目前，赣州市各级公共就业服务机构在机构编制、机构名称、职能职责等方面存在较大差别。在机构编制上，有参照《公务员法》管理的事业单位，有财政核拨经费的公益一类事业单位。在职能职责上，有管理型的，也有服务型的。同时，还存在片面强调服务，弱化管理，甚至是只提供服务无管理的问题。另外，随着经济不断发展，除线下实体机构外，线上网络服务也蓬勃出现。在新形势下需要探索延伸公共就业服务的触角，建立完善的覆盖全民、贯穿全程、辐射全域的公共就业服务。

---

① 创业担保贷款数据来自江西省创业担保贷款信息管理系统，创业孵化基地数据来自《2023 年第三季度创业孵化基地情况统计表》，一次性创业补贴数据来自人社一体化综合信息系统。

（二）信息化平台与交互共享机制欠缺，信息利用率不高

公共就业服务信息化建设基础薄弱，当前全市各级政府各部门虽然已有自己的信息系统，但是各部门之间直接的信息化共享程度较低，信息交流不畅，不利于公共就业服务工作的开展，公共资源也容易被浪费。部分信息网络服务系统不统一，数据库的信息内容和标准也不一致，未实现全市范围内信息的互联互通和共建共享。同时，就业服务机构通常更重视提高业务经办系统的智能化水平，而忽视对就业分析和决策系统的优化，很难为就业政策的制定提供准确专业的数据信息。

（三）服务供给与需求错配，对接机制不健全

当前，人们对公共就业服务的需求日益多元化，就建设服务型政府而言，需加快转变职能角色，从管理者转变为服务者，准确掌握公众的需求信息，有针对性地灵活调整公共就业服务的方式和内容，精准进行供给，进一步满足公众日益增长的就业服务需求。目前，赣州市乃至全国在公共就业服务体系建设和公共就业服务供给中，依然是由上而下的，缺少由下而上的信息收集渠道，公众的需求表达渠道不够通畅。公共就业服务机构在提供公共就业服务时，对服务对象的实际需求缺乏准确的掌握，往往凭借之前的经验推断需求，较少提供与服务对象真正需要相匹配的个性化公共就业服务。

（四）市场化就业服务机构散、小、低，参与度不足

目前，赣州市的就业服务需要引入市场化的力量，引导非营利性机构和社会组织积极参与，形成优势互补，促进公共就业服务健康发展。但当前市场化就业服务的主体——人力资源服务机构普遍存在规模小、影响力不足的问题，针对不同群体、不同岗位的招聘服务不够个性化、精准化，缺少后续的跟踪服务，没有充分发挥人力资源服务机构提供市场化就业服务的作用，提供的服务还集中在劳务派遣等初级产品上，缺乏人事代理、人事外包等专业化的市场化就业服务。

四　关于赣州市公共就业服务下一步
工作的几点具体建议

（一）建设全覆盖的公共就业服务体系

把打造覆盖全民、贯穿全程、辐射全域的全方位公共就业服务体系作为就业工作的总基础，开发统一的智能化公共就业综合服务平台，提供找工作、招人才、送政策、去创业、领补贴、要培训、查档案等全方位的公共就业服务。进一步提升公共就业服务的信息化水平，提高公共就业服务能力，建设覆盖全市城乡的信息化就业服务网络，为各类就业群体提供便捷化、精准化、智能化的就业服务。延伸公共就业服务的触角，依托乡镇（街道）便民服务中心和人员较为聚集的社区党群服务中心布局有场地、有设备、有人员、有服务的"四有"就业驿站。打通就业服务的"最后一公里"，利用"掌端""网端"将服务延伸至村一级。

（二）培育市场化人力资源市场体系

把市场化就业服务作为高质量就业的重要渠道，依托人力资源服务机构开展大型企业用工交流活动、供需对接活动、人力资源服务创新大赛、高端人才沙龙，积极开展求职登记、岗位招聘、人才交流等各类活动，建立求职者与用人单位精准对接机制，为用工单位配置人力资源。建设一体化人力资源服务网络直播平台，打造线上招聘直播共享平台，实现用工企业招聘流程的线上化，打破线下时空限制，提升企业的品牌曝光率，扩大岗位传播面，给就业者和用工单位双方更多的选择。

（三）完善创业带动就业服务体系

把创业带动就业作为高质量就业的重要支撑，建设青年创业园，打造以服务大学生创业群体为主的综合型创业孵化平台。建设运营返乡农民工创业孵化基地，为返乡农民工提供创业扶持和技能培训、技能竞赛等服务。围绕现有主导农业产业，建设乡村振兴创业孵化基地，推动乡村振兴发展。对特色鲜明、孵化成效好、符合条件的基地进行发展扶持，打造一批有特色、专业化程度高的创业孵化示范基地。

（四）健全技能人才培训体系

把技能人才培养作为解决当前"就业难"和"招工难"并存这一结构性就业矛盾的重要手段，围绕服务当地产业布局，在产业基础好的地区建设实训基地，从培训模式、课程设置、教材开发、师资建设、培训装备、题库开发和能力评价等方面进行提升、开发，构建完备的培训测评体系，积极承担技能竞赛实训任务和提供比赛基地，组织开展社会服务和职业技能提升。促进技工院校与当地龙头、骨干企业开展校企深度合作。

参考文献

［1］中国劳动和社会保障科学研究院：《赣南革命老区高质量就业服务示范区项目实施规划研究》，2022。

B.8
2022年人力资源服务行业发展报告

熊颖 孙佛明 杨飞 蔡哲*

摘　要： 人力资源服务是高质量充分就业的助推器。2022年以来，行业基本面整体向好，产业园与人才集团"并蒂开花"，职业教育利好政策频出，劳动力市场供需共振，灵活用工赛道增速亮眼，软件技术领域赋能作用逐渐凸显，这些为我国人力资源服务行业高质量发展注入了新动能。然而，传统业态的服务产能过剩、行业人才素质亟待提高、未跟上实体经济的发展步伐、行业资本化程度偏低以及人力资源服务数字化面临挑战等问题不容忽视。展望未来，人力资源服务行业将朝着数字化、国际化、规范化和资本化方向发展。

关键词： 人力资源服务　就业服务　社会保障

一　人力资源服务行业发展现状

（一）人力资源服务行业发展环境

1.就业基本盘总体稳定，人才红利正在形成

就业局势总体稳定，青年失业率偏高。2022年，面对复杂多变的发展

---

* 熊颖，广州红海人力资源集团股份有限公司董事长兼总裁，主要研究领域为人力资源实战管理、中国式阿米巴经营、企业战略发展、人力资源服务创新、数字经济等；孙佛明，广东弘智人力资本研究院常务副院长，主要研究领域为人力资本与社会发展、人力资源服务、人力资源与就业；杨飞，广东弘智人力资本研究院研究员，主要研究领域为人力资本与劳动经济、人力资本理论与方法；蔡哲，广东弘智人力资本研究院助理研究员，主要研究领域为人力资源管理、课题调查与数据分析。

局面，我国及时果断出台稳经济一揽子政策和接续措施，国内经济总体呈稳定恢复态势，就业局势总体稳定，全年全国城镇调查失业率平均值为5.6%，但16～24岁青年人口调查失业率整体偏高位运行，尤其是7月失业率达19.9%[1]，创历史新高。"稳岗促就业"成为人力资源领域的高频词，直播带岗、虚拟招聘成为招聘领域新宠。2023年，就业形势随着经济逐步复苏呈现总体稳定态势，但就业总量压力依然不减，结构性就业矛盾更加凸显，稳就业仍面临一些挑战。

人口增长由正转负，人才红利正在形成。据国家统计局数据，2022年末全国人口141175万人，比上年末减少85万人，人口自然增长率为-0.6‰，自1962年以来中国人口首次出现负增长。同时，老龄化加剧也将使中国老年人口抚养比不断上升，社会压力不断加大。值得关注的是，我国接受高等教育的人口已超过2.4亿人，新增劳动力平均受教育年限达到14年[2]。随着国内职业教育的深入推进，我国的人才红利将逐步形成，发展动力依旧强劲。

2. 经济走势回稳向好，高质量发展势头强劲

2022年，我国经济顶住压力持续发展，宏观经济大盘总体稳定。国家统计局发布的数据显示，2022年国内生产总值（GDP）初步核算为1210207亿元，较上年增长3%。其中，服务业增加值638698亿元，比上年增长2.3%，占国内生产总值的52.8%，对国民经济增长的贡献率达41.8%。[3]在总量跃上新台阶的同时，发展质量也稳步提升。规模以上高技术服务业、科技服务业、战略性新兴服务业企业营业收入同比增速分别高于全部规模以上服务业企业4.1个、3.6个和2.0个百分点。[4]可见，我国经济转型升级成效显著，高质量发展势头不减。

---

① 数据来源：国家统计局网站。

② 《我国接受高等教育的人口已超过2.4亿》，教育部网站，http://www.moe.gov.cn/fbh/live/2022/54453/mtbd/202205/t20220523_629464.html，2022年5月1日。

③ 数据来源：《中华人民共和国2022年国民经济和社会发展统计公报》。

④ 数据来源：国家统计局网站。

2022 年中央经济工作会议指出须大力发展数字经济。"数实融合"已是大势所趋，服务业数字化向纵深发展是趋势中的趋势。当前，各地人社部门在人力资源服务行业的数字化创新上不断加快步伐：江苏积极培育数字经济领域专业社会组织和人力资源服务机构；上海市青浦区通过智慧化赋能、打造数字化服务集群、数据研究支持等举措推动数字化赋能激励。同时，龙头企业的数字化转型也进行得如火如荼，红海人力集团开发了红海直聘、红海云课堂、红海临任等数字化人力资源服务管理平台；科锐国际已打造出 SaaS、垂直领域招聘平台、产业互联平台等数字化、平台化、生态化产品，为企业提供多种类的外包服务。

3. 鼓励政策持续发力，新就业形态规范发展

党和政府高度重视人力资源服务行业对促进就业的重要作用，围绕"就业优先战略""人才强国战略""乡村振兴战略"和实体经济发展，陆续出台多项政策聚力支持人力资源服务行业高质量发展。如《关于发挥人力资源服务机构作用助推劳务品牌建设的通知》《关于开展人力资源服务机构稳就业促就业行动的通知》《关于加强零工市场建设完善求职招聘服务的意见》《关于进一步做好人力资源服务许可告知承诺制工作的通知》《关于实施人力资源服务业创新发展行动计划（2023～2025 年）的通知》等。

数字经济催生的新就业形态发展迅速，逐渐成为稳就业、促发展的新引擎。第九次全国职工队伍状况调查结果显示，目前全国新就业形态劳动者已达 8400 万人，占职工总数的 21%。党的十八届五中全会公报首次提出"新就业形态"，之后党的二十大报告强调"支持和规范发展新就业形态"，再次确立了在规范中发展的政策基调。各地人社部门相继出台了一系列安排部署，北京提出进一步巩固并扩大平台经济优势；上海提出引导平台企业依法合规开展业务和发展；江苏出台全国首个规范化零工市场建设标准；黑龙江加力实施支持新就业形态发展计划，完善用工指导、争议处理等综合维权保障机制，推动新业态、新职业健康发展。

4. 科技创新释放活力，技术进步实现新跃升

2022年，科技的发展与进步依然汹涌澎湃。人工智能、商用人形机器人、元宇宙、太空探索、可控核聚变、人类基因组等都取得重大的突破。从年初爆火的AI绘画到年底横空出世的AI对话模型ChatGPT，这些应用真正开始让每个普通人都体会到了AI的强大与超越人的智能。在未来回顾人工智能的发展历史时，2022年必将是一个里程碑与转折点。而人工智能在艺术和知识创作方面的突破也必将对各行各业产生巨大的影响。同样具有转折意义的还有商用人形机器人的面世，特斯拉和小米在2022年都发布了自家的机器人产品。尽管目前这些人形机器人看起来还不够灵活，但是随着其商用和迭代，科幻电影中那种灵活矫健的人形机器人在不远的将来一定会成为现实。这将对未来的就业与劳动力市场产生巨大的冲击。除了这些正在直接影响经济社会、产业发展的科技改变外，还有其他更多的科技突破正在更高或者更基础的维度改变着人类社会，相信它们会为我们带来一个更加丰富多彩的未来社会。

（二）人力资源服务行业发展成效

1. 行业基本面整体向好，产业园与人才集团"并蒂开花"

我国人力资源服务行业已有四十余年的历史，行业发展一直保持健康稳定，行业规模持续扩大，服务能力显著提升，服务产品迭代升级，直播带岗、网络培训等在线服务备受市场青睐，与人工智能、云计算、大模型等信息技术广泛融合的新兴业态迸发出蓬勃发展活力。随着我国不断践行"人才强国"战略，人力资源服务行业发展势头持续向好，营业总收入从2012年的0.577万亿元，跃升到2021年的2.457万亿元，增长三倍多。截至2021年末，全国共有各类人力资源服务机构5.91万家，机构数量首次超过五万家，行业从业人员突破100万人，比2020年分别增长29.08%、22.31%。[①]

[①] 数据来源：《2021年度人力资源和社会保障事业发展统计公报》。

依托中心城市、围绕主导产业、服务实体经济，截至 2021 年末全国共建成 24 个国家级人力资源服务产业园，集聚人力资源服务企业 4120 家，入驻园区企业年营收 4063 亿元①，极大地促进了中国人力资源服务行业的发展壮大。产业的蓬勃发展离不开人才的集聚。以人才为主的国有企业正在各地密集布局。自 2016 年底第一家国有人才集团——福建龙岩人才发展集团成立以来，截至 2022 年 6 月，全国从省市到地方区县已陆续组建国有人才集团 68 家，其中山东省成立人才集团最多。② 2022 年 7 月，全国首个省属国企和央企合资的人才集团——海南人才集团成立。国有人才集团是中国特色社会主义进入新时代的产物。它开辟了用市场化手段解决人才问题的新路径，代表了人力资源服务行业高质量发展的新趋势。

2. 行业迎来高质量发展，细分领域"百花齐放"

（1）职业教育利好政策频出，市场规模稳定增长。"十四五"以来，追求高质量发展的新经济格局对中国产业结构升级调整提出了更高要求，行业边界不断被打破，不同领域知识和技能交叉日益频繁，各类企业对混合型、创新型、高技能人才的需求量持续增加，职业教育肩负起培养各行业高素质技能型人才的重任，强化发展职业教育具有长期必要性。同时，在国际环境改善和经济结构升级转型的情况下，提升职业教育质量亦具有短期迫切性。

近年来，国家各部门陆续出台了多项职教相关政策（见表 1），整个职业教育处于快速发展之中，行业估值有望继续迎来利好。招商银行研究院研报指出，我国职业教育（学历+培训）面向超 5000 万名适龄在校生和上亿个不分年龄阶段的劳动人口，2022 年整体市场规模超过 1 万亿元。对于后期市场，头豹研究院预计，中国职业教育行业市场规模将于 2026 年达到 1.38 万亿元（见图 1）。

---

① 数据来源：《2021 年度人力资源和社会保障事业发展统计公报》。
② 余李平：《完善国资布局　服务产业发展——地方国有人才集团发展模式浅析》，《上海国资》2022 年第 6 期，第 66~67 页。

表1 2021~2022年职业教育利好政策

颁布时间	政策名称	主要内容
2021年3月	"十四五"规划和2035年远景目标纲要	推动职业教育提质培优，完善高职院校"分类招考"制度，健全普职融通制度；开展多样化的在职培训和继续教育
2021年5月	《中华人民共和国民办教育促进法实施条例》	职业教育的公办学校可以吸引企业的资本、技术、管理等要素，举办或者参与举办实施职业教育的营利性民办学校
2021年6月	《关于2020年中央决算的报告》	合理完善普惠性学前教育保障机制，促进职业教育高质量发展，加大对中西部高校的支持力度
2021年6月	《全民科学素质行动规划纲要（2021~2035年)》	实施职业技能提升行动；在职前教育和职业培训中进一步突出科学素质、安全生产等相关内容，构建职业教育、就业培训、技能提升相统一的产业工人终身技能形成体系
2021年10月	《关于推动现代职业教育高质量发展的意见》	将推动技能型社会建设，提升技术技能人才社会地位，提升职业教育吸引力和培养质量，职业本科教育招生规模不低于高等职业教育招生规模的10%；鼓励上市公司、行业龙头企业举办职业教育，鼓励各类企业依法参与举办职业教育
2022年5月	《中华人民共和国职业教育法》	1.明确了职业教育的目的定位；2.明晰了职业教育定义范畴；3.凸显了职业教育的地位作用；4.提升了职业教育的管理层次；5.优化了职业教育的构成体系；6.融通了职业教育的成果证书；7.强化了职业教育的办学主体；8.丰富了职业教育的形式方式；9.平等了职业教育的机会待遇；10.强化了职业教育的法律权益
2022年10月	《关于实施职业教育现场工程师专项培养计划的通知》	面向重点领域数字化、智能化职业场景下人才紧缺技术岗位，遴选发布生产企业岗位需求，对接匹配职业教育资源，以中国特色学徒制为主要培养形式，在实践中探索形成现场工程师培养标准，建设一批现场工程师学院，培养一大批具备工匠精神、精操作、懂工艺、会管理、善协作、能创新的现场工程师
2022年11月	《职业学校办学条件达标工程实施方案》	通过科学规划、合理调整，持续加大职业教育投入和政策供给力度，使职业学校布局结构进一步优化，办学条件显著提升，师资队伍水平整体提高，职业教育办学质量和吸引力显著增强
2022年12月	《关于深化现代职业教育体系建设改革的意见》	把推动现代职业教育高质量发展摆在更加突出的位置

资料来源：广东弘智人力资本研究院整理。

图 1 2017~2026 年中国职业教育行业市场规模

数据来源：头豹研究院、广东弘智人力资本研究院整理。

（2）劳动力市场供需共振，招聘业务显著回暖。2023 年以来，随着我国优化调整疫情防控措施，劳动力市场呈现加速回暖"两头旺"景象。从供给端看，2022 年全国城镇新增就业 1206 万人，重点群体就业基本稳定，脱贫人口务工规模达到 3278 万人，高于上年。2023 年，应届毕业生规模创历史新高，仅就高校应届毕业生而言，预计达到 1158 万人，同比增加 82 万人。[①] 从需求端看，企业用工整体需求大幅增加。一是企业招工早，很多企业春节前就提早启动劳务洽谈，春节后立即组织定向输送，期盼早开工、早生产。二是招聘活动火热，各地招聘现场进场求职人数大幅增加，"直播带岗"成为招聘的流行动作。2023 年 1~2 月，累计举办各类招聘服务活动 4.6 万场，发布岗位 3200 万个。[②] 企业用工需求增加不断让劳务市场升温。除了巩固存量就业、吸纳新增就业外，还应重点关注服务业扩容和产业升级引致的劳动力需求，为约 2 亿名的灵活就业人口创造更多岗位。

（3）灵活用工市场规模超万亿元，众巨头切入灵活用工赛道。宏观经

---

① 数据来源：人力资源和社会保障部。
② 数据来源：人力资源和社会保障部。

济的不确定性，叠加疫情的反复、全球经济的不稳定，我国灵活就业人员数量增长迅猛，市场中采用灵活用工的企业比例也在不断攀升。数据显示，2021年市场中采用灵活用工的企业比例达到61.14%，同比增长5.46个百分点，多数企业采用了两种以上的灵活用工类型，且有近30%的企业表示将稳定或扩大使用灵活用工规模。[①] 从灵活用工市场规模看，2021年国内灵活用工市场规模达8944亿元，2017~2021年年均复合增长率为30.5%，预计2022年灵活用工市场规模将突破1万亿元（见图2），业务发展前景较大。

图2 2017~2022年中国灵活用工市场规模

数据来源：广东弘智人力资本研究院基于艾瑞咨询发布的《2022年中国灵活用工市场研究报告》整理。

灵活就业规模的快速扩张提高了企业及劳动者对现有灵活用工匹配机制的要求，国家电网、中国邮政、字节跳动等众多巨头企业开始尝试切入灵活用工赛道。这些巨头大致可以分为两大阵营——甲方企业和支付机构。甲方企业通过自行开展灵活用工业务，可以减少对第三方服务商的依赖，同时开辟新的业务增长点；支付机构基于其现有支付账户体系开展灵活用工业务，可以在中央监管下确保资金流的安全，使灵活用工流程更加规范。甲方企业

---

① 数据来源：中国人民大学劳动人事学院发布的《中国灵活用工发展报告（2022）》。

和支付机构跨赛道入局灵活用工业务，将利于丰富灵活用工产品供给，增强平台用工的合规性。

（4）软件行业整体增长，赋能作用逐渐凸显。从全球头部企业的营收来看，2022年人力资源服务软件行业的整体格局未变，同时依然有较快的增长速度，头部7家企业总营业收入增长了18.17%[①]，其中排名第一的Workday，营业收入增长了19.23%，达到51.39亿美元[②]。而在国内，由于当前各行业都在深化数字化转型，加上三年疫情对经济的巨大影响，降本增效成为2022年乃至今后几年企业的重点工作，这些都为人力资源SaaS市场的发展提供了良好的催化剂。其中人力资本管理（HCM）SaaS市场规模为4.9亿美元，同比增长39.1%，高于中国SaaS市场规模的整体增长率。据行业研究机构IDC预测，2022~2026年，中国HCM SaaS市场规模将以40%的年均复合增长率增长，2026年将达到26.3亿美元。[③]

（三）人力资源服务行业发展存在的问题

1.传统业态的服务产能过剩

随着传统产业转型升级步伐的加快，我国人力资源服务业态不断丰富，经历着提档升级。但市场运营业务主要提供相对低端的人力资源单项服务，服务产品技术含量和附加值较低，且服务产品同质化现象比较突出，中高端的人力资源整合服务产品供给不足，难以有效满足市场差异化、个性化的高端服务需求。部分人力资源服务机构尚未突破传统业务的效率和成本瓶颈，对人力资源咨询、人才测评、中高端人才寻访等业务并未深度涉及，业务类型未多元化发展，支持人力资源服务高质量发展的能力有待加强。

2.行业人才素质亟待提高

人力资源服务机构专业人才不足、专业素质偏低，服务质量和服务方式都有所欠缺是制约行业发展的重大因素。一方面，要求从业人员具备管理

---

① 数据来源：《2022HRoot全球人力资源服务机构50强榜单与白皮书》。
② 数据来源：Workday 2022年度财务报告。
③ 数据来源：《2022年中国HCM SaaS市场规模及结构预测分析》。

学、心理学、社会学等多学科的基础知识结构，在能力素质与专业技能方面也需要经过系统的培训。当前，在人力资源服务行业并没有成熟的学科培养机制，院校人力资源管理专业供给的人才难以满足人力资源服务行业发展的需要。另一方面，调研数据显示，目前从业人员学历水平以大专为主，高学历（硕士及以上）及技术类人才占比低于5%[①]，导致难以建立高素质、高技能的人力资源服务运营和管理团队。

3. 未跟上实体经济的发展步伐

当前，我国实体经济各个领域的发展都取得了丰硕的成果，经济增长速度和成就令人刮目。但是，人力资源服务行业整体水平未完全满足实体经济发展的需求，主要表现在三个方面：一是人力资源服务产品业态未与实体经济发展协调；二是产业人才供给未与实体经济发展需求一致；三是人力资源数字化服务能力未与实体经济发展同步。这在一定程度上削弱了人力资源服务对实体经济发展的服务能力和效率。背后原因是，绝大部分中小型人力资源服务机构由于自身资金有限、生存压力大，对于投资大、周期长、见效慢的数字化转型升级，往往望而却步。

4. 行业资本化程度偏低

当前，整个人力资源服务行业的资本化程度较低，主要体现在两个方面：一是人力资源服务机构上市数量较少，在一级市场上较少受到资本关注，在整个行业的成长过程中，资本参与度比较低，行业的发展很难借助资本杠杆；二是使用资本的水平很低，具体表现为成立的产业基金数量少、资金体量小，人力资源服务行业投融资事件数量较少，导致它对上下游产业链进行整合的能力有限。据统计，我国2018~2022年人力资源服务行业投融资事件数量呈现波动变化，2019年投资事件达到8件，为近年来最高；2021年投资事件数量仅为2件，较以前年度减少（见图3）。以目前资本参与度来看，人力资源服务赛道仍然存在较多机会，行业的集中度仍存在上升空间。

[①] 数据来源：红海人力集团数据库。

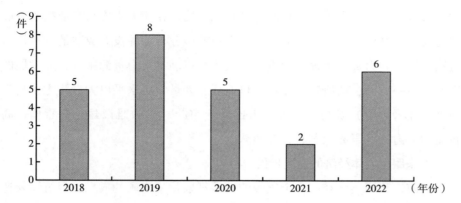

图3 2018~2022年中国人力资源服务行业投资事件数量统计

数据来源：IT桔子、广东弘智人力资本研究院。

5. 人力资源服务数字化面临挑战

第三方机构的数据显示，包括北森在内的人力资源服务软件公司目前依然存在较大的亏损。具体原因包括较弱的销售能力、同质化的产品形式和大量的研发投入。与SAP、Workday和用友等领先公司相比，国内人力资源服务软件公司在技术积累和用户规模上存在很大的差距。尽管人力资源服务软件领域的发展前景有目共睹，但是要成为领先的企业，不仅要面对成熟的外企所建立的巨大的竞争优势，同时也要面临互联网公司的渗透与跨界竞争。此外，随着人力资源服务数字化的深入，信息安全、无序竞争等问题开始出现，这些都是人力资源服务数字化发展所需要面对和解决的问题。

二 人力资源服务行业发展趋势

（一）数字化的趋势

目前，真正意义上的人力资源服务数字化还并不成熟，更多的是人力资源服务的标准化、信息化。人力资源服务的数字化必须是与业务相结合，能够分析相关数据，给予决策建议，进而优化人才管理，支撑业务的发展，如此才是真正意义上的数字化、智能化。未来，人才管理以业务为中心，整合产品，提供一站式服务将成为人力资源服务企业的重要发展方向。因此，人力资源服务企业必须把各个模块整合起来，以满足客户多样化、全链条的需要，从而增强客户的黏性。但是，业务环节的整合不是一朝一夕的事情，大多数企业都要面对长时间的标准化、数据积累、产品设计、技术升级的问题。同时，随着企业的不断变化，企业对人力资源管理工具的可扩充性需求也越来越高，为适应客户快速增加与变化的需求，人力资源服务企业会将更多的精力集中在基于 HR SaaS 系统的产品开发上，并针对业务环境和工作目标，建立新的人力资本管理体系。在新时代，数字化的人力资源服务企业必须主动地反思新时代的职能和变革趋势，在场景洞察、产品打磨、技术研发等方面，积极地探讨新模式和新途径，以促进公司的长期发展。

（二）国际化的趋势

科技、经济、社会、公共政策领域的变革均将对人力资源服务行业产生直接或间接的影响并提出新的要求。伴随全球一体化、贸易自由化和"一带一路"建设的持续推进，人力资源服务行业的国际化发展趋势日益明显。人力资源和社会保障部等五部门印发的《关于推进新时代人力资源服务业高质量发展的意见》与人力资源和社会保障部印发的《关于实施人力资源服务业创新发展行动计划（2023～2025 年）的通知》都明确提出要进一步推动开放发展、提升开放发展水平，我国人力资源服务企业"走出去"将迎来新一轮发展机遇，同时大量海外人力资源服务企业也将加快进入中国人力资源市场，人力资源服务贸易发展空间将更为广阔，人力资源服务行业的国际化竞争也将进一步加剧。而竞争的加剧将有助于推动人力资源服务企业提升全球揽才能力，提升企业核心竞争力，继而推动人力资源服务的不断创新发展。

（三）规范化的趋势

随着经济不断转型升级、政府部门"放管服"改革不断深入，我国人力资源服务行业进入新的历史发展阶段，对服务机构的质量、效率提出了新的要求，规范化建设成为行业发展的必然趋势。规范化建设能够将我国分散的人力资源服务机构管理体系一体化，进一步规范人力资源市场秩序。2011年1月1日，我国开始实施人力资源服务行业第一部国家标准《高级人才寻访服务规范》，以促进和引领人力资源服务发展、提升全行业的服务质量。自那以后，国家还陆续出台了《人力资源培训服务规范》《人力资源管理咨询服务规范》等国家标准。2022年12月印发的《人力资源社会保障部关于实施人力资源服务业创新发展行动计划（2023~2025年）的通知》也提出，要支持龙头企业参与制定行业发展规划政策和标准规范，建立覆盖全业态和全过程的标准体系。各地也相继出台服务条例与规范，逐步完善地区机构的评价与分类机制。2023年2月，广东发布全国首个人力资源服务机构行业团体标准，全面规范了人力资源服务机构评定工作，有利于提高粤港澳大湾区人才行业服务质量、提高客户满意度，激发当地市场活力、促进行业规范化发展。在这一大背景下，我国人力资源服务机构将日趋规范标准化，不断与国家、行业的标准对接，从而实现人力资源服务行业的可持续发展。

（四）资本化的趋势

伴随近几年人力资源服务机构的陆续上市（见表2），在一级市场上人力资源服务行业越发受到资本的关注，行业整合进程加快，市场集中度将进一步提升。这些涌入人力资源服务行业的资金，一方面将加速人力资源服务初创企业的发展，另一方面将促进企业并购和产业整合。

表2 2017~2022年人力资源服务行业上市企业汇总

上市企业	上市时间	上市地点	当前市值
科锐国际（300662）	2017年6月8日	中国内地	98.26亿元
德生科技（002908）	2017年10月20日	中国内地	55.09亿元
猎聘（6100.HK）	2018年6月29日	中国香港	57.94亿港元
万宝盛华（02180.HK）	2019年7月10日	中国香港	14.42亿港元
人瑞人才（06919.HK）	2019年12月13日	中国香港	6.57亿港元

上市企业	上市时间	上市地点	当前市值
趣活科技（QH. US）	2020 年 7 月 10 日	美国	758. 54 万美元
上海外服（600662）	2021 年 9 月 25 日	中国内地	137. 9 亿元
BOSS 直聘（BZ）	2021 年 6 月 11 日	美国	105. 11 亿美元
中智股份	预备上市中	中国内地	/

数据来源：广东弘智人力资本研究院根据网络公开信息整理（市值数据统计截至 2023 年 2 月 1 日）。

同时，根据最新政策，符合条件的新三板挂牌公司可申请转板至科创板上市。这将激发新三板市场活力，增加新三板融资额，提升新三板交易活跃度，也为人力资源服务机构转至科创板与创业板上市提供了渠道与机会，增加了人力资源服务机构的估值。未来，将有更多优质人力资源服务机构受到资本的青睐，而资本也将进一步助推人力资源服务行业的升级与创新。

群体就业篇

Reports on the Key Groups

B.9
高校毕业生的就业特点与趋势分析

岳昌君*

摘　要： 包括高校毕业生在内的青年就业是全球性的难题，受到需求端和供给侧多种因素的影响。目前，非标准就业成为全球就业市场的大趋势，但高校毕业生尚难以接受。同时，高校毕业生就业存在易受市场需求变化和相关政策影响、相对收入指数横向比较差异显著、就业分布非均衡化、学历匹配和专业匹配程度均较高、偏好经济价值和个人价值等特点。与此同时，就业结构性矛盾、就业能力不足是影响高校毕业生就业的突出问题。因此，为了促进高校毕业生高质量充分就业，应当发挥有效市场的就业吸纳作用，高度重视和利用民营企业的发展；加强高等教育改革，按市场需求提高学生的学习和就业能力；积极引导高校毕业生转变就业观念，树立正确的世界观、人生观和价值观；进一步加强对毕

---

* 岳昌君，北京大学教育经济研究所副所长、教授，博士研究生导师，主要研究领域为高等教育与劳动力市场。

业离校时仍未找到工作的毕业生的帮扶。

关键词： 高校毕业生　就业形势　就业特点

高校毕业生就业难的问题是我国近年来持续存在且不断加重的热点现象，引起我国政府的高度重视和社会各界的广泛关注。本报告将结合北京大学进行的"全国高校毕业生就业状况调查"数据以及世界银行、国际劳工组织等的相关数据，分析当下我国高校毕业生的就业形势、就业特点和就业问题，基于实证分析的结果提出相应的促进高校毕业生就业的对策建议。

一　高校毕业生的就业形势

高校毕业生之所以就业难，市场需求不足和需求不断变化是主要原因。全球经济增长乏力、我国经济处于下行区间、我国产业结构调整升级缓慢、技术对劳动的替代效应凸显等诸多因素均给高校毕业生的就业带来严峻挑战。

第一，包括高校毕业生在内的青年就业是全球性的难题。国际劳工组织发布的报告《世界就业和社会展望：2023年趋势》指出，全球劳动力市场正面临巨大的挑战，预计2023年全球就业的增长率仅为1%，不到2022年的一半。全球失业人数将增加到2.08亿人，全球失业率将达到5.8%。青年将面临更加严重的困难，失业率预计为14.1%，是成年人的3倍。2022年，有2.89亿（占比23.5%）的青年人处于非在职、非在校和非在培的"三非"状态。全球劳动力市场恶化的主要原因包括新出现的地缘政治紧张局势、疫情后经济复苏的不均衡以及全球供应链持续存在的瓶颈等。全球经济高通胀和低增长同时发生，这种情况自20世纪70年代以来首次出现。高校毕业生是青年中的重要群体，就业形势同样是困难重重。

第二，我国经济发展处于下行区间，对就业的拉动作用减小。国家统计局公布的数据显示，1999年高校扩招后的前八年（2000~2007年），经济发展处于上行区间，经济增长率由1999年的7.7%上升至2007年的14.2%。同期，高校毕业生的规模虽然呈扩大趋势，但是数量都在500万人以下。受2007年美国次贷危机、2008年美国金融危机、2009年全球经济危机的负面影响，加之我国劳动年龄人口开始下降，我国经济发展进入下行区间。2008~2011年的经济增长率虽然显著低于2007年，但是仍然维持在9.0%以上的高位上。2012年的经济增长率降到8.0%以下，并逐年下降到2015年的7.0%。2016年的经济增长率进一步降到7.0%以下，2016~2019年连续四年保持在6.0%和6.9%之间。2020~2022年，受新冠疫情的影响，经济增长率出现波动，三年的增长率分别为2.2%、8.1%、3.0%，三年平均的增长率仅为4.4%，降到5.0%以下。1978~2021年，我国城镇就业规模关于GDP的弹性为0.412，意味着GDP每增长1%则拉动城镇就业规模增长0.412%。2022年，我国城镇就业人员为45931万人，如果2023年我国经济增长5.0%，则拉动城镇就业946万人。特别值得关注的是，2022年我国劳动年龄人口、全体就业人员、城镇就业人员出现"三降"，其中城镇就业人员竟然下降了842万人，是改革开放以来的首次下降，应当引起高度重视。

第三，我国产业结构调整升级放缓，影响了就业规模的扩大。解决就业问题的另一重要渠道是产业结构调整升级。根据就业结构的"库茨涅兹法则"，随着一国经济的发展，第一产业在劳动力中的占比呈现不断下降的趋势；在工业化阶段，第二产业在劳动力中的占比显著提高；在工业化后期，第三产业在劳动力中的占比会持续地处于上升态势，第三产业由此成为经济发展的主体，既是国家财富的主要创造者，也是吸纳劳动力的主要场所。国家统计局公布的数据显示，从我国产业结构调整升级来看，2014年我国分三次产业的就业人员结构转变为"三二一"的格局，三次产业的从业人员占比分别为29.3%、30.2%和40.5%，服务业成为就业占比最大的产业。之后，受疫情影响，第三产业就业占比上升速度下降，2020年和2021年分别只增加0.6个百分点和0.3个百分点。相应地，2020年第三产业增加值的

GDP 占比仅增加了 0.2 个百分点，2021 年第三产业增加值的 GDP 占比不仅没有增加，反而下降了 1.0 个百分点。第三产业是高校毕业生就业的主要产业。因此，第三产业在就业中的占比和在 GDP 中的占比双双上升缓慢，甚至不升反降，非常不利于高校毕业生的就业。

第四，人工智能等新技术的迅猛发展，对劳动力的替代效应不利于高校毕业生就业。近年来，技术创新已经成为各国经济发展的驱动引擎。随着新一轮信息技术的不断突破，机器人等技术要素的成本不断降低，许多企业开始采购机器人来减少劳动力的投入。人工智能对劳动力市场的影响虽然兼有替代效应和创造效应，但是替代效用大于创造效应的风险正在加大。2020 年与之前几年相比，新兴岗位增长的数量超过了被淘汰岗位的数量，但不容乐观的是新兴岗位数量的增长趋势在放缓，而被淘汰岗位数量的增长却在不断加速。[1] 在替代效应方面，自动化或计算化虽然大大提高了劳动生产率，但人工智能等新技术会显著降低劳动力需求，减少就业机会，出现就业岗位被不断替代的巨大风险。从劳动力的分类来看，相对于非技能型劳动力，技能型劳动力更不容易被人工智能替代。高校毕业生属于技能型劳动力，面对新技术的挑战应该更有比较优势。但是，如果经济发展不是技术偏向型的，而是低技术劳动力密集型和资源依赖型的，那么它仍然不利于高校毕业生的就业。

第五，非标准就业成为全球就业市场的大趋势，但高校毕业生尚难以接受。全球经济正处在一个充满着波动性（volatility）、不确定性（uncertainty）、复杂性（complexity）、模糊性（ambiguity）的 VUCA 时代，未来的劳动世界充满了挑战也依然存在机遇。尤其是对于青年人而言，就业机会不多、就业质量不高、就业保障不足将是难以克服的问题，非标准就业（informal employment）已是大势所趋。[2] 国际劳工组织发布的报告《世界就业和社会展望：2023 年趋势》显示，2022 年，全球就业市场中有 19.61 亿

---

[1] World Economic Forum, "The Future of Jobs Report 2020," https：//www3. weforum. org/docs/ WEF_ Future_ of_ Jobs_ 2020. pdf，2022-07-04.

[2] 国际劳工组织 2017 年发布的《世界非标准就业：理解挑战、塑造未来》。

人从事非标准就业，占比为 58.4%，超过了一半。虽然有一些劳动力从事非标准就业是为了追求工作自由、时间自由、收入不设上限等有利因素而主动选择的，但是更多的劳动力是因为标准就业机会难以获得而被动选择的。

从供给方面来看，造成短期内就业难的原因体现在以下三个方面。

第一，高校毕业生规模大幅度扩大。自从 1999 年高校扩招以来，我国高校毕业生规模明显扩大。根据教育部公布的高校毕业生的预测数据，从绝对规模来看，年年攀升的势头不减，2023 年达到 1158 万人①。从增加幅度来看，2022 年的增幅最大，为 176 万人；其次是 2023 年和 2007 年，均为 82 万人。高校毕业生规模扩大的速度显著快于城镇就业规模以及城镇新增就业人员，后两者的增速开始出现"双负增长"的形势。

第二，高校毕业生质量相对下降。我国高校招生采用的是高考选拔制度，被录取的学生是按分数由高到低排序选拔的。因此，每年扩招增加的学生是排名相对靠后的群体。一般来说，学生的高考成绩与其知识和能力是正相关的，假定每年高考考生的平均水平相同，那么录取的数量越多则被录取的学生的平均水平越低，从而毕业时的就业能力平均水平也就越低。特别地，无论是专科生、本科生，还是研究生，2023 年的毕业生受新冠疫情的影响都最大，他们很多课程采用的是线上教学，教学质量显著地低于线下教学。

第三，高校毕业生的供给与市场的需求存在错配。以就业能力培养为例，根据 2021 年的就业状况调查数据，在高校毕业生就业能力增值评价的 34 项指标中，按得分由低到高排序的前六项指标分别为财经素养能力、外语能力、对复杂的社会组织和技术系统的了解、国际视野、计算机能力、创新能力，意味着这些是高等教育人才培养的"短板"。而这些能力与经济全球化、数字经济、创新驱动发展紧密相关，恰恰是我国经济发展和就业市场特别需求的。

---

① 此处的数据来自教育部对应届高校毕业生的预估数据，与《中国统计年鉴》中普通本专科毕业生数和研究生毕业生数的合计值略有不同，后者是核算数据。

二　高校毕业生的就业特点

与普通劳动力不同，高校毕业生群体是人力资本水平最高的人力资源，他们拥有更多的知识和技能、更高的素质，也拥有不一样的求职期望和就业结果。本节将基于北京大学"全国高校毕业生就业状况调查"课题组开展的2003~2021年两年一次的调查数据，对我国高校毕业生的就业特点进行分析。

第一，从高校毕业生的去向落实情况来看，市场需求变化和相关政策干预的影响是显著的。从已确定单位的比例来看，2003年的比例只有40.7%（见表1），这一年既是高校扩招后入学的本科生毕业进入劳动力市场的第一年，也是"非典"疫情发生的一年。"非典"疫情发生在上半年，很多毕业生被迫待在校园中不能随意找工作，这对就业产生了严重的负面影响。但是，当年7月"非典"疫情就消失了，下半年毕业生的就业率就恢复到很高的水平。2009年，单位就业的比例降到34.5%，比前三次调查的比例都低。这显然是与当年的经济形势有关。由美国次贷危机引发的金融危机和全球经济危机对我国经济的冲击主要显现在2009年的上半年，使得我国2009年上半年的经济增长率仅为7.1%，出口甚至下降20%以上，直接影响到高校毕业生的就业。2015年，单位就业的比例进一步降低到33.3%，也是受到经济下行的不利影响。2015年的经济增长率初步核算值仅为6.9%，最终核算值调整为7.0%，这是我国自1991年以来的最低值。2021年，单位就业的比例下降到10次调查的最低值32.1%，这主要是因为受新冠疫情的影响。

表1　2003~2021年全国高校毕业生毕业去向

单位：%

毕业去向	2003年	2005年	2007年	2009年	2011年	2013年	2015年	2017年	2019年	2021年
已确定单位	40.7	47.2	40.4	34.5	43.3	43.5	33.3	38.8	37.4	32.1
升学（国内）	15.1	16.8	14.1	18.3	13.7	14.0	18.6	20.4	25.3	29.3
出国、出境		2.3	2.7	3.2	2.6	2.8	5.8	5.9	4.9	3.7

毕业去向	2003 年	2005 年	2007 年	2009 年	2011 年	2013 年	2015 年	2017 年	2019 年	2021 年
自由职业			4.1	3.3	4.3	2.6	4.7	5.0	3.7	4.5
自主创业	4.0	3.6	3.2	2.4	3.2	2.1	4.6	4.7	2.3	2.4
其他灵活就业			6.6	5.4	5.1	7.0	16.1	9.7	6.6	4.5
待就业	35.8	22.4	22.6	26.4	21.9	23.4	12.8	10.1	12.3	14.0
不就业拟升学	1.7	4.8	2.9	3.1	2.4	2.0	2.2	3.0	3.8	5.3
其他暂不就业			2.4	2.2	2.1	1.8	1.3	1.4	2.3	2.6
其他	2.7	3.0	1.1	1.2	1.5	0.9	0.7	0.9	1.4	1.5

数据显示，单位就业比例的高低与当年经济发展形势和"非典"疫情和新冠疫情等外部冲击高度相关。此外，从待就业的数据可以进一步验证上述相关性。2003 年，受"非典"疫情的影响，待就业的比例高达 35.8%，即超过 1/3 的毕业生在离校时没有找到工作。2009 年，受全球经济危机的影响，待就业的比例成为第二高值（26.4%）。2021 年，有新冠疫情的影响，虽然从数值来看并不是特别高（14.0%），但是比之前的 2019 年和更前的 2017 年还是要更高一些的。

教育部等相关政府部门在面对就业难的问题时，多年来常常采用扩招的方式缓解就业问题。扩招政策涉及博士生和硕士生扩招、专升本扩招、增设第二学士学位等。从就业状况调查的数据来看，扩招确实起到了高等教育人才"蓄水池"的效果，2011 年后，在历次调查中国内升学比例持续上升，从 2011 年的 13.7% 提高到 2021 年 29.3%。特别地，新冠疫情发生前后的比例差异显著，2021 年比 2019 年增加了 4 个百分点。

近年来，我国高校毕业生中出现了"慢就业"现象，这既反映了就业难的严峻现实，同时也体现了毕业生就业观念的转变和家庭经济状况的改善。毫无疑问，"其他暂不就业"属于"慢就业"群体，该指标从 2015 年的 1.3% 先是上升到 2017 年的 1.4% 和 2019 年的 2.3%，然后进一步上升到 2021 年的 2.6%。虽然看起来比例并不高，但考虑到基数（毕业生总量）逐年提高，2021 年"慢就业"的人数已经超过 20 万人。从广义上讲，"不就业拟升学"也属于"慢就业"，该比例从 2013 年开始逐年提高，从 2013 年的 2.0% 不断提高到 2021 年的 5.3%，"二战考研大军"的规模已超过 40 万人。

第二，从相对收入指数①反映的就业质量来看，纵向比较呈"L 形"下降趋势，横向比较差异显著。如图 1 所示，专科生、本科生、硕士生、博士生的相对收入指数有共同的特点，从 2003 年至 2009 年呈现显著的下降趋势，这与高校毕业生规模的快速扩大有关。改革开放以来，我国高校以两位数（指的是 10% 以上）的速度扩招有三次，第一次发生在 1992 年和 1993 年，只维持了两年；第二次发生在 1999～2005 年，维持了七年；第三次发生在 2019 年，只此一年。1999～2005 年扩招进来的本科生毕业年份对应的恰好是 2003～2009年，在此期间毕业生的相对收入指数下降幅度较大。各学历层次毕业生相对收入指数的变化趋势并不相同，专科生的相对收入指数是逐年下降的，由 2003年的 1.16 下降到 2021 年的 0.44；本科生的相对收入指数总体呈现不断下降的趋势（2015 年和 2017 年略微反弹），由 2003 年的 1.29 下降到 2021 年的 0.65；硕士生的相对收入指数总体呈现不断下降的趋势（2013 年和 2017 年略微反弹），由 2003 年的 2.58 下降到 2021 年的 1.14；博士生的相对收入指数总体呈现"U形"趋势，由 2003 年的 2.60 下降到 2009 年的最低值 1.40，之后持续回升至2019 年的 1.84，受新冠疫情的影响，2021 年再次出现下降，减少到 1.66。

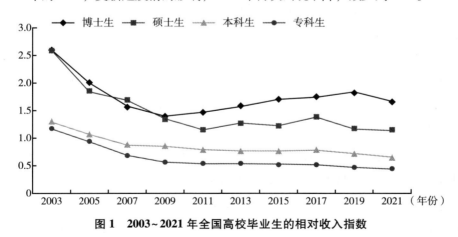

图 1　2003～2021 年全国高校毕业生的相对收入指数

① 相对收入指数的计算公式为：用各学历层次高校毕业生的月起薪平均值乘以 12，再除以城镇单位就业人员平均工资。

人力资本投资的收益显著。以2021年为例，博士生、硕士生、本科生、专科生的月起薪算数平均值分别为14823元、10113元、5825元、3910元，博士生比硕士生高46.6%，硕士生比本科生高73.6%，本科生比专科生高49.0%；中位数分别为15000元、9000元、5000元、3500元，博士生比硕士生高66.7%，硕士生比本科生高80.0%，本科生比专科生高42.9%。

第三，从高校毕业生的就业分布来看，非均衡化的特点十分显著，就业集聚在大中城市、"头部"行业（制造、建筑、IT、金融、教育、科技）、民企和国企、技术岗位。从城市/城乡分布来看，自2007年以来，高校毕业生在大中城市（地级及以上城市）就业的比例都在80%以上，2003年和2005年都在70%以上，显示出我国大中城市的就业吸纳能力更强。我国虽然有很多基层项目支持高校毕业生去县级及以下地方就业，但是数量有限。从行业分布来看，在19个行业中，制造、建筑、IT、金融、教育、科技是高校毕业生就业的最主要行业，2009～2021年七次调查的合计比例分别为61.5%（2009年）、60.2%（2011年）、61.1%（2013年）、59.3%（2015年）、62.5%（2017年）、65.6%（2019年）、70.4%（2021年），2015年之后呈现更加集中的趋势。从单位性质的分布来看，民营企业和国有企业是高校毕业生的主要去向，2009～2021年七次调查的合计比例都超过了六成，分别为65.5%、68.9%、68.4%、64.7%、64.2%、64.0%、60.2%，2011年之后每年1/3以上的高校毕业生在民营企业就业。从职业类型分布来看，技术岗位（包括专业技术和技术辅助）在十次调查中始终是排第一位的，其中有三次的比例超过六成，两次的比例超过一半，三次的比例超过四成，两次的比例接近四成。

第四，从学用结合情况来看，学历匹配和专业匹配程度均较高。将毕业生拥有的学历层次与用人单位岗位需求的学历层次进行比较，可以将毕业生的学历匹配情况分为过度教育、适度教育、教育不足。2003～2011年的五次调查结果显示，适度教育的比例都在60%上下浮动，离差都在2.5个百分点之内；2013～2021年的五次调查结果显示，适度教育的比例呈现持续上升的趋势，由2013年的65.3%上升至2021年的73.7%，学历匹配情况不断改善。在最近四次调查中，过度教育的比例均在 20% 以内，而教育不足的比例均在 10% 以上，说明过度教育现象虽然存在，但情况并不严重。

从专业匹配情况来看，专业对口（包括非常对口和基本对口）的比例总体呈现"U形"变化趋势。2003~2011 年专业对口的比例呈现下降的趋势，由 2003 年的 71.6% 下降到 2005 年的 60.9%，再到 2007 年的 56.1% 和 2009 年的 56.6%，2011 年则进一步降到 51.8%，刚过一半。2013~2019 年专业对口的比例呈现上升的趋势，2013 年回升至 60.0%，2015 年和 2017 年分别为 57.6% 和 61.1%，2019 年上升至 70.4%，超过七成。受新冠疫情的影响，2021 年再次出现下降，专业对口的比例减少到 60.5%，与 2019 年相比下降近 10 个百分点。

第五，从就业观念来看，最突出的特点是高校毕业生偏好经济价值和个人价值。2021 年，高校毕业生就业观念中经济价值和个人价值的重要程度排在前两位，平均值分别为 3.47 分和 3.40 分；单位性质和工作性质的重要程度排在第三和第四位，平均值分别为 3.21 分和 3.20 分；毕业生对社会价值不太在意，重要程度平均值为 3.12 分。从变化趋势来看，2003~2021 年，高校毕业生就业观念出现显著的变化，他们对经济价值的重视程度超过了个人价值。在前 8 次的调查中，个人价值的排序均位居第一；而在最近的 2 次调查中，经济价值超越了个人价值。

第六，从求职渠道来看，高校提供的就业信息是最主要的。高校毕业生确定单位的信息体现了就业渠道的求职效率。2003~2021 年，高校发布的就业信息一直排在第一位，比例呈现"U形"变化趋势。2003 年和 2005 年、2019 年和 2021 年，有近一半的毕业生是通过学校找到工作的；2007~2017 年六次调查中这一比例均在三成或四成左右，最低值出现在 2011 年，只有 29.7%。网络招聘随着移动互联网技术的快速发展方兴未艾，不过实际上通过网络招聘找到工作的毕业生比例在疫情发生期间的 2021 年尚不足两成。企业直接发出的就业信息越来越重要，比例从 2009 年的 3.7% 逐次上升到 2021 年的 15.0%。同时，亲朋好友等非正式渠道对就业的作用也十分重要，在最近八次调查中的比例均超过一成，其中有三次超过了两成。基于就业状

况调查数据的回归分析结果显示，在求职过程中，毕业生使用亲友途径的强度越大，则工作机会的获得概率越大，越能更快地找到工作；使用亲友途径的毕业生还更可能进入体制内单位工作；亲友途径在职业代际传递过程中发挥了调节效应，让毕业生能够更加顺利地继承父母职业的资源。

第七，从用人单位的需求来看，毕业生的工作能力是最重要的。在就业状况调查问卷中，有关就业影响因素的指标有 20 多项，"工作能力强" 在 2003~2021 年的 10 次调查中始终排名第一。综合而言，就业影响因素可以大致分为三类：第一类是工作能力、实习经历、职业规划、求职技巧等与就业直接相关的因素，是最重要的，排序靠前；第二类是热门专业、学校类型、学习成绩等与高等教育直接相关的因素，是比较重要的，排序居中；第三类是亲朋好友、党员干部、性别、户口、送礼买人情等与社会资本、政治资本、人口特征相关的因素，是不太重要的，排序靠后。从变化趋势来看，用人单位对学历层次的要求上升明显，重要性排序从 2011 年的第 9 位持续上升到 2021 年的第 3 位。

三　高校毕业生的就业问题

高校毕业生就业难的原因有很多，既有市场需求方面的因素（包括经济增长速度放缓、产业结构调整缓慢、经济发展的地区差异、城市差异、城乡差异、居民收入差异等），也有高等教育供给方面的因素（包括高等教育供给数量、质量、结构等与经济发展的需求不匹配），还有求职和招聘方面的因素（包括就业信息不充分、就业能力不高但求职期望不低、就业机会看似不多但实际上求职努力程度不算高）。本节选择几个有代表性的就业问题进行简单阐述。

第一，就业结构性矛盾比就业数量和就业质量的问题更加突出。在经济起飞发展、经济结构转型、经济持续改革的过程中，我国劳动力市场分割的特点十分突出，这是造成高校毕业生 "无业可就" 与 "有业不就" 看似矛盾的现象并存的主要原因。改革开放以来，我国经济发展的地区差异、城市差异、城乡差异等不仅显著而且呈现扩大的趋势。以地区差异为例，按照世界银行基于2021年人均国民收入高低对各个国家和地区进行的四分类标准，我国北京、上海、江苏、福建、天津、浙江、广东七个省市已经达到高收入国家和地区的水平，而其他省区市还处于中高收入组别。我国经济发展的地区差异过去主要表现为东西部地区之间的差异，近年来除了东西差异外，又呈现显著的南北差异。《中国统计年鉴》的数据显示，从2011~2021年分地区的城镇单位就业人员增量来看，东部地区优势突出，比例超过六成；排名前六的省区市分别为南方地区的广东、江苏、四川、上海、安徽、江西，南方地区贡献突出。从就业市场的吸纳能力来看，应该允许和鼓励高校毕业生自愿和自由地跨地域流动，这有利于高质量充分就业。但是，我国高校招生、培养、实习甚至就业都带有强烈的"属地化"特点，这不利于就业流动。

第二，高校毕业生就业能力不足比供给数量和结构的问题更加突出。从高校毕业生的就业能力来看，我国高等教育的人才供给还未能充分满足经济发展和就业市场的需求。从院校提供的学习条件和机会来看，与专业和就业相关的指标评分较低。学生评价最低的四项（非排序）是就业指导、校外实习机会、专业转换机会、跨学科学习。就业指导和校外实习机会是连接校园学习与职场工作的重要桥梁，关系毕业生的求职效率和就业质量。而专业转换机会和跨学科学习关系学生能否按照个人兴趣进行学习，能否发挥个人特长进行工作，高质量就业意味着毕业生能够做自己擅长的、喜欢的事情。

从学生学习和就业能力的增值评价来看，在34项指标中，得分最低的六项（非排序）为计算机能力、对复杂的社会组织和技术系统的了解、外语能力、国际视野、创新能力、财经素养能力，而专业知识和通识教育相关的得分都较高。这一排序结果显示，我国高等教育人才培养在经济全球化、数字经济兴起、创新驱动发展等市场需求大的指标上供给不足，仍然表现为"知识导向"，而非"能力导向"。

四　促进高校毕业生就业的对策建议

自高校扩招后的首届本科生进入劳动力市场的 2003 年以来，相关政府部门每年都会出台一系列促进高校毕业生就业的政策和措施。迄今为止已经有 20 年，能够想到、用到的方式方法基本上都尝试过了。这些政策对于高校毕业生就业应该说确实起到了积极有效的作用。

第一，从市场需求的角度来看，发挥有效市场的就业吸纳作用，必须高度重视和利用民营企业的发展。近十几年来，民营企业一直是吸纳高校毕业生的第一大单位类型，民营企业发展的好坏直接关系高校毕业生就业率的高低。对于鼓励民营企业、中小微企业吸纳高校毕业生就业的政策，除了社保补贴、税费减免、培训补贴、招聘补贴等有关降低成本的政策支持外，更应该创造公平竞争的市场环境，让民营企业和中小微企业有更大的发展空间和长远的发展前景。只有民营企业和中小微企业能够不断发展壮大起来，高校毕业生的就业难题才能从根本上得到有效的解决。

包括中央企业在内的国有企业也是吸纳毕业生就业的主要单位类型，吸纳能力与民营企业并驾齐驱。新冠疫情期间，中央广播电视总台携手教育部、科技部、人力资源和社会保障部、国务院国资委、共青团中央共同发起"国聘行动"，鼓励国有企业积极招聘高校毕业生。在 2023 年全球品牌价值100 强企业排名榜中，中国大陆有 18 家企业入围，其中 13 家是国有企业。国有企业既有规模优势、资源优势，又有政策优势，大多数国有企业的利润率又高又稳，抵抗新冠疫情等外部冲击的能力强。因此，国有企业应该做吸纳高校毕业生就业的排头兵和主力军。

党政机关和事业单位长期以来是高校毕业生求职的首选单位类型，"考公""考编""考证"成为近年来高校毕业生中的热点现象，反映出高校毕业生求职偏好的趋同性和单一性。从本质上讲，一个健全完善友好的就业市场应该是百花齐放、各有所爱的。虽然党政机关和事业单位的招聘采取"逢进必考"的形式，看似竞争性很强，但也应该反思为什么党政机关和事业单位的就业吸引力如此大，除了毕业生追求工作稳定的因素以外，是否有潜在的"寻租"收益。政府的就业政策、财政政策以及货币政策应该努力让劳动力无论是在什么岗位工作，收入和福利都主要与个人的劳动生产率正相关，减小人力资本之外的因素的影响和干扰。

第二，加强高等教育改革，按市场需求提高学生的学习和就业能力。高等教育应当紧密结合劳动力市场的需求变化，及时调整各级各类高校招生的规模和结构，增加生均经费投入，提高教师队伍水平。尤其重要的是，改革高校的课程体系和教育教学方式，下大决心、尽大努力消除普遍存在的大量无用的"水课"，增加能够提升学生能力、素养和价值观的"金课"，让学生的学习时间花在有价值、有意义的课程上。同时，进一步发挥第二课堂的积极作用，让学生多参与社团活动、实习实践，深入社会和就业市场，将学习、生活与未来工作融合、融通、融汇。

第三，积极引导高校毕业生转变就业观念，树立正确的世界观、人生观和价值观，让毕业生能够更加主动、热情、积极、努力地求职和工作。近年来，"慢就业"现象越来越严重，"00后"的毕业生出生和成长于相对衣食无忧的生活和学习环境中，多数是独生子女，从小受到父母"无微不至"的关心和照顾，有些学生甚至被培养成为只会"等靠要"的年轻力壮的"乞丐"。在求职和就业季，常常是政府、高校、老师、家长、用人单位着急，毕业生本人反而不着急。在现代经济中，非认知能力甚至比认知能力更重要，主动、热情、认真、负责、与人沟通、团队合作等都是非认知能力的主要因素。因此，就业能力从广义上讲，除了具体的知识和技能外，还包括态度、观念、素养等方面。包括非认知能力在内的就业能力的提高，应该从基础教育就开始，学校教育、家庭教育、社会教育都不能缺位和错位。只有改变学生的心，才能让他们整个人改变，他们方能成为全面发展、健康健全、胜任力强的职场"战士"。

第四，进一步加强对毕业离校时仍未找到工作的毕业生的帮扶。下半年是提升应届高校毕业生就业率的关键时期。对于尚未找到工作的毕业生，一旦离开学校进入社会，往往会有强烈的失落感、无助感、孤独感以及更强的

焦虑心态，相关政府部门和高校应该给予持续的帮扶，开设"就业诊所"进行针对性的帮扶。如果是因为工作能力不足，应加强职业培训、提高就业能力；如果是因为实习经验不足，应提供更多更适合的见习机会；如果是因为求职能力不足，应加强职业规划辅导、就业信息提供、求职技巧指导；如果是因为求职努力不足，应加强一对一帮扶或者有组织的团队帮扶；如果是因为经济条件不足，应及时给予适当的资助。

2023年的就业难题是短期现象、周期现象、冲击现象的叠加。从长期来看，经济发展和技术进步需要高水平的人力资源，我国总人口减少且劳动年龄人口减少需要更多的年轻劳动力，我国学龄人口减少将导致高校毕业生规模的下降。因此，未来高校毕业生就业难的问题一定会得到妥善的解决。

B.10
新市民就业创业调查与建议

中国劳动和社会保障科学研究院课题组*

摘　要：　本报告针对新市民群体进行了调查分析，研究发现新市民的空间分布、结构组成、流动趋势等都在不断变化，面对的经济社会条件与制度政策环境也有所不同，目前已成为促进城乡统筹和融合、扎实推进"以人为核心"的新型城镇化的关键。问卷调查发现，新市民就业创业状况总体稳定但也存在一些问题，表现为部分群体就业困难、就业质量不高、相关服务有短板等。因此，建议通过拓展就业渠道、破解就业结构性矛盾、关注重点就业群体、提升就业服务水平、完善劳动保障机制、加强创业支持、增强数字技能适配性等，促进新市民群体高质量充分就业。

关键词：　新市民　就业　创业　数字经济

新市民是工业化、城镇化社会转型和变迁中出现的社会群体。当前，新市民群体已成为凝聚流动人口、优化资源配置的开拓力量，是促进城乡统筹

---

* 课题组成员：莫荣，中国劳动和社会保障科学研究院院长、研究员，主要研究领域为劳动就业、人力资源管理、国际劳动保障等；陈云，中国劳动和社会保障科学研究院就业创业研究室主任、副研究员，主要研究领域为就业创业与社会政策；鲍春雷，中国劳动和社会保障科学研究院就业创业研究室副主任、研究员，主要研究领域为就业创业、重点群体就业；曹佳，中国劳动和社会保障科学研究院就业创业研究室副研究员，主要研究领域为就业创业；楚珊珊，中国劳动和社会保障科学研究院就业创业研究室助理研究员，主要研究领域为就业理论与政策、创新与就业；李振华，蚂蚁集团研究院院长，主要研究领域为全球金融科技创新、金融监管政策、数字经济；王芳，蚂蚁集团研究院数据与模型研究总监，主要研究领域为宏观数据产品、数字经济。

和融合、扎实推进"以人为核心"的新型城镇化的关键。就业创业是新市民进入城市的安身立命之本,促进新市民就业创业有利于改善城乡和区域发展的结构不平衡问题,弥合劳动力市场鸿沟;有利于促进社会流动和个体发展,实现高品质生活;有利于稳定扩大就业,实现高质量充分就业;有利于扩大中等收入群体,助推实现共同富裕。为了了解当前这一群体的就业创业情况,中国劳动和社会保障科学研究院联合蚂蚁集团研究院就相关问题于2022年8月开展了问卷调查。调查通过支付宝App随机投放问卷,共收集有效样本5263份,其中在就业的新市民样本3895份、自主创业的811份、无工作的557份。课题组在问卷调查的基础上,结合对蚂蚁集团数字业务发展及其对劳动力市场影响的研究分析,最终形成本报告。

一 新市民发展的主要特征与变化趋势

新市民是指从一个地方迁移到某个城镇行政区域范围,成为当地常住人口、获得市民身份的人员。新市民概念的内涵与外延,也随着经济社会环境和制度条件的发展变化而不断演进。在我国,受城乡二元体制和区域发展不平衡等特殊因素影响,新市民问题更加突出。大体上,在群体上缘起于长期居住在城市并有相对固定工作的农民工,逐步向包括因本人创业就业、子女上学、投靠子女等原因来到城镇常住的各类群体扩展;从制度身份上随着户籍制度变革由新获得城镇户籍人口向城镇常住人口转变;从内涵上从单一户籍身份向获得平等公共服务和福利,以及社会文化和融合等方面深化。对于新市民在相关政策制度上的操作性定义,目前还没有统一明晰的规定。参照有关制度文件和研究文献,从便于对象识别出发,本报告中的新市民主要是指因工作、求学和生活等原因从外地进入特定城镇行政区域内常住的各类群体,包括未获得当地户籍的常住人口和获得当地户籍不满三年的常住人口。纵观新市民发展过程,在新市民概念内涵和外延拓展的同时,他们的分布结构、群体特征和体制政策环境也不断演进,呈现一些显著的特征。

第一，新市民空间分布结构显著变化。从城乡层面来看，乡—城流动人口占比持续增加，城—城流动人口大规模增加。"七普"数据显示，乡—城流动人口依然是全国流动人口的主体，占比达66.3%，同时城—城流动人口作为后发力量，大规模增加至8200万人，比2010年多出3500万人。从区域层面来看，东部、西部人口集聚度上升，中部、东北部人口集聚度下降，东部地区人口集聚度最高。从不同地区吸纳跨省流动人口情况来看，2020年跨省流动人口为1.25亿人，其中东部地区吸纳9181万人，占比达到73.5%；中部地区吸纳955万人，占比是7.7%；西部地区吸纳1880万人，占比15.1%；东北地区吸纳468万人，占比3.7%。长三角、珠三角地区依然是人口流入最集中的地区。从省市层面看，短距离人口流动增长更快，人口持续向城镇化率较高省份或城市（圈）集聚，同时部分地区人口回流县域城镇的趋势显现。综合来看，我国人口迁移和流动更加活跃，人口流向从农村向城市集聚以及持续向沿江、沿海地区和内地城区集聚的总体趋势没有变，但全方位、多层次的多元流动格局开始形成，东部地区的人口集聚度依然较高，京津冀、长三角、珠三角、成渝等主要城市群的人口增长迅速，经济发达地区、大城市的吸纳人口能力依然较强，中西部中心城市的人口吸引力不断提升，县域人口承载能力开始提速增强，以省（区市）内流动为主的短距离流动成为城镇化发展的重要趋势。

第二，新市民群体特征日趋多元。新市民群体范围不断扩大，人力资本禀赋不断升级。新市民群体的内涵和外延不断拓展和更新，从最初的务工农民转变为流动并稳定居住在城市的各类群体。在此过程中，随着流动人口受教育结构的升级，其人力资本禀赋也持续提升。平均年龄不断上升，新生代流动人口成为新市民的主力军。根据流动人口动态监测数据，我国流动人口平均年龄呈持续上升趋势，新生代流动人口规模持续扩大，在"六普"数据中"80后"流动人口便已占到全部流动人口的53.6%，目前"90"后已成为这一群体的主体，2000年之后出生的比例也在增加。

第三，新市民流动趋势有新特征。发展心态越来越从"流动"向"留

住"转变，家庭化流动趋势日益显著。流动动机趋于多元化，就业诉求越来越从物质层面的简单要求向体面劳动和发展前景转变。总的来看，新市民是一个具有空间属性、时间属性和社会属性特征的群体，其范畴随着我国经济社会发展和新型城镇化进程的推进而不断拓展，其转变具有适应性和再定位的特点，未来也将更加多元化。

第四，新市民发展的经济社会条件与制度政策环境不断变化。工业化和现代化进程是新市民发展的根本动力；制度变迁是新市民发展的社会条件，国家宏观战略是新市民发展的公共管理因素。

二　新市民就业创业调查分析

（一）调查样本基本情况

1. 从区域分布看，调查样本2/3集中在东部地区，超七成集中在一二线城市

调查样本涵盖全国 31 个省、自治区及直辖市，其中东部、中部、西部及东北地区的样本比例分别为 66.6%、15.1%、17.1% 和 1.2%。从城市类型来看，在一线城市的占 17.9%，新一线城市占 32.1%，二线城市占 23.8%，三线城市占 13.1%，四五线城市占比均不足 10%（如图 1 所示）。

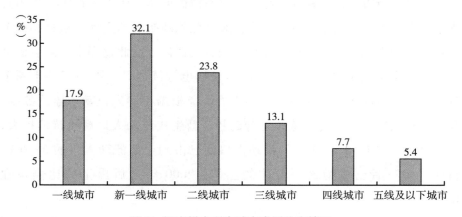

图 1　调查样本所在城市类型分布情况

2. 从个体特征分布看，以中青年、初高中学历为主

从调查样本年龄结构看，21~40岁的中青年占81.3%；从受教育程度看，高中/中专/技校/职高学历最多（33.0%），其次是初中学历（25.0%）；从技能水平看，有初级以上技能等级证书的人员比例占40.3%，另有44.5%认为自己没有证书但有一定技能。

（二）就业情况

1. 就业人员近七成在单位就业，主要集中在服务业和制造业

从就业形式看，67.0%的新市民在固定单位就业，被个人或家庭雇用的占17.2%，灵活就业方式占13.2%，其他就业形式占2.6%（如图2所示）。从行业分布看，服务业占44.9%、制造业占29.4%、建筑业占12.6%，其他行业占13.1%（如图3所示）。

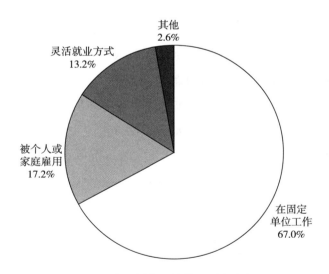

图2　就业新市民的就业形式分布

2. 稳定和可持续收入是影响新市民就业的风向标，七成月收入在4001元和10000元之间

从新市民选择从事当前工作主要考虑的因素来看，排在前两位的是工

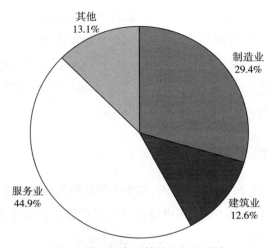

图3　就业新市民的就业行业分布

作、收入比较稳定（46.2%），收入高、待遇好（21.8%）（如图4所示），都与收入相关。从更换工作原因来看，最主要的原因是薪酬待遇（35.5%），远高于其他方面因素（如图5所示）。从就业方面的主要诉求来看，保持收入稳定或增长是被关注的首要因素，占36.7%（如图6所示）。而从当前月平均收入情况来看，就业人员收入大多集中在4001~10000元区间，合计占70.1%，其中收入在4001~6000元的占28.0%、在6001~8000元的占24.5%、在8001~10000元的占17.5%（如图7所示）。

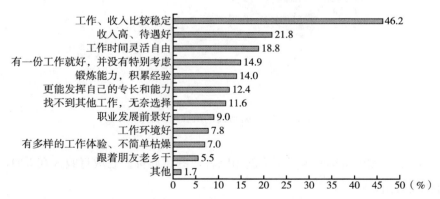

图4　就业新市民选择从事当前工作主要考虑的因素

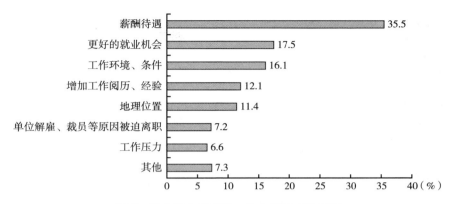

图5　就业新市民更换工作主要考虑的因素

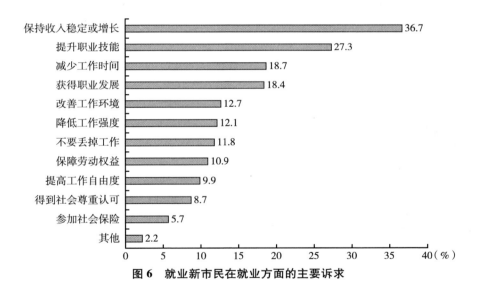

图6　就业新市民在就业方面的主要诉求

3. 四成就业新市民从事当前工作3年以上，约五成更换工作3次以上，就业稳定性偏弱

调查显示，新市民从事当前工作在 5 年以上的占 25.2%，3~5 年的占 15.8%，1~3 年的占 29.9%、1 年以下的合计占 29.1%（如图8所示）。只有 24.3% 的新市民自工作以来一直从事一份工作，其他 75.7% 的新市民至少换过 1 次工作，其中换过 2 份工作的占 16.7%，换过 3 份

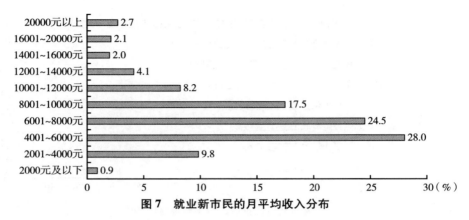

图 7　就业新市民的月平均收入分布

工作的占 20.6%，换过 4 份工作的占 7.5%，换过 5 份及以上工作的占 21.8%（如图 9 所示）。

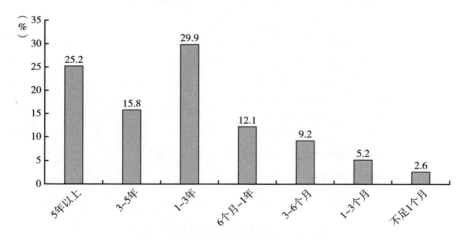

图 8　就业新市民从事当前工作时间

4. 就业人员超时工作问题比较突出

调查显示，新市民周平均工作时间在 48 个小时以上的占 46.1%，27.7%的周工作时间为 20~48 个小时，26.2%的周工作时间不足 20 个小时（如图 10 所示）。这说明一方面新市民超时工作情况比较突出，另一方面也有部分人员存在工作不饱和、就业不充分的情况。

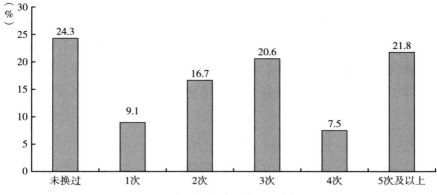

图9　就业新市民更换工作次数

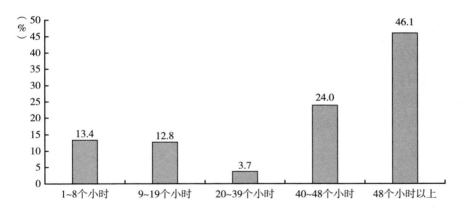

图10　就业新市民的周工作时间

（三）创业情况

1. 创业新市民多为主动型创业

对正在创业的新市民进行调查发现，他们创业最主要的原因是不想为别人打工，想自己做老板（34.5%），其次是有好的创业机会，不想错过（32.4%），总体来看多是自己主动创业，因找不到合适机会，为生活所迫而创业的仅占7.8%，另外创业环境和政策好也带动了13.7%的新市民创业，但也有9.9%的人并没有想得很清楚，创业只是想尝试一下（如图11所示）。

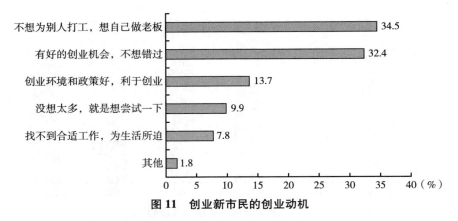

图 11　创业新市民的创业动机

2. 创业项目中个体工商户居多，批发和零售业、住宿和餐饮业占比高，创业规模偏小

从项目注册类型看，个体工商户占 37.8%，还有 29.7% 没有进行工商登记注册，做企业的比重较低（如图 12 所示）。从创业行业看，批发和零售业最多（22.0%），其次是住宿和餐饮业（14.8%）（如图 13 所示）。从人员规模看，员工人数为 1~2 人的占 28.8%，3~5 人的占 32.6%，6~10 人的占 21.3%，10 人以上的占 17.3%（如图 14 所示），总体看规模以小微型为主。

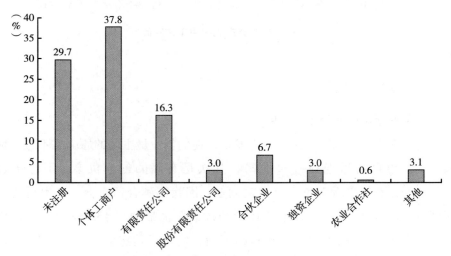

图 12　创业新市民的创业项目注册类型

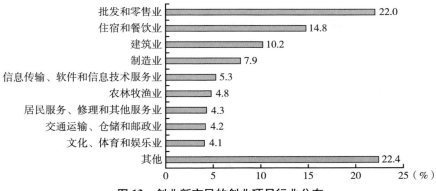

图13　创业新市民的创业项目行业分布

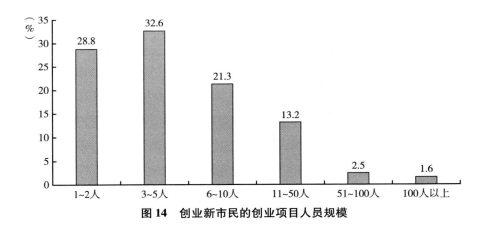

图14　创业新市民的创业项目人员规模

3. 创业投入主要是自有资金，大多数有金融服务需求

从新市民创业资金来源来看，34.5%是自有资金，30.0%是他人资助，18.7%是私人借款（如图15所示），总体看创业投资对社会金融产品和政府资金资源的利用较少，其中最多的是银行贷款（12.6%），其次是小贷或网贷（7.6%）。对于金融服务产品，75.7%的创业者有相关需求，关注的因素主要是贷款利率低（38.2%）、贷款额度大（28.6%）、贷款期限长（20.3%）（如图16所示）。

4. 创业人员收入水平相对较高

与就业人员相比，创业者个人收入明显更高，近七成创业新市民月均收

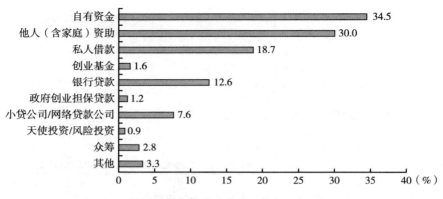

图15　创业新市民的创业资金来源

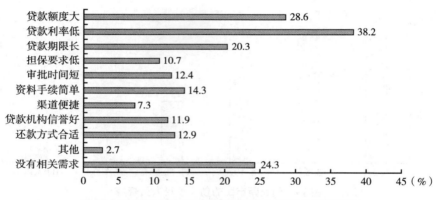

图16　创业新市民对创业金融服务产品最关注的因素

入超 8000 元，其中 18.7% 的月均收入在 20000 元以上，7.4% 的在 16001 元和 20000 元之间（如图 17 所示）。

5. 创业项目总体发展向好

从创业项目发展情况来看，43.3% 的项目目前处于盈利状态，41.4% 是持平，还有 15.3% 是亏损（如图 18 所示）。对于未来发展前景，多数人乐观，非常乐观的占 14.7%，比较乐观的占 43.3%，另外也有部分人对发展前景持悲观态度，其中不太乐观的占 12.4%、非常不乐观的占 3.2%（如图19 所示）。

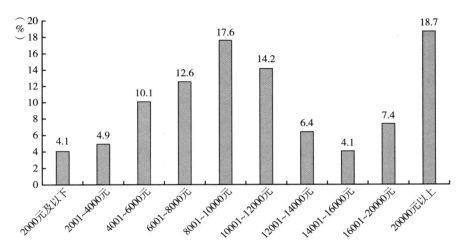

图 17　创业新市民的月平均收入分布

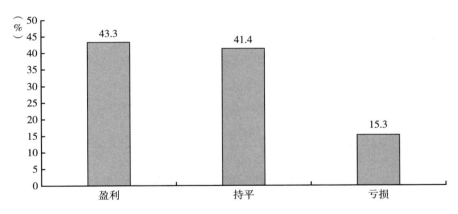

图 18　创业新市民的创业项目盈利情况

6. 创业资金支持是最主要的诉求

从创业政策服务诉求来看，选择最多的是创业资金支持（52.3%），远高于其他方面，然后是税费、租金减免（32.6%）和创业人才支持（31.3%），另外创业培训与指导（15.6%）、政策法律咨询（15.5%）、创业交流活动（13.4%）、创业投融资（12.6%）、办公场地支持（10.2%）、创业孵化（4.2%）等也有一定的需求（如图20所示）。

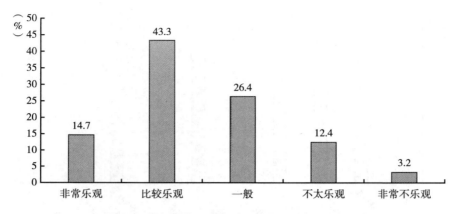

图19 创业新市民对创业项目发展前景的判断

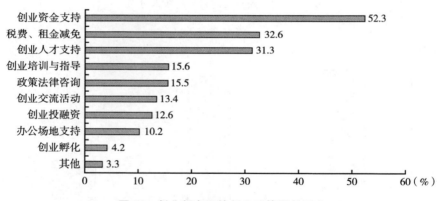

图20 创业新市民的创业政策服务诉求

（四）无工作情况

1. 没有工作原因复杂多样，近三成是辞职换工作

对当前没有工作的新市民的调查显示，27.5%是因个人原因辞职在找新工作，17.1%是因单位原因失去工作，21.0%是由于市场上找不到活儿干，9.7%暂时不想工作，3.2%是毕业后一直没找到工作，另外还有21.4%是其他原因，如因照顾家庭、生育、残疾等无法工作（如图21所示）。

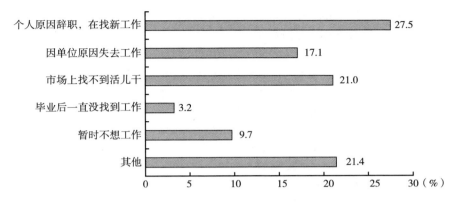

图 21　无工作新市民当前没有工作的原因

2. 部分人员没有工作的持续期较长，近三成1年以上没有工作

从没有工作的持续时间来看，37.1%超过半年没有工作，其中没有工作的时间在 1 年及以上的占27.9%，在 7~12 个月的占9.2%；另有超六成没有工作的持续时间在半年以内，其中没有工作时间不到 1 个月的占 22.1%，1~3 个月的占23.2%，4~6 个月的占 17.6%（如图 22 所示）。

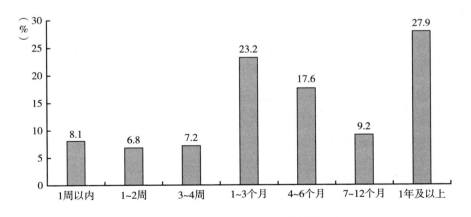

图 22　无工作新市民没有工作的持续时间

3. App、求职网站、他人介绍是找工作的主要渠道

无工作新市民多通过线上渠道找工作，其中 41.5%是通过找工作 App，

39.9%是通过求职网站，另有38.7%是通过他人介绍，而对政府公共资源和劳务市场利用较少（如图23所示）。

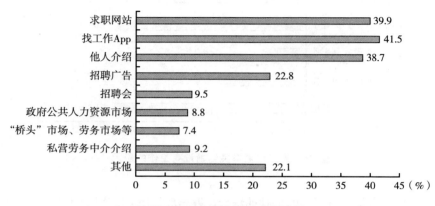

图23 无工作新市民的求职途径

4. 工作稳定性、薪酬与福利和地理位置是找工作最关注的内容

新市民在找工作时最关注的是工作稳定性（42.3%），其次是薪酬与福利（35.3%），再次是地理位置（30.8%），另外个人发展机会（26.3%）和工作灵活自由（23.6%）也是很多人择业考虑的重要因素（如图24所示）。从找工作的期望薪酬来看，大多数希望在2001元和10000元之间（如图25所示），略低于就业人员的实际薪酬，总体看比较理性。

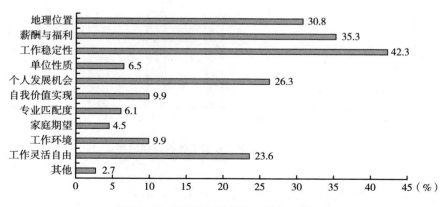

图24 无工作新市民求职主要考虑的因素

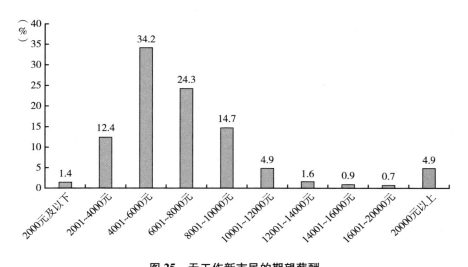

图 25　无工作新市民的期望薪酬

5. 岗位需求不足、供需结构性错配、就业歧视等是求职的主要困难

就业面临的困难主要集中在以下几个方面：一是岗位需求少（38.7%），二是需求难以满足（34.0%）或知识技能不匹配（23.4%）造成供需结构性矛盾，三是存在学历、年龄、性别等方面的歧视（28.6%）（如图 26 所示）。

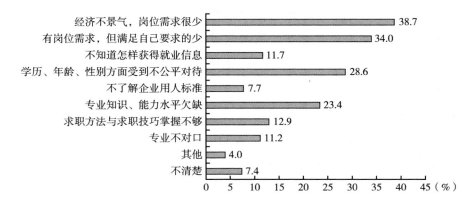

图 26　无工作新市民找工作面临的主要困难

（五）职业培训情况

1. 超七成半新市民有职业培训需求，半数为专业技能培训

从对新市民职业培训需求的调查来看，76.4%的新市民有职业培训需求，其中需求最多的是专业技能培训，占全部调查人数的53.8%，其次是自主创业培训（37.5%），然后是基础文化知识培训（26.5%）和政策法规培训（25.0%）等；随着数字经济的快速发展，有21.0%的人有数字技能培训方面的需求（如图27所示）。

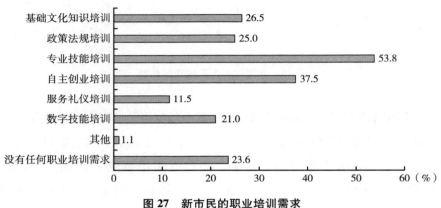

图 27 新市民的职业培训需求

2. 参加职业培训的主要动机是提高收入和充实自己

调查显示，新市民参加职业培训的最主要原因是提高收入（68.6%）和充实自己（59.5%）。另有46.9%认为多一技之长没有坏处，还有的是为了晋升（38.4%）、解决工作难题（36.2%）、个人兴趣（16.8%）、找工作或跳槽（15.5%）（如图28所示）。

3. 他人推荐、搜索引擎、工作单位是新市民获得职业培训信息的主要途径

从获取职业培训信息的途径来看，39.4%的新市民是通过朋友、同学或同事推荐，37.8%是利用搜索引擎获得，33.4%是来自工作单位，这是三条最主要途径。另外，微信、App、广告等途径也有很多人使用（如图29所示）。

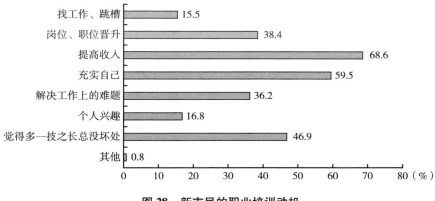

图28 新市民的职业培训动机

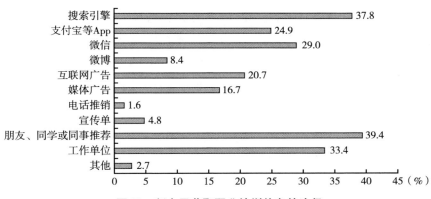

图29 新市民获取职业培训信息的途径

（六）金融服务情况

1. 近六成新市民享受过金融服务，其中消费金融服务占比较高

从新市民享受金融服务情况来看，40.7%的人表示没享受过任何金融服务，其他近六成享受过金融服务，其中25.0%享受了消费金融服务，15.8%享受了住房金融服务，10.1%享受了养老金融服务，享受健康保险金融服务、创业金融服务、子女教育金融服务、教育培训金融服务的占比均不足10%（如图30所示）。

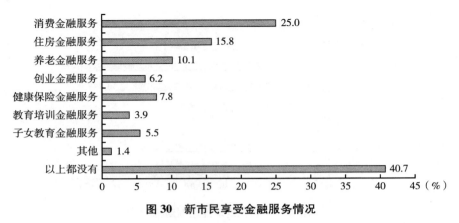

图30　新市民享受金融服务情况

2. 金融服务额度需求存在差异

从金融服务额度需求来看，22.7%的新市民选择 11 万~50 万元的额度，19.5%选择 6 万~10 万元的额度，16.6%选择 1 万~3 万元的额度，12.2%希望获得 50 万元以上的额度支持，10.7%选择 4 万~5 万元的额度，5.8%需要 1 万元以下的额度，另外还有 12.5%没有具体金融服务额度的需求（如图 31 所示）。

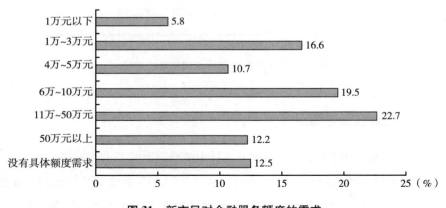

图31　新市民对金融服务额度的需求

3. 部分金融服务需求未能满足，主要是不了解相关渠道和政策

调查显示，新市民存在金融服务方面的需要由于各种原因未能满足的情

况，其中最多的是创业金融服务，占 28.5%，其次是住房金融服务（20.4%），再次是子女教育金融服务（17.0%）、消费金融服务（16.4%）、养老金融服务（16.3%）等（如图 32 所示）。关于未享受的原因，最主要的是不了解获得渠道（50.1%），其次是不了解相关政策（44.8%），另外金融产品本身如担保抵押要求、获取门槛高和成本高等也在一定程度上限制了新市民对金融服务的获取（如图 33 所示）。

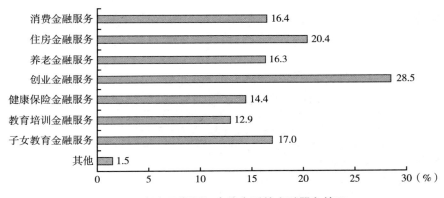

图32　新市民期望但未能享受的金融服务情况

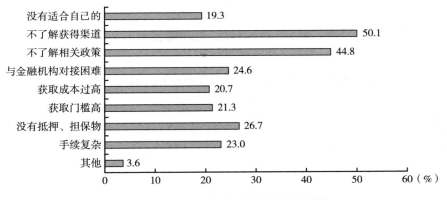

图33　新市民未能享受金融服务的原因

177

（七）社保、住房及公共服务享受情况

1. 部分新市民没有参加任何社会保险，无工作人员的参保率偏低

调查显示，9.7%的新市民没有参加任何社会保险，其中就业人员没参加的占7.9%，创业人员没参加的占10.8%，无工作人员没参加的占20.9%（如图34所示）。另外，创业人员和无工作人员参加城镇职工基本养老保险和基本医疗保险的比例相对较低，其中很多人参加了城乡居民保险，保障水平不高，此外他们参加工伤保险和失业保险的比重也很低。

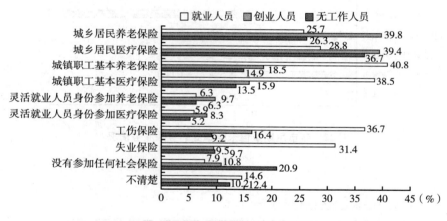

图34　新市民参加社会保险情况

2. 新市民自购房的比例偏低，多是住在单位宿舍或租房

调查显示，新市民总体购房或建房的比例不高，就业人员多是住在单位宿舍（40.6%），创业人员多是租住商品房（40.0%），而无工作人员租住商品房（21.4%）和农民房（21.6%）的比较多（如图35所示）。

3. 近四成新市民认为在公共服务方面与本地市民没有任何不同，认为区别较大的服务主要在教育方面

37.1%的新市民认为能够与本地市民享受均等化的公共服务，尤其是已经落户的新市民。但其他62.9%的新市民认为在一些方面还存在差异，比

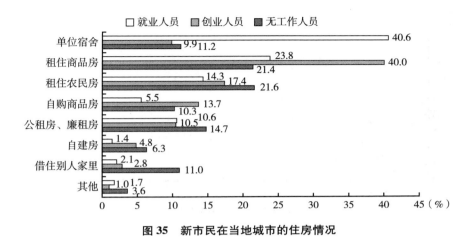

图 35　新市民在当地城市的住房情况

较突出是教育方面（30.6%），另外本次调查比较关注的就业创业等服务，认为有差别的比例也比较高（22.4%）（如图 36 所示）。

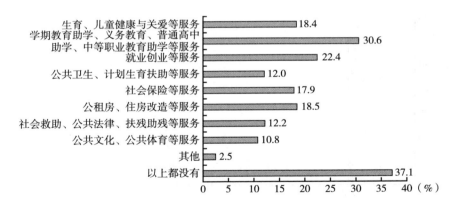

图 36　新市民对公共服务均等化的看法

（八）归属感及市民化意愿

1. 新市民对所在城市的归属感较弱

从新市民对所在城市的归属感来看，非常有归属感的占 6.4%，比较有归属感的占 15.5%，近八成表示完全没有归属感或有一点归属感（如图 37 所示）。

就业蓝皮书

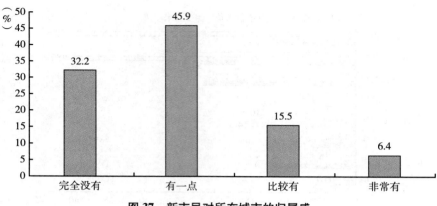

图37　新市民对所在城市的归属感

2. 多数看情况决定是否留在当前城市，一定会留下的不足一成半

对于未来是否会留在当前城市，62.8%的人表示看情况决定，表示一定会留下的仅占13.7%（如图38所示）。

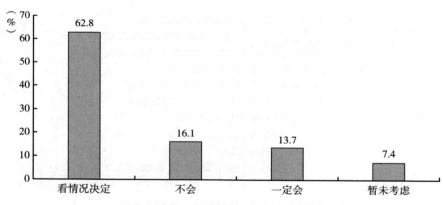

图38　新市民对未来是否留在所在城市的看法

三　促进新市民就业创业的对策建议

针对新市民就业创业面临的突出问题，既需要加大就业创业支持力度，做好稳就业促就业工作，也需要做好长期发展规划，加强人力资源开发利用。

（一）强化就业优先，多渠道促进新市民就业创业

坚持实施就业优先战略，强化经济发展的就业导向，加强政策的协调性、稳定性和可预见性，为新市民就业创业提供更加广阔的空间。建立健全就业相关部门联动机制，明确各部门在促进就业创业中的职能，建立有效的、制度化的部门协调工作机制。大力营造传统与新兴、线上与线下主体间公平竞争的良好环境，最大限度地开发就业资源和创造就业机会，拓展吸纳新市民就业的主渠道。

（二）提升就业能力，破解就业结构性矛盾

建立终身职业技能培训制度，将政府、企业、社会外部"赋能"与新市民自身"增能"有机结合，全面加强新市民的素质与能力建设，全面提升新市民的就业竞争能力和城市适应能力。加强对各类劳动者的培训需求调查，根据劳动者技能提升需要，开发需求导向的职业技能培训项目，补齐技能短板，提升新市民就业创业和职业转换能力。深化产教融合发展，培养适应企业需求的技能人才。建立健全技能人才培养、评价、使用、待遇相统一的激励机制。弘扬工匠精神，引导新市民树立正确的就业观。

（三）坚持分类施策，做好重点群体的就业工作

加大高校毕业生就业服务供给力度，积极加强产学研合作，开展就业见习、实习，提供系统的就业服务，通过有效的信息服务和就业指导，帮助高校毕业生尽快匹配到合适的岗位。积极推进农业转移人口市民化，建立城镇教育、就业创业、医疗卫生等基本公共服务与常住人口挂钩机制，促进农民工尽快融入城市。健全就业困难人员就业援助机制，完善就业困难人员认定办法，精简优化各类补贴发放模式，拓宽公益性岗位开发渠道，多途径帮助就业困难人员实现就业。

（四）优化服务方式，提升就业服务的精细化水平

加强公共就业创业服务体系建设，强化城市公共就业服务供给，根据新市民的需求和特点，完善职业指导、职业介绍、职业培训、政策宣讲等就业服务内容，推进公共就业服务规范化、信息化、专业化、一体化建设，全面提升公共就业服务水平。发挥市场力量对人力资源的配置作用，积极推动人力资源服务行业快速发展，培育人力资源服务品牌，探索政府购买公共就业服务的新路径，提升就业服务的专业化水平。提升公共服务的精细化水平，结合新市民就业过程中面临的难题，采取更加有效的对策措施。

（五）完善劳动保障机制，全面提升劳动者就业质量

完善新市民收入保障机制，合理适度调整最低工资标准，明确最低工资保障目标及保障程度，把握最低工资标准的调整频率和调整幅度。加强行业人工成本信息指导，引导当地劳资双方对本行业企业人工成本变动状况和变动趋势做出准确判断，慎重制定工资调整目标和协商策略。完善新就业形态劳动权益保障制度，建立适用于平台就业的劳动标准体系，推动行业协会、工会等机构积极参与科学确定劳动者工作量和劳动强度，统筹考虑综合工时制度改革、休息休假制度改革，研究明确最低工资适用细则，明晰特殊时期工资支付细则。完善灵活就业的社会保险政策，取消参加社会保险的户籍限制。

（六）鼓励创新创业，为创业发展提供全方位支持

加大创业政策服务支持力度，积极提升创业公共服务能力，各类创业园、创业空间对新市民开放，依托专业力量拓展创业培训、创业指导、创业孵化等服务功能，嫁接植入经营指导、技术服务、融资融商、行政审批等综合服务功能，为新市民创业提供更加专业化的支持。开发适应新市民特点的金融产品和符合创业项目特点的金融服务，加大各类普惠金融产品的供给力度，优化创业担保贷款政策，将更多新市民纳入创业担保贷款扶持范围，降

低贷款获取门槛。引导金融机构优化基础金融服务，在做深做细和下沉服务上下功夫，增强新市民对金融服务的可得性。

（七）完善保障措施，为就业创业营造良好环境

出台更加有利于外来人口市民化的政策措施，加大外来人口市民化推进力度。以招人、用人、留人的一条龙政策支持和公共服务，打造城市吸纳和稳定劳动者就业创业的强力引擎。大力加强公共服务均等化，将外来人员纳入地方公共政策和服务体系，特别是在公共住房、义务教育、公共交通、社区建设和文娱设施等方面，加强公共投入，促进劳动者职住平衡，增强外来劳动者的获得感和归属感。结合新市民的金融服务需求，破解新市民获取金融服务的障碍和限制条件，满足新市民在就业创业、消费、住房等重点领域的金融服务需求。加大对相关产品服务及政策的宣传力度，使之惠及更多新市民。

（八）紧抓数字机遇，提升新市民就业创业的适配度

适应数字化转型，加强人力资源开发，创新培训内容和方式，让掌握数字技术使用技能成为数字经济时代就业的"必修课"，大力提升新市民的数字化技能水平。加强对平台的监管，进一步规范劳动用工管理，对线上企业实行平台信用认证，为劳动者薪资安全等提供担保。加强就业服务与数字技术深度融合，打造"互联网+"就业服务，推动形成集技能培训、资格认证、就业招聘、创业服务于一体的综合性网络就业服务系统，提升新市民就业服务的便利性和精细化水平。充分运用网络大数据建设数字经济从业者信息库，深挖数字经济从业者特征，为新市民进入数字经济领域就业提供精准化服务。

参考文献

[1] 冷向明、赵德兴：《中国农民工市民化的阶段特性与政策转型研究》，《政治学

研究》2013 年第 1 期。

［2］李林：《苏州高新区新市民服务管理研究》，硕士学位论文，苏州大学，2020。

［3］李炜：《新市民城市融入问题研究——以青岛市为例》，《中共青岛市委党校（青岛行政学院）学报》2008 年第 2 期。

［4］连欣：《人口城乡区域流动和空间集聚的特征趋势与对策建议》，《中国国情国力》2022 年第 8 期。

［5］吕青：《新市民的信任：从差序格局到扩展的同心圆——以无锡市广瑞一村为实证对象》，《江南大学学报》（人文社会科学版）2006 年第 4 期。

［6］吕世辰、顾昭明：《新市民的社会管理》，社会科学文献出版社，2011。

［7］王培刚：《把握流动人口特征变化趋势》，《中国社会科学报》2021 年 8 月 4 日。

［8］新市民研究院：《流动的新市民》，2020。

［9］新市民研究院：《新市民的工作世界》，2019。

［10］许帅文、汪灏、汪夏明、万亚辉：《新市民租房需求影响因素研究》，《建筑经济》2020 年第 3 期。

［11］朱力：《新市民的身份定义》，《南京大学学报》2000 年第 6 期。

［12］朱振亚：《"新市民"称谓及其内涵研究述评》，《华中农业大学学报》（社会科学版）2015 年第 4 期。

B.11
数字经济下灵活就业的发展机制及趋势

李付俊　楚珊珊*

摘　要： 数字经济是以信息技术或数字技术为支撑的经济活动，在经历了
近百年的发展演变后逐渐成熟稳定，并向更加多元化的方向转型
升级，将驱动整个经济社会发生更加深刻的变革，尤其是对劳动
力市场影响的深度和广度正不断提高。本报告以数字经济演变的
不同阶段为基础，深入分析了数字经济在灵活就业形式多元、规
模扩大、内容多样、群体分化、质量提升等方面的影响机制，同
时结合数字经济未来转型发展模式，研判数字化加速发展对灵活
就业发展的影响，包括：数字化连接更加高效，助力灵活就业空
间不断拓展；数字经济促进参与主体网络化，灵活就业生态持续
优化；数字技术与产业融合加快，灵活就业模式向知识技能领域
岗位纵深拓展；等等。

关键词： 数字经济　灵活就业　就业空间　就业生态

数字经济是全球经济增长日益重要的驱动力，在加速经济发展、提高现
有产业劳动生产率，培育新市场和产业新增长点，实现包容性增长和可持续
增长中发挥着重要作用。2021 年 12 月，国务院印发《"十四五"数字经济
发展规划》，明确提出到 2025 年，数字经济核心产业增加值占国内生产总值

---

* 李付俊，中国劳动和社会保障科学研究院就业创业研究室副研究员，主要研究领域为就业创
业；楚珊珊，中国劳动和社会保障科学研究院就业创业研究室助理研究员，主要研究领域为
就业理论与政策、创新与创业。

的比重达到 10%，数据要素市场体系初步建立，产业数字化转型迈上新台阶，数字产业化水平显著提升，数字化公共服务更加普惠均等，数字经济治理体系更加完善。在数字经济不断发展演变的过程中，我国劳动力市场受其影响的广度和深度不断提高，数字经济的就业功能不断拓展，就业方式多元化，数字经济发展带来的平台经济、零工经济、共享经济等各类新型经济模式不断发展壮大，就业市场和工作模式也受到新经济模式的影响而不断出现变革趋势。灵活就业则以一种新的就业形态出现在劳动力市场中，且已经在全球各地形成了一股新趋势。随着数字技术的迭代升级，全产业的数字化转型升级将进入加速期，本报告将针对数字经济对灵活就业发展的影响机制进行理论探讨，进一步探究数字经济转型升级过程中灵活就业的发展趋势。

一 数字经济发展的演变及特征

（一）数字经济发展演变历程

美国经济学家塔斯考特（Don Tapscott）于 20 世纪 90 年代中期出版《数字经济时代：网络智能时代的希望和危险》一书，首次提出"数字经济"这一专有名词。[①] 然而，数字经济的概念是由信息经济演化而来的，相对应也曾经有网络经济、知识经济等叫法；而以信息技术或数字技术为支撑的经济活动起源于 20 世纪 40 年代，其历史沿革大致经过了四个阶段。

一是技术准备阶段（20 世纪 40 年代~70 年代中期）。1942~1946 年，宾夕法尼亚大学制造出"电子数字集成计算机"（electronic numerator integrator and computer，ENIAC），开启了计算机科学的纪元。数字经济的萌芽离不开计算机技术的应用，晶体管、集成电路的发明和应用使得计算机的存储、运算、体积、成本不断优化，同时操作系统及其他软件的开发降低了人机交互的难

---

① Tapscott, D., *The Digital Economy: Promise and Peril in the Age of Networked Intelligence* (McGraw-Hill Inc., 1996).

度，计算机可普遍利用的范围越来越广，最终导致人类各项经济活动无不与计算机结合，这些为数字经济的出现和兴起奠定了技术基础。

二是初具雏形阶段（20 世纪 70 年代中期~90 年代中期）。这一阶段数字经济的孕育成长主要体现在计算机技术应用范围的扩展及产业间的业务整合上。电信领域的技术变革促使计算机、电子工业和电信业之间的紧密联系牢牢建立起来，早期各自独立发展的业务活动逐渐整合为一组相互依存的产业集群，结合为一个新的技术系统，即信息通信系统。这一时期，以 IT 和 ICT 为主的信息化服务开始从科研和军事领域拓展到商业和生活领域，并真正普及社会大众，数字经济的雏形初步形成。

三是快速跃迁阶段（20 世纪 90 年代中期~21 世纪初）。20 世纪 90 年代以后互联网的全球普及为数字经济的发展构筑了重要的基础设施基础。互联网技术首先出现在美国，日本紧随其后，最终几乎遍布世界各地。在这一互联网快速发展的阶段，网络经济概念被提出，网络经济也被称为互联网经济，基于互联网的数字技术应用也成为各界炙手可热的研究方向，由此创造了以数字经济为特征的新经济神话，开启了数字经济的新纪元。

四是深化发展和动能转换阶段（21 世纪初至今）。21 世纪初以来，数字经济开始成为各国经济发展的新动力，随着数字经济理念的日趋成熟与深化发展，各国纷纷将支持数字经济发展纳入政策议程和战略框架，旨在占领数字经济的制高点。2015 年以来，微电子技术实现了从 14 纳米芯片向 3 纳米芯片的突破，数字技术基础变革悄然酝酿，变革开始朝着物联网、云计算、大数据、智能化等前沿方向发展，出现了大量的新型数字经济，因此有学者将数字经济称为智能经济。这一时期是数字经济高歌猛进、走向成熟的时期，也是数字经济朝着更加多元的方向开始转型的动力转换时期。随着数字技术延展性的进一步增强，整个经济社会将发生更加深刻的变革。

（二）数字经济的内涵与特征

关于数字经济的具体概念，目前国内外尚无统一定论，但不可否认的是数字经济实质上是一个不断演化的概念，随着生产要素、载体、技术创新、产业融合、治理方式等各方面的变化，数字经济的内涵和外延也不断深化。一般来说，目前数字经济主要分为"数字产业化"和"产业数字化"两大部分：数字产业化是数字经济发展的先导产业，指的是数字技术形成产业的过程，为数字经济整体进步提供了基础的技术、产品、服务和解决方案等，包括软件和信息技术服务业、互联网行业以及近年来的人工智能、云计算等新兴产业；产业数字化指的是传统产业的数字化转型升级过程，主要是应用数字技术带来的产出增加和效率提升等，包括但不限于传统制造企业的自动化生产、平台经济等。①

数字经济的主要特征（见图1）包括以下几点。一是数字经济具有外溢效应。以知识和信息为基础的海量数据成为数字经济时代不可或缺的新的生产要素。数据具有非竞争性、非排他性、可无限复制、可无限增长和供给、可反复使用、可广泛共享且基本无实质损耗的禀赋，这一禀赋决定了数字经济具有很强的正外部经济性。数据的使用范围、频率和数量越大，每一用户所获价值也就越大，数据蕴含的巨大潜力和能量为数字经济的持续发展奠定了基础。

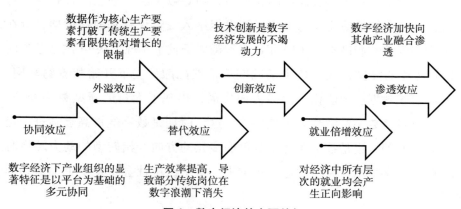

图1　数字经济的主要特征

---

①　中国信息通信研究院：《中国数字经济发展白皮书（2020年）》，2020。

二是数字经济具有创新效应。数字技术创新是数字经济发展的不竭动力。如同蒸汽机引领工业革命、ICT引发信息革命一样，数字技术创新所具备的使能性既推动了商业模式的变革，塑造了诸多新经济模式，也有效支持了经济发展和转型的动能转换，甚至在低谷时期发挥拉动经济复苏的作用。

三是数字经济具有渗透效应。一方面，数字经济推动服务业水平提高，促进服务业进一步转型升级；另一方面，数字经济加快向实体经济渗透，优化价值链的各个环节。

四是数字经济具有协同效应。数字经济下产业组织的显著特征是以平台为基础的多元协同，各种细分领域的互联网平台新主体在数字经济时代快速涌现，同时传统企业加快向平台化方向转型，并且各类平台主体正朝着生态共赢方向发展。

五是数字经济具有替代效应。传统产业数字化使得生产工作智能化，机械生产代替了传统的人力播种、智能机器人代替了传统的流水线作业。一方面提高了生产效率，另一方面也导致部分传统岗位在数字浪潮下消失，中低技能劳动力被替代，造成结构性失业。

六是数字经济具有就业倍增效应。数字技术在各行业中的广泛应用促使劳动生产率提高、商品成本降低，不断刺激社会需求，进一步增加对产品市场的需求，进而扩大生产规模，提升就业市场容量。同时，数字技术与实体经济深度融合催生出许多新产业、新业态和新模式，热门岗位持续出现，并为就业者提出新的就业需求。

二　数字化技术影响灵活就业的机制

灵活就业很早就已经存在，如短工和临时工等长期存在于劳动力市场中，是全日制雇工的有效补充。数字技术与互联网平台的兴起、普及和应用，打破了传统组织边界，赋予劳动者更多选择和自由，劳动者可结合自身的技能优势和时间特点，选择多样和灵活的就业岗位，使得传统的全职工作

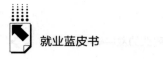

和用工模式受到挑战，越来越灵活的工作机会、工作时间和工作形式被人们逐渐接受。结合数字经济的发展历程，数字经济时代的灵活就业大致经历了2000年互联网泡沫破灭后的1.0范式（以外包形式为主）、2008年国际金融危机之后的2.0范式（以众包形式为主）、新冠疫情后的3.0范式（以平台化就业为主）。在此过程中，可以发现灵活就业的劳动力资源配置方式是三种力量交互影响的结果：数字技术变革保障了这种模式的可能性，互联网泡沫、金融危机、新冠疫情等外生冲击构成了现实必要性，市场的优化配置与政府的推动让这一模式更具可行性。其中，数字技术创新的作用是关键性的，这也就决定了数字经济对灵活就业的影响机制（参见图2）发生在数字产业化和产业数字化领域。

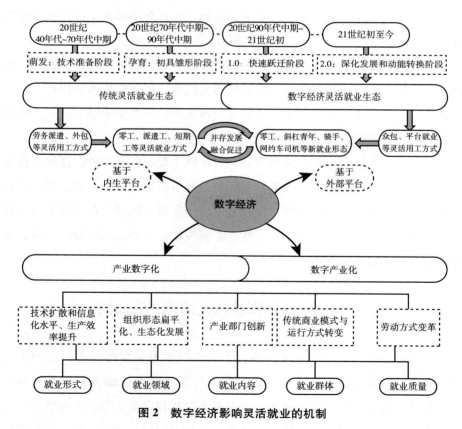

图2 数字经济影响灵活就业的机制

（一）数字化技术颠覆传统，促进灵活就业形式多元化

20 世纪 20 年代开始，追求利润最大化和成本最小化的企业对于部分工作并不要求员工在固定场所开展，而允许他们利用技术手段远程办公。以数字化技术为核心驱动的平台型就业将这种灵活工作模式向前推进了一大步。在自主型工作范式下，灵活就业劳动者的就业形式更加多元，覆盖各个层次：既包括临时工、季节工、基于项目或任务的合同工等临时就业形式，涉及建筑、装修、保洁、饮食摊点、家政服务及其他服务性职业；也有利用自身知识或技能从事各类自由职业的就业形式，如自由撰稿人、独立中介服务工作者等；还有个体经营和合伙经营的自雇型就业；更有通过各类创业创新平台实现的众包就业、网店就业、创业就业等形式。不仅如此，劳动者既可以按部就班地受雇于某一特定组织，同时也可以通过平台与市场相联系，使自己的技能、经验、专业知识等在碎片化的时间中发挥最大价值。例如，一个工人可以在某制造业企业从事全职工作，也可以在业余时间去做滴滴司机。劳动者个人既可以成为一名"创客"，也可以作为自由工作者在各种互联网服务平台上寻找自己擅长并感兴趣的工作任务来做，如成为外卖骑手、滴滴司机、自媒体发布者等，具有极大弹性。

（二）数智平台赋能拓展应用场景，扩大灵活就业规模

信息技术的迭代更新和互联网及智能终端的广泛普及推动了平台经济的快速发展。平台经济是灵活就业发展过程中出现的重要经济载体，创造或衍生出新的经济活动或市场，不断拓展灵活就业应用场景。电商就业、分享经济就业、创业式就业三种新型灵活就业模式都与数字经济关系密切。[1] 灵活就业涉及的行业范围不仅涵盖电商、快递、餐饮、交通、住宿等生活性服务业，也包括教育、传媒、设计等生产性服务业。新冠疫情发生后，很多互联

---

[1] 张成刚、祝慧琳：《中国劳动力市场新型灵活就业的现状与影响》，《中国劳动》2017 年第 9 期，第 22~30 页。

网平台组织业务激增，用工短缺，数十家不同行业的企业发布了"共享用工"计划，推出就业共享平台，"共享用工"模式将社会中、企业间的员工进行灵活调配，实现跨行业用工、灵活就业。国家信息中心发布的《中国共享经济发展报告（2022）》显示，2021年我国全年共享经济市场交易规模约为36881亿元，同比增长约9.2%，表现出巨大的韧性和发展潜力。平台型组织灵活用工规模往往比较大，由此带来大量的灵活就业机会。《中国共享经济发展报告（2021）》显示，2020年我国共享经济参与者约为8.3亿人，其中服务提供者约为8400万人，同比增长约7.7%；平台企业员工数约为631万人，同比增长约1.3%。另外，2020年采用灵活用工的企业占比为55.68%，比2019年提高约11个百分点。人力资源和社会保障部2021年7月的数据显示，我国灵活就业从业人员规模达2亿人左右。虽然灵活就业和灵活用工中包括传统就业形态，但基于数字技术的灵活就业在其中占有相当大的比重。中国劳动和社会保障科学研究院的研究估计，在2亿人的灵活就业者中大约有7800万人属于依托互联网的新就业形态。

（三）数字化技术助推产业融合发展，促进灵活就业内容多样化

数字经济新动能之所以在整体上创造了大量的灵活就业机会，关键在于其产业融合功能与就业的联动效应。数字经济包括数字产业化和产业数字化。数字产业化即软件信息等产业通过转移升级、打造新赛道，慢慢发展为新业态；产业数字化是一个更为广阔的领域，即以互联网思维与互联网技术赋能传统产业，提升改造传统产业。那么，数字经济等于"新经济"+"旧经济的新空间"，依托数字经济的灵活就业，既包括新就业形态的创造和创新，也有对传统用工方式的渗透和改造。如当前遍布的"互联网+"灵活就业类型，既包括数字产业化领域的自媒体作者、全媒体运营师、短视频创作者等，也包括产业数字化领域的外卖骑手、网约配送员、城市管理网格员等多种新职业。这就意味着，与传统的灵活就业不同，数字经济时代的灵活就业内容更加丰富，灵活就业者可以应用自身知识、技能、经验等在更多领域开展竞争，数字经济高度嵌入、融合的特征，使工作内容涵盖高、中、低端，新职业不断涌现。

（四）数字生态拓展灵活就业空间，促使就业群体分化

数字化背景下，平台经济与劳动者的关系不再是"企业—员工"，而是"平台—个人"，这打破了传统组织边界，消除了市场进入壁垒和降低了市场进入门槛，促进各类群体参与灵活就业。一方面，数字经济模式下，合作关系的发生仅与供需对接，无关年龄、性别、户籍等外在条件，劳动者只要能够连接到网络平台，拥有有价值的闲置资源和服务能力，都可以加入工作中，这大大拓展了劳动者工作选择的自由空间。以微信为例，在线上支付、小程序、智慧零售工具以及高效协同的物流网络等数字技术和实体经济融合的工具支持下，数字生态为残障人士、进城务工人员、家庭妇女、退伍军人等就业重点帮扶人群打开了就业新空间，越来越多的帮扶人群在数字生态中就业。同时，越来越多的应届毕业生可以选择灵活就业、自主就业，数字生态也为应届毕业生就业提供了更多的选择。相关调查显示，2020年微信小程序、公众平台、视频号均有超过60%的主体雇用了应届毕业生。[①] 另一方面，数字经济也造成灵活就业群体分化，出现"强者更强、弱者更弱"现象。随着数字技术的进步，未来"无人工厂""无人超市""无人驾驶"等数智技术的应用将成为主流，那么对高技能劳动者的需求必然不断增加，与此同时也将减少对低技能劳动者的需求，传统灵活就业岗位被替代，这些岗位的劳动者可能转向电商平台、快递行业等，成为新体力劳动者。而个人的"就业力"更多地体现在所掌握的技能之上，传统的体力劳动者和新体力劳动者因为技能低、经验少，都比较容易受到冲击，这就要求灵活就业者不断提升自己的技能，从而在就业市场中站稳脚跟。

（五）大数据算法分析优化劳动力资源配置，提升灵活就业质量

互联网平台横向连接灵活就业者人群和用工企业，基于大数据的技术

---

① 中国信通院、腾讯微信：《2021数字化就业：新职业新岗位研究报告——基于微信生态观察》，2021。

运算，通过对用工需求和供给的分析，得出最优对接方案并快速响应，有助于促进现有岗位和求职者的匹配，减少资源浪费。同时，移动智能终端为发布和查找信息提供了便利条件，网络的跨空间性为企业和劳动者提供了更多选择，从而显著缩短了企业搜寻时间以及求职者待业转岗时间，将灵活就业从业者安排在合适地点和时间的工作岗位上，实现弹性管理，满足弹性需求，进一步优化劳动力资源配置，并帮助大量从业者获得收入。美团数据显示，2019~2021年通过美团平台获得收入的骑手（有单骑手）数量从398.7万人增加到527万人，年均增长约64万人，约占全国城镇新增就业的5%。① 此外，数字平台也是就业培训的重要渠道，网课、网络博客等新型职业教学方式能够帮助灵活就业者提高自身工作技能，增强就业竞争力。

三　数字化加速发展对灵活就业发展的影响趋势

数字技术促使经济模式发生重大变革，推动新产业、新价值、新业态和新模式不断涌现，使灵活就业这一新就业形态在此进程中获得了前所未有的助力。数字经济时代的灵活就业实现了从组织型向自主型、从集中式向原子式、从单一化向多元化的转变。依托数字平台赋能以及新兴技术以指数级速度融合创新、整体演进与群体突破，就业和用工理念正在发生转变，灵活就业生态将呈现新的发展趋势。

（一）数字化连接更加高效，助力灵活就业空间不断拓展

数字经济是持续性创新经济。随着新型基础设施布局建设，大数据、5G、云计算、AI等新一代信息技术的创新突破及其与实体经济的融合应用加快发展，数字化转型将迎来新的发展时期，数字经济发展规模将进一步扩

---

① 《美团2021财报：年亏156亿，为527万骑手支出了682亿元成本》，网易网，https://www.163.com/dy/article/H3AV85PH0550A7UY.html，2022年3月25日。

大。中国信息通信研究院预测，到 2025 年中国数字经济规模将达到 60 万亿元①，数字经济将成为经济高质量发展的新动能。这必将拓展灵活就业的地理边界和服务边界，使之成为时代的标志与潮流。例如，即将到来的 5G 时代将赋予灵活就业更为广阔的发展空间。5G 网络极大地提升了移动设备对数据的处理能力，将给用户带来超越光纤的传输速度以及尽可能短的网络延迟，推动产业链、供应链、价值链上的诸多参与者精准、有效连接，进一步提升对接效率。在 5G 时代，灵活就业的应用场景将更加多元化、综合化，灵活就业从业者可以通过 VR 设备实现远距离办公，物联网将进一步推动工作模式的改革，提供更多的灵活性岗位，促进灵活就业继续蓬勃发展。

（二）数字经济促进参与主体网络化，灵活就业生态持续优化

数字经济时代强调的是范围经济，在资源共享的情况下，强调多元主体协同共治和分工协作，这是与工业经济时代的规模经济不同的。在供应链上，在移动互联、大数据、云计算等前沿技术的持续推动下，海量细分的利基市场以云平台为核心，形成"长尾式经济模式"，围绕产品和服务构建起生产者、供应商、分销商、零售商等市场主体之间的协同合作关系，实现从"以企业为中心进行资源分配"的线性模式向"以客户为中心进行资源分配"的网络化模式的转变。在组织管理上，数字经济打破了时空限制，极大地改变了企业的形态和用工方式，已经实现了从"企业—员工"到"平台—个人"的转型。在不久的将来，企业或将经历平台化之后的网络化，以组织形态存在的企业将变为网络上的一个任务节点，将任务分包给其他节点，包括个体或团队；劳动者不再受雇于企业，可为多个节点服务，身兼多职。在运作层面上，数字技术带来的数字产业化和产业数字化使生产过程更

---

① 《2025 年我国数字经济规模将超 60 万亿元》，山西省跨境电子商务协会（微信公众号），https：//mp. weixin. qq. com/s？ _ _biz＝MzI5OTc1Mzc0Mg＝＝&mid＝2247518003&idx＝2&sn＝bf25b8f35f96fba66825cd154664eb28&chksm＝ec930f52dbe48644efee028610e1569bce6d9425dcc37aaff679710b14ed61e084edb0038c12&scene＝27，2023 年 1 月 29 日。

加公开、自组织化，形成多方参与的生态系统，包括不同主体（政府、企业、技术人才、学者、创业家、大学、制造商等）、子系统和外部环境的交互、联合，并且这一过程处于动态演化之中。因此，不同于工业经济时代的做大逻辑，数字经济时代的思路是做优逻辑。这种网络化模式通过重新打造多元化主体构成的生态系统，促进与产品生产和相关服务挂钩的价值网络中更多灵活就业机会的增加，以网络化方式为实现价值汇聚、共赢提供了可能，从而持续优化灵活就业生态。

（三）数字技术与产业融合加快，灵活就业模式向知识技能领域岗位纵深拓展

数字经济与新就业形态方兴未艾，在数字、智能化、物联网、大数据、云计算等新技术与传统产业深度融合、创新发展的态势下，产业活力不断释放，在创造更多灵活就业岗位的同时，推动就业质量和结构不断优化。在服务业中，网络直播、在线客服、在线医疗人员、电竞选手等新岗位不断出现。在工业中，先进制造业、智能制造业快速崛起，数据治理专员、架构师、数据工程师等新自由职业层出不穷，这对灵活就业从业者提出更高的素质要求。《中国灵活用工发展报告（2022）》的数据显示，"普通工人"是企业使用灵活用工人员最为集中的岗位，占比为45.6%；排在第二位的是"IT以及其他技术人员"，占比为18.2%；行政、人力、财务、法务岗位占比为3.2%，电商、影视娱乐从业人员和网络主播等占比为0.8%。由此看来，企业多在一般性技能、基础性岗位集中使用灵活用工，但近几年也出现了向专业性、技术性岗位拓展的趋势。这表明，随着灵活就业需求从基础劳动性工作向更复杂的技术性、专业性工作延伸，数字经济时代下灵活就业的思路也要从拓展逻辑走向深耕逻辑，未来灵活用工模式的应用范围将从非技能型岗位向需要技术、能力、知识的岗位拓展。

（四）新基建加快推进，灵活就业更加包容普惠

经济社会转型升级并非一蹴而就的。在我国经济建设中，传统灵活就业

作为劳动力市场的有益补充依然存在，但以低端岗位为主，对相关从业人员专业素质的要求并不高，这类群体由于数字素养、受教育水平的不同，在信息获取和使用上仍存在较大差异。"十四五"时期，我国数字经济发展将坚持效率效益与包容普惠并重，为实现包容普惠的就业提供更多可能。《中华人民共和国国民经济和社会发展第十四个五年规划和2035年远景目标纲要》强调要"加强全民数字技能教育和培训，普及提升公民数字素养"，这有助于提升包括重点群体在内的全体劳动者的数字素养。随后，工信部印发《"十四五"大数据产业发展规划》，提出要加快培育数据要素市场。数据资源所具备的非排他性、可重复利用、可无限增长、可多人共享等特性，在一定程度上能够保证具有数字素养的各类重点就业群体都有机会享受大量数据资源带来的价值增值。例如，工信部明确，自2021年1月起将在全国范围内开展为期一年的"互联网应用适老化及无障碍改造专项行动"，让老年人可以用到更多界面简单、操作简单的服务产品。目前已出现"在线学习服务师""社群健康助理员""老年健康评估师""社群心理干预师""线上健康顾问"等新职业。关注欠发达地区数字技术设施和互联网服务的覆盖、关注弱势群体数字素养的提升、关注老年人使用智能网络应用的能力等，有助于未来催生公平和效率兼顾的包容性灵活就业新岗位、新职业。

（五）数字化平台与灵活用工双向互动，就业韧性日益强化

当前，灵活用工主要集中在以互联网为代表的企业中。一方面，用工企业借助数字技术搭建平台，实现内部和外部数据的高效互联互通，推动用人模式的多样化和灵活化，创造出更多灵活就业岗位。另一方面，数字经济就业打破岗位的时空限制，脱离单位的就业人员逐渐增多。在灵活就业蓬勃发展的情况下，数字技术浪潮会催生更多短期性的工作，且通常是通过在线平台链接劳动者，使得企业用工更加平台化，组织形态更加扁平化、平台化、网络化，用工流程更加简洁化，用工模式更加多元化。例如，微信公众号撰稿人或小程序开发者不再具有稳定的工作地点，他们中的很多人同时具有多项兼职，成为"斜杠青年"。随着新职业进一步出现，灵活用工服务人员的

数量也将呈现爆发式增长，这将加速改变企业的传统用工方式，促使劳动力市场用工模式更加灵活便捷。这种双向互动的优势就在于传统的以雇主组织为中心的集中单一型就业，无法对倍速发展的技术经济条件变化和动态的环境不确定性做出快速有效的反应，而灵活就业所实现的多元化、无边界化就业却可以在这种变化和不确定性中最大限度地实现"就业软着陆"，在一定程度上避免了让劳动者个人、企业以及社会经济都遭受重创的风险。2020年新冠疫情发生后，灵活就业所展现出的超常韧性就是证明。麦肯锡预测，未来发达经济体和新兴经济体分别将有20%~25%和约10%的劳动力长期每周远程工作3~5天，是疫情发生前水平的4~5倍。未来，雇佣单位不固定、工作时间灵活、办公地点不受限制的灵活就业或将成为主流就业形式。

综合来看，数字化加速发展将推动灵活就业朝着场景综合化、合作网络化、人力资本内外整合化、劳动力技能化、距离远程化、时间弹性化的方向发展。但就目前而言，我国形成的是以产业数字化为主、以数字产业化为辅的就业格局，灵活就业市场虽然既有高端岗位，也有低端岗位，但以低端岗位为主，高端岗位尚未凸显优势。快递员、外卖员不过是新体力劳动者的代表，面临劳动强度大、工作时间长、权益保障不到位的情况。那么，如何兼顾数字经济的社会发展需求与灵活就业群体就业的实际意愿，着力于包容更加多元的人力资本关系和提升更加专业的工作技能、提供更加普惠的社会保障和保护更加全面的工作权利，是未来数字经济下灵活就业发展应持续关注的问题。

（六）灵活就业将是数字经济发展过程中重要的就业形式，但不会全面取代传统就业

与传统就业相比，数字经济类的平台就业广受欢迎。得益于数字技术渗透率和普及率的提高，也得益于就业观念的变化，越来越多的年轻人追求工作和生活的平衡，更加注重自我价值的实现。未来，不同职业群体均存在灵活就业，包括越来越多的职场人在业余时间选择兼职。从分布产业来看，生产性企业并不多，主要集中在服务业。一是传统服务业，比如酒店、餐饮、

旅游等；二是现代服务业，包括信息密集型服务业、知识密集型服务业。从发展趋势来看，咨询师、设计师、教师、医生等专业人才，未来选择灵活就业的可能性较高。[①] 因为在灵活就业模式下，他们的自由程度、收入水平、满意度和幸福感可能更高。但从数字经济以及国内外劳动力市场发展的历史经验来看，灵活就业未来并不会全面取代传统就业，以传统雇佣关系为特征的就业不会终结。

第一，虽然灵活就业近些年的年均增长率高于城镇正规就业，但劳动力总量进入下降通道，预判未来灵活就业的规模不会超过正规就业。据笔者所在课题组测算，我国灵活就业已由 2016 年的 2.08 亿人增长至 2020 年的 2.32 亿人，增长了 11.27%，五年的年均增长率为 2.16%。灵活就业已经成为我国解决就业的主要渠道之一。《中国统计年鉴》的数据显示，我国城镇正规就业人数由 2015 年的 2.97 亿人上升至 2020 年的 3.19 亿人，年均增长率为 1.42%，低于灵活就业的年均增长率 0.74 个百分点。但就目前而言，确立劳动关系的传统就业形式仍是我国就业的主要形式。目前，我国劳动力总量已经进入下降通道，新成长劳动力和熟练劳动力大幅减少，且生育率降低，老龄化加速。如果按照现有规模及年均增长速度计算，未来 30 年灵活就业的规模都不会超过正规就业。

第二，重点就业群体高校毕业生受疫情影响更青睐进入体制内，部分灵活就业从业者追求稳定工作的意愿仍然强烈。受新冠疫情影响，高校毕业生"考公热"进一步升温。数据显示，2022 年度国考计划招录 3.12 万人，共有 212.3 万人通过报名资格审核，通过资格审核人数与录用计划数之比约为 68：1。[②] 另外，麦克思研究院的数据显示，本科毕业生在政府及公共管理部门就业的比例由 2016 届的 5.6% 上升至 2020 届的 6.2%。另外，有部分从事灵活就业的农民工群体表示"渴望有一份收入稳定且有上升空间的工

① 《数字经济时代下，要让灵活就业更加规范发展》，国家发展和改革委员会网站，https：//www.ndrc.gov.cn/fggz/jyysr/jysrsbxf/202108/t20210818_1293928.html，2021 年 8 月 18 日。

② 《2022 年国考总招录 3.12 万人，共有 212.3 万人通过审查，大专学历可报考岗位不超过 2%！》，搜狐网，https：//learning.sohu.com/a/505384605_120099886，2021 年 12 月 4 日。

作"。如据中国劳动和社会保障科学研究院联合人才资源和社会保障部就业司于 2022 年春节后开展的"春节后农民工外出就业调查"数据，对于下一份工作的倾向，40.2%的人表示想找一份稳定的工作，比想找一份时间安排较灵活的工作的占比高出 20 个百分点。

第三，我国公共就业服务、劳动关系、权益保障等的政策体系和框架都基于传统正规就业模式搭建，如目前很多公共就业服务机构未将农村劳动者、灵活就业人员、跨区域流动就业者、新就业形态从业人员和民营小微企业等纳入服务范围，有的地方将灵活就业人员纳入服务范围，但服务模式仍然比较被动，不少地方要求灵活就业人员本人前往公共就业服务窗口登记和修改信息。这种"坐等"上门的就业服务方式不适应灵活就业组织化程度低、自雇式、流动性的特点，服务效率也很低，与服务对象的期盼、与"最多跑一次"或"一次不跑"的要求相比，还有较大的差距，导致很多灵活就业人员没有需求或者有需求也怕麻烦而不愿意去公共就业服务机构，进而政府的政策无法落实，实际规模无法统计。另外，在未来一段时间内，国家不会对政策体系和框架进行大的调整，而是在原有政策体系和框架上进行修改完善。

B.12
新就业形态下"不完全符合确立劳动关系情形"探究

聂 鲲*

摘　要： 本报告论述了新就业形态下"不完全符合确立劳动关系情形"的概念性质、法律适用、发展历程、相关政策和国内外发展概况，总结了"不完全符合确立劳动关系情形"面临的主要问题，包括劳动法律制度存在短板、职业伤害保障不足、利益诉求表达渠道不畅通、平台算法还需进一步优化。结合我国实际情况，从以下方面提出"不完全符合确立劳动关系情形"的规制路径：一是妥善处理政府与市场、企业与劳动者的关系；二是健全劳动法律政策保护体系；三是使新就业形态劳动者入会，通过工会组织畅通维权渠道；四是完善行业自律机制，引导企业承担社会责任。

关键词： 新就业形态　劳动关系　非标准劳动关系

新就业形态在拓展就业渠道、激发经济活力、增加劳动者收入等方面起到重要作用，但是新就业形态劳动者面临权益保障不足等现实问题。2021年7月，人力资源和社会保障部等八部门出台《关于维护新就业形态劳动者劳动保障权益的指导意见》（人社部发〔2021〕56号）（以下简称《指导

---

* 聂鲲，中国劳动和社会保障科学研究院副研究员，主要研究领域为劳动关系、权益保障、人力资源等。

意见》），这是国家层面第一个系统规定新就业形态劳动者权益保障的政策文件，并首次提出了"不完全符合确立劳动关系情形但企业对劳动者进行劳动管理的"（以下简称为"不完全劳动关系"）的全新表述。作为新生事物，不完全劳动关系的性质、法律适用、裁判标准、矛盾纠纷处理等尚不明确，在司法层面也存在实施困境。研究新就业形态下不完全劳动关系及其劳动者权益保障是贯彻落实党的二十大精神"加强灵活就业和新就业形态劳动者权益保障"的必然选择，也是促进劳动关系和谐稳定、平台经济持续健康发展和实现更加充分更高质量就业的内在要求。

一 新就业形态下"不完全符合确立
劳动关系情形"概述

（一）"不完全劳动关系"的概念、性质及法律适用

新就业形态是指"依托互联网等现代信息技术手段，实现有别于正式稳定就业和传统灵活就业的灵活性、平台化的组织用工和劳动者就业形态"[①]，对劳动力市场产生了深远影响。根据《指导意见》第二条[②]，新就业形态分为劳动关系、不完全劳动关系、劳务关系三种类型，劳动者权益保障责任也相应地分为三种情况。其中，《指导意见》首次提出的"不完全劳动关系"，是适应经济发展需求的不同于传统雇佣模式的高度市场化的产物，表现为具有相对较强的自主性、灵活弹性的工作时间、不固定的工作场所、流动性大等特点。以美团为例，有专送骑手和众包骑手，专送骑手中既有属于传统的标准劳动关系的全日制用工，也有属于非标准劳动关系的劳动

[①] 莫荣：《新就业形态的概念、现状与协同治理》，《新经济导刊》2020年第3期。

[②] 《指导意见》第二条："符合确立劳动关系情形的，企业应当依法与劳动者订立劳动合同。不完全符合确立劳动关系情形但企业对劳动者进行劳动管理的，指导企业与劳动者订立书面协议，合理确定企业与劳动者的权利义务。个人依托平台自主开展经营活动、从事自由职业等，按照民事法律调整双方的权利义务。"

派遣用工和非全日制用工，专送骑手的权益由《劳动法》《劳动合同法》《劳动派遣暂行规定》等法律法规来保障。众包作为"不完全劳动关系"的用工类型，由于缺少认定标准，在司法实务中难以裁定和进行可操作性的法律保护。

关于不完全劳动关系的性质，我国学者各抒己见，观点不一。有的认为不是民事关系，如刘燕（2022）指出，不完全劳动关系"不是平等的民事关系，虽然劳动者工作有一定的自主性，但受平台的算法和劳动规则管理"。有的认为是劳动关系，如常凯（2022）认为，不完全劳动关系是"不符合原有标准劳动关系特征的劳动关系具体形态，或称具有新特征的新型劳动关系，其实质仍然是劳动关系，是灵活用工和新型用工的一种形式"。有的认为介于传统劳动关系和民事关系之间，如王全兴（2022）认为，"这类群体更接近于德国'类劳动者'或意大利的'准从属性劳动'关系"。有的认为是特殊用工关系，如张弓（2022）认为，不完全劳动关系是"需要适用劳动法调整的一种信息时代特殊的用工关系，适用劳动法的法律原则及部分制度规定"。肖竹（2022）认为，"要精细化处理平台劳动者的权益保障问题"。①

（二）"不完全劳动关系"的产生与发展

在工业化社会中，标准劳动关系占据劳动形态的绝对主流。直到 20 世纪 70 年代，世界经济和社会形势发生了变化，劳动等领域不得不进行改革，世界各国开始采取灵活弹性的用工形式，灵活用工成为缓解就业压力的有效措施。灵活用工的突出表现是劳动关系的非标准化，在全球供应链底层，实行短期合同和非固定工时的就业越来越普遍。20 世纪 80 年代以后，非正规就业在各行业应用广泛，国际劳工组织为保护非正规就业制定了多项公约，规范那些规避税收和社会保障的隐蔽雇佣关系。世界各国也大多采取保护措

---

① 本段的观点来自"平台用工的法律规制"暨中国人力资源开发研究会劳动关系分会 2022 年新年论坛会议。

施促进非正规就业的发展。美国劳工部制定《公平劳动标准法案》，用"双重雇主"模式规制劳务派遣用工。欧盟制定统一的劳动法，调整非标准劳动关系中雇主和雇员的利益。日本于1987年修订《劳动标准法》，1993年颁布《非全时工人法》，2003年制定《派遣工人法》和修订《劳动基准法》，都倾向于保护非标准就业劳动者的权益。印度政府尽力将非标准劳动关系纳入劳动法范畴，同时采取各种措施促进私营部门的发展，优化就业环境。

改革开放以后，非正规经济为非标准劳动关系的发展提供了适宜的土壤。20世纪90年代初期我国劳动制度的总体特点是以稳定性为主，兼具一定的灵活性。1995年《劳动法》实施后正式确立劳动合同制度，它成为规范劳动关系的主要手段。这一时期大量的国有企业职工下岗，对于解决下岗人员再就业问题，劳务派遣的用工方式发挥了积极作用。下岗浪潮之后，农民工浪潮兴起，劳务派遣、兼职、非全日制用工等灵活多样的用工得到了充分发展。灵活用工以包容性和灵活性适应了生产力发展的内在要求和产业结构的变化，满足了居民对非标准就业劳动者的市场需求，成为不可逆转的用工趋势。为了规范劳务派遣等灵活用工形式，2008年《劳动合同法》出台，劳务派遣和非全日制用工作为非标准劳动关系被纳入劳动保护范畴之内，从而解决了当时多元化用工给劳动者权益保障带来的困惑。

随着大数据、云计算、人工智能等新技术的发展，互联网平台大量涌现，非标准就业在用工规模和用工模式上得到了突破性发展，依托平台经济出现的新就业形态成为我国新增就业的重要组成部分。特别是在新冠疫情期间，新就业形态脱颖而出，成为吸纳就业的重要渠道。中华全国总工会发布的第九次全国职工队伍状况调查数据显示，目前全国职工总数4.02亿人左右，其中新就业形态劳动者达8400万人，占职工总数的21%。①

未来，随着数字经济的繁荣发展，依托互联网平台的新就业形态发展势

---

① 《全国新就业形态劳动者达8400万人》，经济网，http://www.ceweekly.cn/2023/0327/408934.shtml，2023年3月27日。

头强劲，新形态就业会向各个行业延伸，传统就业形态与新就业形态将长期共存，"不完全劳动关系"所涉及的岗位也将出现在更多的行业。到 2036 年，中国将有 4 亿人属于自由职业者，采用灵活用工形式运营的企业更是渗透到商业、物流、生活服务、商业辅助等各行业中。[①]

（三）"不完全劳动关系"的相关政策

党的十八大以来，党和政府高度重视新就业形态劳动者这类群体的权益保障问题，习近平总书记对此多次做出明确指示。2020 年 5 月，习近平总书记看望参加全国政协十三届三次会议的经济界委员并在联组会上指出，新就业形态劳动者的法律保障问题突出。同年 11 月，在全国劳动模范和先进工作者表彰大会上强调，"采取多种手段，维护好快递员、网约工、货车司机等就业群体的合法权益"。2021 年 4 月，习近平总书记在广西考察时指出，"要完善多渠道灵活就业的社会保障制度，维护好卡车司机、快递小哥、外卖配送员等的合法权益"。为落实习近平总书记重要指示精神和党中央国务院决策部署，2021 年 7 月人力资源和社会保障部等八部门出台《指导意见》，明确提出平台企业要承担相应的劳动保护责任，同时在公平就业、劳动报酬、合理休息、社会保险等方面做出了规定，还提出了要充分吸纳新就业形态劳动者加入工会。2021 年 7 月中华全国总工会印发了《关于切实维护新就业形态劳动者劳动保障权益的意见》（总工发〔2021〕12 号），9 月出台《关于推进新就业形态劳动者入会工作的若干意见（试行）》，提出了工会解决新就业形态劳动者建会入会和权益保障问题的具体措施。2021 年 7 月 16 日和 11 月 7 日，国家市场监管总局、交通运输部相继牵头印发了指导意见，从就业环境、劳动收入和劳动安全、社会保障等方面对维护外卖送餐员和交通运输新业态从业人员的合法权益提出了意见和要求。

---

① 徐新鹏、袁文全：《新就业形态下灵活就业群体劳动权益保障研究》，《中州学刊》2023 年第 1 期。

（四）"不完全劳动关系"在国外的发展

国外在平台从业人员的法律身份、法律规制等方面，目前尚未达成理论共识，也未形成一致的司法判决，"不完全劳动关系"的新就业形态劳动者权益保障在国外也处于探索和尝试中。

国外对于新就业形态劳动者的权益保障，主要有以下两种倾向。部分国家倾向"劳动二分法"，相当于我国传统的"劳动法—民法"，即新就业形态劳动者被纳入劳动法律的调整范围或者被纳入民法典的调整范围，两者的权益保障水平差距大；部分国家倾向"劳动三分法"，即主张创建第三类劳动类型及其制度，对第三类劳动者进行专门规制。第三类劳动者最早出现在德国，是指那些不在工厂组织内工作的、不具有劳动者法律地位的，却需要权益保障的类雇员。国外采用"劳动二分法"的典型国家有美国、法国、意大利等。

美国采取"雇员（employee）—独立承包人（independent contractor）"的劳动二分法。美国劳工部 2019 年 4 月在《意见书》中明确答复，在现行的劳动法、雇佣法与税法体系下，企业平台下的网约工属于独立承包人。由于涉及《公平劳动标准法案》，劳工部虽然采用经济现实标准，但是在《意见书》中主要从公司与司机的用工因素去判断，最终认定网约工属于独立承包人，这种情况下网约工很可能因权益受损而罢工抗议，产生社会矛盾。① 美国劳动关系委员会采用控制权标准，委员会总法律顾问办公室 2019 年 6 月在关于 Uber 公司的建议备忘录中指出，Uber 司机属于独立承包人。委员会认为，Uber 公司既不代扣代缴税收和社会保险费，也不提供带薪病假等福利。同时认为，公司是否对司机的自主性施加控制，才是劳动者身份认定的决定性因素，而 Uber 公司从司机的每一笔收费中收取相应费用，不能被看作公司对司机的控制。在缺少统一联邦立法的情况下，美国的判例法

---

① "California Proposition 22, App-based Drivers as Contractors and Labor Policies Initiative（2020），" Ballotpedia, https://ballotpedia.org/California_Proposition_22,_App-Based_Drivers_as_Contractors_and_Labor_Policies_Initiative_（2020）.

在很大程度上取决于个案事实以及审理案件的州。除了加利福尼亚州外，美国各州司法部门大多采用"劳动二分法"的思路，也存在以当事人和解结案的情形。

法国倾向"雇员—自雇佣者"的劳动二分法。法国最高法院于 2018 年判决外卖骑手与平台构成劳动关系，2020 年判决 Uber 司机是平台正式雇员，但是判决不等于立法，Uber 司机的处境并未发生明显变化。① 法国官方倾向将平台从业人员看作"自雇佣者"，同时赋予他们若干"雇员"的权利。法国最高行政法院、法国国家数字委员会以及 Isabelle Daugareilh 等劳动法学者均赞同"劳动二分法"，认为创造新类型的劳动者身份，会导致雇佣体制中雇员权益的受损，最终导致不正当的竞争。2020 年疫情发生之后，不少 Uber 司机希望保持自雇佣者的身份，避免在成为雇员后无法在其他领域获得收入。2016 年法国新劳动法"高姆丽法案"通过，这是欧洲第一部包含涉及平台经济/零工经济的相关法规的法律文本，赋予平台从业人员基本保障和权利。2019 年 12 月 LOM 法案通过，虽然该法案未将平台从业人员视为正式雇员，但是赋予了他们很多权利，如可以组建工会、组织罢工，并拥有接受职业技能培训、购买工伤保险等权利。② LOM 法案还规定，平台骑手和 Uber 司机等从业人员有权提前知道每一单的距离和价格，可以自由决定是否接单，而且拒绝接单不受惩罚，平台无权终止商业关系。还可自行决定上线时间和下线时间，并要求平台公开收入报酬的计算方式等。

意大利倾向"从属性劳动—自治性劳动"的劳动二分法。米兰检察官2021 年 2 月判定"外卖骑手是平台正式雇员，而不是独立劳动者"，并要求四家外卖平台企业缴纳违反劳动安全法规的罚款，在 90 天内缴纳共计7.33 亿欧元（约合 57.54 亿元）的罚款，同时要求正式雇用骑手，向他们

---

① 《法国早已判定优步司机为雇员，平台劳工处境为何依旧》，百度百家号（澎湃新闻），https：//baijiahao. baidu. com/s? id=1693198111063967107&wfr=spider&for=pc，2021 年 3 月 3 日。

② https：//www. nytimes. com/2020/07/28/business/economy/lyft-uber-drivers-unemployment. html.

提供安全的自行车、事故补偿、劳动合同以及培训等工作保障。这四家平台约有 6 万名骑手。但是判例终究不等于立法，骑手的法律身份仍然是争论的焦点，对于平台从业人员的法律身份并未形成共识。意大利曾经探索过劳动三分法，但是未获成功，目前还遗留了部分中间形态的情况。①

国际劳工组织（ILO）将处于中间形态的用工形式称为"依赖性自雇佣"（dependent self-employment）。② 这类劳工在各国的称呼不同，如英国的"工人"③、德国的"类雇员"、西班牙的"经济依赖性自雇佣者"、加拿大的"从属承包人"等。国外采用劳动三分法的典型国家或地区有德国、美国加利福尼亚州、英国、西班牙等。

德国采取"雇员—类雇员—自雇者"的劳动三分法。"类雇员"起源于德国，1974 年在《集体协议法》中引入第三类人群"类雇员"的概念。1869 年德国家内工作者提出，在劳动报酬上使家内工作者获得与雇员同等的保护；1911 年德国通过《家内工作法》，实现对家内工作者的权益保障。1923 年《劳动合同法》草案将类雇员与雇员同等对待，但是该法案没有通过，最终通过程序法为这类群体提供了救济渠道。德国有多个保护类雇员权益的法案，1926 年《劳动法院法》首次对类雇员做了规定，明确劳动法院对类雇员相关争议的管辖权。随着类雇员用工状况的多样化复杂化，德国采取单项立法的方式，在《兼职和固定期就业法》《联邦休假法》《劳动保护法》《集体协议法》等规定类雇员的权益保障事项。类雇员的法律保护有三类。一是类雇员的专门法律规则，如《联邦休假法》规定，每年享有至少 24 个工作日的带薪休假，以及适用于《集体协议法》《职业健康和安全法》

---

① https：//www.euronews.com/2021/02/25/italy-warns-riders-treated-like-slaves-by-food-delivery-firms.
② "Non-standard Employment Around the World：Understanding Challenges，Shaping Prospects，" International Labour Office，Geneva，2016，pp.21-220
③ worker（工人）的法律定义来源于 1996 年颁布的《就业权利法》（*Employment Rights Act 1996*）中的第 230（3）条，worker 是指：（a）在劳动合同下工作的人；（b）无论是以明示还是暗示，口头还是书面，与另一方缔结亲自承担或履行任何工作或服务合同的个人，同时另一方不是个人所从事的事业或职业的委托人或顾客。参见：林欧《英国网约工劳动权益保障的思路、困境及启示》，《中国人力资源开发》2019 年第 4 期。

《社会法典》中有关意外保险的特别调整。二是针对类雇员中的特殊群体，包括家内工作者的特殊规则。三是适用于包括类雇员在内的所有劳动者，如民法典中的雇佣合同规则。

美国加利福尼亚州采用"雇员—需要报酬和其他福利保护的自雇者—自雇者"的劳动三分法。2019年9月加利福尼亚州议会通过《AB5法案》，认定网约工和企业构成劳动关系①，并推出新的劳动关系认定标准。但是这项改革导致很多公司纷纷解除合同，大量的灵活就业人员由此失业。在此压力下，法院不得不规定复杂的豁免适用情形，但是争议仍然很大。平台企业为了获得《AB5法案》的豁免资格，不断调整用工模式，如Uber、Lyft和DoorDash三家知名平台公司提出妥协方案。一是使网约车司机能够自主选择工作时间和地点，以及具有在多家平台工作的权利。二是按照加利福尼亚州最低工资标准计算，公司将支付120%的小时最低工资，并提供每英里30美分的油费和维修费用补助。三是公司为每天工作15个小时以上的司机提供《平价医疗法案》（*Affordable Care Act*）中所规定的相应的健康补贴。此外，还为司机提供职业伤害保险（occupational accident insurance）。四是公共安全，包括公司对网约车司机的背景调查和强制性的安全培训，对酒精和毒品犯罪的零容忍，以及规定网约车司机开车时长的上限②，以避免疲劳驾驶。直到2020年11月，加利福尼亚州以全民投票方式决定网约车司机是"应予以工资和福利保障的独立承包人"，第三类主体由此产生，加利福尼亚州扩大劳动法适用范围的改革失败。③

英国采用"雇员—工人—自雇者"的劳动三分法。2016年，英国发生了第一起Uber司机案，James Farrar和Yaseen Aslam等25名Uber司机提起诉讼，认为Uber企业控制了他们的报酬、派单、接单等各种工作条件，因此向法院提出补偿要求。该案屡经上诉，持续了5年之久，终于在2021年

---

① Dynamex Operations West, Inc. v. Superior Court of Los Angeles 案件。
② 柯振兴：《美国网约工劳动关系认定标准：进展与启示》，《工会理论研究》2019年第6期。
③ https://www.bloomberg.com/news/features/2021-02-17/gig-economy-coming-for-millions-of-u-s-jobs-after-california-s-uber-lyft-vote.

2月英国最高法院判决 Uber 司机是第三种法律身份"工人"（worker），明确要保障其权益底线，而平台企业不能以他们是自雇者为由加以拒绝。这一判决引起了国际关注，被视为英国 Uber 司机的阶段性胜利。Uber 公司在英国约有6万名司机，其中约4.5万名在伦敦，理论上 Uber 司机能够获得工人身份并得到相关补偿、最低工资和带薪休假等，此案将对各类型零工经济工人（gig economy workers）产生重要影响，尤其是外卖送餐人员。1992 年英国颁布《工会和劳动关系（合并）法》[Trade Union and Labour Relations（Consolidation）Act]，明确采用"工人"（worker）这一概念，规定工人有参加工会和集体谈判的权利。此外，还颁布了工人的相关立法，如《国家最低工资法》《工作时间条例》等，规定工人享有参加工会、集体谈判、最低工资、带薪年休假、防止非法歧视等权利。①

西班牙倾向"雇员—经济依赖性自雇佣者—自雇佣者"的劳动三分法。2007 年，西班牙立法机构颁布《自雇佣劳动者法》（Self-employed Workers' Statute），该立法规范了所有形式的自雇佣工作，填补了西班牙对"经济依赖性自雇佣者"这类群体进行规制的空白。经济依赖性自雇佣者的权利包含和超出自雇佣者的权利，享有最低工资、集体谈判、带薪年休假、因合同不当被解雇而获得赔偿的权利，以及享有强制仲裁等权利。2021 年 3 月，西班牙出台首部《骑手法》，规定骑手的法律身份是雇员，但是引起了较大争议，部分骑手表示立法后工作时长被限制，自身收入受到影响等。② 目前，西班牙最高法院还未对平台从业人员做出判例，案件大多停留在一审中。

总体来看，无论是"劳动二分法"还是"劳动三分法"，这类群体权益保障的关键都是法律身份的判定标准和相应的权益保障措施。与我国更侧重"人格从属性"不同，国外典型发达经济体主要以"经济依赖性"为认定标

① 《新经济新业态平台用工下，"第三类关系"为劳动者开辟新路径》，百度百家号（CCPA 薪税师），https：//baijiahao.baidu.com/s？id = 1718660983421167300&wfr = spider&for = pc，2021 年 12 月 9 日。

② 《灵活就业保障政策的国际经验及我国实践情况》，原创力文档，https：//max.book118.com/html/2022/0410/6215234104004133.shtm，2022 年 4 月 12 日。

准，虽然经济依赖的比例等标准尚未统一。在权益保障方面，大多集中在集体劳动权、事故的补偿、带薪年休假、合同终止的提前通知等少量的劳动标准内容。这些规定是否适用于我国的情况还需要审慎对待，不能贸然推进。

（五）中国"不完全劳动关系"的现状

我国新就业形态的就业规模、分布行业、服务覆盖范围等在国际居于前列。最新调查数据显示，我国新就业形态劳动者以男性为主，占比在七成以上。年龄结构以"80 后"和"90 后"为主，本地户籍的劳动者居多，高中学历的占比约为一半。月收入在 3000~5000 元的新就业形态劳动者约占一半，5000~8000 元的约占三成。每月平均工作 25 天以上的比例为 62.96%，每周平均工作 40 个小时以上的比例为 58.5%。有 36.3% 的新就业形态劳动者与平台企业签订了劳动合同。大部分新业态企业为新就业形态劳动者缴纳人身意外险，用于意外事故赔付。[①] 中华全国总工会第九次全国职工队伍状况调查中的新就业形态劳动者网络专项调查显示，未参加任何形式社会保险的占比为 23.6%，外地流动人口的未参保率为 30%，工伤保险的参保率为 12.8%。[②]

二 新就业形态下"不完全符合确立劳动关系情形"存在的主要问题

（一）劳动法律制度存在短板

"不完全劳动关系"的新就业形态劳动者权益难以保障的重要原因在于劳动关系认定难和缺少有效的制度供给。我国现行的劳动法律是以工业社

---

① 《7000 余份调查问卷！将新就业形态劳动者吸引过来、组织起来、稳定下来》，《工人日报》2023 年 3 月 29 日。
② 《加快探索新就业形态劳动者权益保障新途径》，腾讯新闻，https://view.inews.qq.com/wxn/20230310A02NS500？web_ channel=detail&originPath=q，2023 年 3 月 10 日。

会的标准生产关系为基础进行制度设计的，难以适应数字经济时代用工形式灵活化、复杂化、多元化的趋势。原有的劳动关系认定标准无法准确适用于依托互联网平台就业的新就业形态劳动者。如果用《民法典》《合同法》进行调整，会造成权益保障的缺位；如果纳入传统劳动法律中按照全日制劳动关系进行保护，也有失公平；如果认定为"不完全劳动关系"，还缺少相应可操作性的法律规制。《指导意见》规定，根据用工事实认定企业和劳动者的关系。在司法审判实践中通常根据个案情况具体分析，一案一判。

（二）职业伤害保障不足

新就业形态劳动者的职业风险较高，容易遭遇交通等意外事故，司法裁判中大多认为平台与从业人员之间不存在劳动关系，风险带来的后果全部由个人承担。有些平台企业为新就业形态劳动者购买意外伤害险等商业保险，但是对于严重伤害，保护作用有限，理赔程序也较复杂。为此，2022年7月人力资源和社会保障部在北京、上海、江苏、广东、海南、重庆、四川启动新就业形态劳动者职业伤害保障试点。但是从试点情况来看，尚未达到政策效果。

（三）利益诉求表达渠道不畅通

当出现矛盾纠纷时，"不完全劳动关系"的新就业形态劳动者缺少组织帮扶，是矛盾纠纷难以解决和权益维护难以实现的重要原因。而传统的企业集体协商机制、企业内部调解组织、企业劳资协商会、企业职工代表大会等制度机制不完全适用新就业形态下的矛盾纠纷处理。同时，近年来出现的网络信息安全问题大大增加了劳动监管方面的难度，劳动保障监察、劳动仲裁也面临法规依据不足的问题。虽然劳动者可向客服或在微信公众号投诉，但是难以引起平台重视和得到解决。通过司法手段维权，面临法律知识欠缺、取证困难、费时耗力等问题。美团等平台企业对此给予回应，开始重视骑手的利益诉求，通过设计客户投诉的30余种场景，梳理相应的应对策略，不断提高矛盾纠纷的处理率。

（四）平台算法还需进一步优化

新就业形态劳动者的平均工作时间较长、工作强度较大。以快递、外卖、网约车为代表的新就业形态主要集中在批发/零售业、住宿/餐饮业、交通运输/仓储/邮电运输业，这些行业是我国平均工作时间靠前的行业。平台企业在算法设计中不断挑战劳动者的身体极限，而劳动者只能通过增加工作时间和接受高强度劳动，来获得较高收入。部分平台企业对"算法取中"给予了积极回应，如美团等平台企业多次对算法进行优化，保证了时间的弹性，提高了接单送单的效率；骑手则通过短暂休息减少身体过度疲劳可能引发的意外交通事故或疾病。

三 新就业形态下"不完全符合确立劳动关系情形"的主要规制路径

（一）妥善处理政府与市场、企业与劳动者的关系

一是既要保护新就业形态劳动者权益，又要考虑中小微企业的平稳发展。当前国际环境复杂多变，国内经济仍面临下行压力，就业形势依然严峻，只有保住企业，才能提供更多的就业岗位。对于大型平台企业，要引导它们提升劳动者权益保障水平；对于中小微企业，政府要给予一定时期的政策和资金扶持，使市场主体在发展的基础上，能够提供更多的岗位和加强对劳动者权益的保护。

二是既要重视市场在资源配置中的决定性作用，又要发挥政府的支持、引导、规范和兜底作用。新就业形态是市场经济选择的结果，尽管存在风险较高、工作强度大、社会保障不足等问题，但是劳动者看重工作时间自由、超过市场一般水平的收入、门槛低、多劳多得等因素，就业规模也证明了新就业形态符合经济社会的发展趋势。因此，要"顺势而为、补齐短板"，以"鼓励创新、包容审慎"为原则，发挥政府恰如其

分的职能作用，为新就业形态的发展创造成熟的市场环境和亲民的营商环境。

（二）健全劳动法律政策保护体系

一是对于"不完全劳动关系"的新就业形态劳动者，既要避免保护不到位，又要避免过度保护，增强保护体系的合理性和可操作性，以此满足劳动力市场的不同需求和在各种就业形态之间达到平衡。不完全劳动关系的新就业形态劳动者由于从属性相对较弱，在权益保障和缴费方面的标准要低于具有劳动关系的劳动者。

二是要明晰新就业形态劳动者三种类型的边界（见图1），明确新就业形态劳动者的法律地位，完善劳动关系认定标准。可借鉴国内外经验，总结诉讼案例，对各项因素分级分类和赋值，形成可操作性的劳动关系认定标准和裁判依据。会同最高人民法院联合发布新就业形态争议典型案例，统一新就业形态争议裁审尺度。

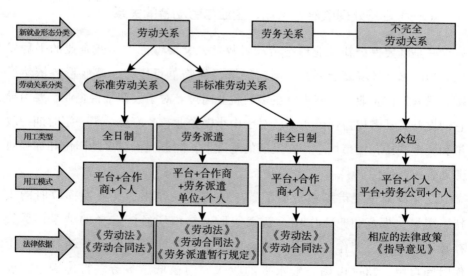

图1 新就业形态的分类、用工类型与模式及法律依据

三是进一步推进职业伤害保障试点工作，明确缴费承担责任主体和缴费区间，总结试点经验并向全国推广，适时制定完善有关职业伤害保障的部门性、行业性规章，使具有"不完全劳动关系"的新就业形态劳动者获得保障。

（三）使新就业形态劳动者入会，通过工会组织畅通维权渠道

一是进一步畅通网上入会渠道，提供更便捷的服务。可在手机微信端开发新就业形态劳动者等群体的入会小程序，通过微信扫码和信息填写，只需简单操作几步，即可成为工会会员，目前不少地区支持便捷的网上入会渠道。据统计，截至 2022 年 6 月底，全国工会新发展新就业形态劳动者会员 687 万人。[①]

二是搭建数字化沟通表达渠道。在遇到矛盾纠纷时，新就业形态劳动者可以通过手机第一时间找到工会组织，工会组织要听取新就业形态劳动者的诉求和意见建议并加以反馈，同时提供法律援助，包括法律咨询、协商调解、仲裁诉讼代理等，实现线上线下工作的有效衔接，打通申诉机制不畅通的堵点。

三是充分发挥工会组织的维权作用。通过开展行业集体协商，加深相关利益方的理解并使之达成共识，补齐法律短板；工会组织积极向有关政府部门建言献策，适时参与推动相关法律政策的修改完善，从源头上维护劳动者权益；通过各种宣传工具，提供惠民利民政策解读、法律宣传、就业培训等。

（四）完善行业自律机制，引导企业承担社会责任

一是树立社会责任理念，引导企业承担社会责任。社会责任是 2022 年第一季度财报中很多互联网平台企业提及的字眼，不少平台企业摒弃只顾眼前利益的传统经营理念，在疫情期间积极进行抗疫保供和增加就业岗位，赢

---

① 《"工会 2022"年终盘点｜把新就业形态劳动者"请进家"》，百度百家号（中工网），https：//baijiahao. baidu. com/s？id＝1753707487510958447&wfr＝spider&for＝pc，2022 年 12 月 31 日。

得了良好的企业形象和社会信誉。2023 年 1 月起，京东集团 2000 多名高管被集体降薪 10%～20%，同时给基层员工"五险一金"的保障、购房无息贷款的提供和薪资福利的增长①，这是企业积极履行社会责任的表现，也是实现共同富裕和高质量发展的创新举措。

二是加强行业自治和监督。加强企业联合会、企业家协会、工商联等新业态行业组织建设，行业工会与新业态行业组织协商确定劳动者的权益保障措施，包括算法优化、休息休假、劳动报酬、劳动安全、社会保障等，完善行业自律机制，引导企业履行社会责任。

---

① 《2000 多名高管降薪！京东也有难言之隐?》，百度百家号（香港财华社），https：//baijiahao. baidu. com/s？ id＝1750216455851260134&wfr＝spider&for＝pc，2022 年 11 月 23 日。

技能培训篇

Reports on the Vocational Training

B.13
工学一体化技能人才培养模式构建与实践

陈李翔*

摘　要： 以数字技术和绿色经济为主要形态的新一轮产业变革正在深刻地影响工作组织的演变。新技术和新经济推动新职业不断涌现，促使传统职业持续转型。同时，数字技术和绿色经济正在改变工作现场对劳动者职业能力的要求，具备数字化能力的新型劳动力正在快速形成，绿色技能正在成为每一个劳动者工作技能的一部分，过程技能与职业素养将成为对抗未来工作世界不确定性的有效工具。因此，应当分别从基础条件、关键机制以及主要支撑方面开展基于工作现场和职业生涯的工作分析、推动基于人才培养过程的产教融合以及加强"双师型"教师队伍，以推进工学一体化技能人才培养模式，增强职业教育的就业适应性。

关键词： 工学一体化　技能人才培养　职业教育　职业培训

---

* 陈李翔，中国职业技术教育学会副会长，主要研究领域为职业分类和人才评价等。

产业工人队伍特别是高技能人才队伍是社会生产力的主要代表，是建设现代经济体系的核心基础。面对百年未遇之大变局和向"第二个百年目标"进发的新征程，这支队伍的建设面临新的机遇和挑战。当前，在创新驱动的发展战略引导下，数字化、绿色化的产业转型已进入关键时期，劳动者的职业发展专业化方向从以垂直为主开始转向横向复合，构建技能社会已经成为我国经济转型的必然要求。2022 年 9 月，人力资源和社会保障部等三部门联合发布《中华人民共和国职业分类大典》（2022 年版），这是整体反映我国当前工作世界变化的一个重要载体，并将对今后一个时期人才需求起到重要的引导作用。因此，改革职业教育和培训体系势在必行。

一 新型职业涌现和传统职业转型是当前工作世界变化的主要趋势

数字技术正在快速改变产业形态。在制造业中，企业生产方式向网络化和智能化方向转型，促使工作组织在平台化和虚拟化方向上迅速改变，生产服务化带动产品端朝定制化和个性化方向不断演进。这种变化直接导致就业形态产生变化，并创造了许多新的工作需求和新的就业机会。

（一）新技术和新经济推动新职业不断涌现

经济形态和就业形态的发展变化具有很强的创造效应，直接改变了人们的生活、学习与工作方式，引发了社会分工体系的重构，新的职业形态不断涌现。为了适应这一变化，国家开始探索建立新职业动态发布机制，并形成从观察申报到论证发布的工作规则。从 2019 年到 2022 年，人力资源和社会保障部等部门先后联合发布的新职业共计 74 个。在这些新职业中，主要是与数字技术应用、绿色经济以及健康、休闲和生活服务发展变化相关联。总结近年来新职业发布情况，我们大体可以看到目前新职业的形成机制主要包括以下方面。

第一，技术进步和创新驱动。新的技术和创新的应用给工作世界带来了新的需求和机会。随着技术发展与应用的不断演化，新的行业和职业相继涌现，如人工智能、大数据分析、区块链等领域的工程技术人员，以及商务数据分析师、数字化解决方案设计师等数字化专业服务人员。

第二，社会发展和经济转型。社会经济的变革和需求的改变也推动了新职业的形成。随着社会结构的变化、人口结构的调整以及新兴产业的兴起，对不同类型的人才和职业的需求也在不断变化。比如，社会治理的现代化推动了对基层治理的专业化需求，由此产生了政务服务办事员、城市管理网格员等新职业。

第三，环境和可持续发展需求。对环境保护和可持续发展的需求推动了绿色经济和相关领域的发展，从而催生了一批新的绿色职业，如农业经理人、农业数字化技术员、煤提质工、管廊运维员等。

第四，社会需求和服务创新。随着社会需求的不断变化和新的服务模式的出现，特别是数字化消费模式的快速发展，新的职业和工作方式产生。例如，共享经济和平台经济的兴起催生了一些新的职业，如全媒体运营师、互联网营销师、网络配送员等。

随着新职业不断涌现，在规模发展到一定数量之后，它们就会引起职业分类结构的调整需求。2022年版职业分类大典共收录职业1639个，相较于2015年版新增职业168个。

（二）新技术和新经济促使传统职业持续转型

从本次职业分类大典的重修中，我们可以看到新技术的应用和新经济形态的发展对工作世界产生了重大影响，引起许多传统职业出现转型，主要体现在就业机会变化、跨界融合需求、新职业涌现和终身学习的重要性等方面。这也提示人们需要持续关注技术的发展趋势，并不断提升自身的技能和适应能力。

第一，自动化和智能化的技术替代。新技术的发展使得许多传统工作可以被自动化或智能化取代，从而导致一些就业机会减少。例如，自动化生产线取代了部分人工操作，人工智能代替了某些重复性的知识型工作。

第二，跨界融合和创新需求。新技术的应用使得不同领域之间的融合更加紧密，需要更多具备跨领域知识和技能的人才。同时，新技术也带来了新的工作方式和需求，需要创新思维和解决问题的能力。

第三，新职业和新就业机会的出现。新技术的应用催生了一批新的职业和工作机会，特别是在数字经济、互联网技术、人工智能等领域。例如，数据分析师、虚拟现实设计师等新型职业逐渐成为热门。

第四，终身学习和技能更新的重要性。新技术的快速发展要求人才具备持续学习和更新技能的能力。工作者需要不断学习新的技术和知识，以适应技术发展的需求。

二　数字技术和绿色经济正在改变工作现场对劳动者职业能力的要求

数字经济和绿色经济是当今全球经济发展的两大重要趋势。数字经济以信息技术为基础，促进了各行各业的数字化转型，而绿色经济则注重可持续发展和环境保护。这两种经济形式的崛起对工作世界产生了深远的影响。我们从对近30年人力资源市场的持续调查和分析中发现，对以体力和人工操作为主的技能的需求在快速下降，对以重复性工作为主的规则性认知技能的需求也在不断下降；与此同时，对社交和情感沟通、复杂性沟通和专业性思考等技能的需求持续攀升，对基于信息通信技术的实践技能的需求也在快速增长。

（一）数字技术对工作世界的影响导致正在快速形成具备数字化能力的新型劳动力

在过去十几年里数字技术对工作方式产生了巨大的影响。数字技术改变工作方式主要表现在以下几个方面。

第一，远程办公将推动更具弹性和灵活性工作发展。数字技术的发展使得越来越多的职位可以在家办公或者远程工作。通过互联网、协作工具和云计算等技术，员工可以随时随地与同事协作、交流和完成工作任务。这种灵活的工作方式减少了通勤时间和突破了地理限制，提高了工作的效率和生产力。

第二，团队协作与人际沟通方式持续变革。数字技术使得团队成员之间的沟通更加便捷和高效。电子邮件、即时通信工具、在线会议软件等协作工具的使用，让团队成员可以实时交流、共享文件和合作解决问题，不再受制于时间和地域。这样的工具降低了沟通成本，并促进了协作和团队合作。

第三，自动化和智能化技术形成较大规模的工作替代和流程再造。数字技术的发展也带来了自动化和智能化的工作方式。自动化技术如机器人和自动化流程系统可以替代重复性、烦琐性工作，提高生产效率和增强生产的准确性。而人工智能和机器学习等技术的应用，则可以对大数据进行分析和处理，从中提取出有价值的信息，帮助团队在工作过程做出更明智的决定。

第四，数据驱动改善决策过程并有效提升决策效率。数字技术使得数据的采集、存储和分析变得更加容易和准确。通过大数据分析和业务智能工具，企业可以获得更全面的数据洞察，以数据为基础做出决策。这种数据驱动的决策可以提高企业的竞争力和创新能力，使工作更加科学和高效。

第五，跨界合作推动更广泛的融合创新。数字技术打破了传统行业之间的横向壁垒，促进了跨界合作和创新。通过互联网和移动技术，不同行业的企业和个体可以更加容易地进行合作和交流，共同解决问题和创造价值。这种跨界合作和创新带来了新的商业机会和就业需求。比如，在智能制造的发展中，规则性的加工操作将逐步被工业机器人替代，使得现场管理包括工艺管理、系统集成、质量管理、产线运维等工作变得越来越重要，这些工作正在融合发展为产线现场工程师、产线工艺管理技师、产线系统集成工程师和产线运维技师等新型职业。

总体而言，数字技术改变了工作方式，使劳动者的工作视野更为宽广且具深度，工作过程变得更加灵活、高效、智能化并富有体验感。它推动了工作模式的转型，促进了全球范围内的数字化转型和产业升级。数字技术的应用凸显数字技能的工作价值，在未来的工作世界里，如果劳动者不具备数字技能，就意味着在自己的职业生涯中横亘着一条"数字鸿沟"。数字技能的

核心并不是专业性的数字技术应用能力，而是数字技术条件下的思维模式和行动策略。通用性的数字技能主要是反映劳动者在数字技术条件下的工作方法和应用策略：一是以数据采集、处理与呈现为基础的工作方法，二是以网络连接、分享和安全为基础的工作策略。具体来讲，数字技能主要包括数据处理、数字情景中的人际沟通与团队合作、数据内容的呈现与表达策略、确保工作中的数据与网络安全策略、数字化工作场景中解决问题的方法以及以工作需求为基础的数据应用等。

2022 年版《中华人民共和国职业分类大典》首次引入了"数字职业"的描述指标，并标识了 97 个数字职业，占职业总数的 6%，以展示数字经济发展中人力资源数字化转型的程度。在更广义的工作世界里，未来最有价值的工作技能可能表现在数字技能与艺术素养（泛指文学艺术与体育等素养的集合）融合领域。在数字化的工作世界里，人类的情感与价值观正在成为我们工作创造力最重要的一部分。因此，从这个意义来讲，数字技术将帮助我们更好地找到自己。

（二）绿色技能正在成为每一个劳动者工作技能的一部分

绿色经济的兴起创造了更多环保类职位。可再生能源技术和环保工程师、可持续发展策划师等职位需求急剧增长。我国政府的"双碳"目标以及可持续发展战略的实施推动了绿色产业的发展，更多的企业开始重视环境保护和可持续经营，因此与环保相关的人才需求也越来越大。从 2015 年以来，《中华人民共和国职业分类大典》共标识绿色职业 134 个，占职业总数的 8%，涵盖绿色服务、生态环境产业、基础设施绿色升级、节能环保产业、清洁能源产业和清洁生产产业等绿色经济领域。绿色经济的发展不仅提供了更多工作机会，还创造了新的领域和需求，推动了就业结构的转型和升级。绿色经济的发展正在快速形成低碳环保的工作文化，绿色企业更加注重环保意识和环境责任，推崇绿色生产和生活方式。这种产业文化的兴起影响着企业的组织结构和员工的价值观念。绿色经济的兴起还促进了企业之间的合作与联盟，对实现资源共享和环保目标的共同追求。

　　绿色经济的发展需要具备绿色技术和可持续发展知识的人才。劳动者需要持续学习和更新与绿色工作方式相关的技能和知识，以适应新兴绿色产业的需求。绿色经济的推动离不开创新思维和解决问题的能力。劳动者需要具备开放、创新和解决问题的思维方式，能够在绿色经济领域找到新的解决方案。绿色经济的发展需要跨学科的合作，劳动者需要具备与不同领域专家进行良好沟通和合作的能力，促进知识和经验的共享。绿色经济涉及复杂的环境和社会问题，劳动者需要具备综合分析和评估的能力，能够有效评估绿色项目的可行性和影响。绿色经济的发展需要倡导可持续发展理念，劳动者需要具备社会责任感和可持续发展意识，能够在工作中积极推动环境保护和资源可持续利用。总之，绿色经济的发展对人力资源提出了更高的要求，需要具备绿色技术和知识、创新思维、跨学科合作和沟通能力、综合分析和评估能力，以及社会责任感和可持续发展意识。

　　基于此，我们意识到未来工作中绿色技能的价值。所谓绿色技能是指促进可持续和资源节约型社会形成与发展所需要的知识、技能、方法和价值观，主要包括以下几个方面：可再生能源利用，包括太阳能、风能、水能等可再生能源的开发、利用和管理技能；能源效率提升，涉及提高能源利用效率的技能，包括节能技术、能源管理和优化等；环境监测与评估方法，包括环境污染监测、生态系统评估、环境影响评估等技能；绿色建筑与设计方法，包括绿色建筑材料与技术开发、建筑节能设计、可持续城市规划等技能；循环经济与废物管理策略，涉及资源循环利用、废物处理与管理的技能；生态农业生产与经营，包括有机农业、生态养殖、农村可持续发展等技能；可持续交通规划与应用，包括公共交通系统规划、智能交通管理等技能。

　　绿色技能不只是表现在高新技术行业，也不仅仅是能源与交通、农业与生物等领域的专业人士才需要具有的技能，而是各行各业劳动者都需要拥有的技能。青年就业者需要以更加积极的学习心态不断打造自己的绿色技能，以服务于不断绿色化的经济和社会活动，推动人与自然和谐共生。绿色技能

的培养为人才提供了更多的就业机会，尤其是在绿色产业和可持续发展领域。从人力资源市场的反馈中我们发现，具备绿色技能的人才在求职市场上更具竞争力。绿色技能的培养将进一步促进创新能力的提升，具备绿色技能的人才，在绿色经济领域可以创造性地找到新的解决方案；绿色技能的培养使人才更加关注环境保护和可持续发展，增强了劳动者的社会责任感和可持续发展意识；绿色技能的培养涉及多个领域的知识和技术，可以有效地促进跨学科合作和沟通能力的提升。

（三）过程技能与职业素养将成为对抗未来工作世界不确定性的有效工具

相对于工业社会的人力资源而言，数字社会和不断绿色化的社会中，人力资源的能力要求会具有更强的不确定性，快速的技术迭代正在强化这一趋势。另外，机器学习技术的快速发展加强了智能技术对经济社会的广泛渗透，传统知识的易得性和传统技能的替代性正在快速解构人力资源的能力。过程技能和职业素养已经成为劳动者应对技术浪潮的关键能力，并为职业教育教学改革指明了方向。

一般而言，过程技能包括认知和元认知技能、情感和社交技能、技术和实践技能以及创新和推动变革技能。如今，科技的迅猛发展已经成为社会的常态。新兴技术如人工智能、大数据、区块链等正在以前所未有的速度改变着我们的生活和工作方式。在这个快速变革的时代，过程技能作为一种重要的技能集合，在这一过程中扮演了关键角色。首先，过程技能具备灵活性和适应性。新技术的引入常常需要企业或员工进行相应的调整和转变。过程技能的持有者通常具备灵活的思维和较强的适应能力，能够快速理解并应用新技术，帮助企业实现平稳转型。其次，过程技能强调问题解决的策略和方法。在技术变革的过程中，常常伴随一系列的挑战和问题。过程技能的持有者在实践中积累了丰富的经验和知识，具备解决问题的能力，能够在技术变革中迅速找到合适的解决方案。同时，过程技能注重团队合作和沟通能力。科技变革不仅仅是技术上的改变，更是对组织和团队的要求。过程技能的培养强调团队合作和沟通，使团队成员能够更好地协作，共同应对技术变革带来的挑战。通过培养过程技能，企业可以帮助员工提高个人素养和技能水平，提供发展机会和职业规划，激发员工学习的动力和积极性。技术迅速变革常常伴随业务模式和组织结构的调整。过程技能使人力资源能够更好地适应企业的变革需求，帮助企业进行创新和转型，提高竞争力。在技术迅速变革的时代，过程技能对于人力资源开发具有巨大的价值。为了有效培养过程技能，需要建立全面的培养系统，提供多样化的培养机会，注重实践和经验积累。只有如此，才能更好地适应技术变革的需求，实现人力资源的全面发展。

过程技能也是发展劳动者职业素养的基础。劳模精神、劳动精神、工匠精神的总和是新时代劳动者的职业精神；诚信意识、责任意识、质量意识、安全意识构成了劳动者的职业意识；贯穿劳动者日常工作中可迁移的工作策略和方法就是职业核心技能。世界技能组织从 2013 年开始，在《竞赛规则》中引入"跨领域技能"的概念，以反映技术和经济世界对"关键技能"和职业素养的要求，并要求在所有竞赛项目的设计上都将这些跨领域技能融入具体的工作内容和工作过程之中，并通过具体的工作行动进行有效评价。这些技能包括工作组织和（自我）管理、（信息）沟通和人际交流、解决问题、创新和创造等，工作世界的实践证明这些跨领域技能对从业人员的业绩有着重要的基础性影响。

对于职业教育与培训而言，当前需要着力解决的问题是如何在学习过程中有效地发展人力资源中最具价值的能力。传统的以教师为中心的集中式学习方式已经难以适应能力发展的需要，需要我们从培养模式、培养机制、课程设计、学习方法、学习环境等各个方面进行改革，以适应这一轮技术和经济世界变革的浪潮。重修的《职业教育法》顺应这一变化，明确提出职业教育是"为了培养高素质技术技能人才，使受教育者具备从事某种职业或者实现职业发展所需的职业道德、科学文化与专业知识、技术技能等职业综合素质和行动能力而实施的教育"。这一表述明确将职业综合素质和行动能力的发展作为职业教育的目标。

三　推进工学一体化技能人才培养模式，增强职业教育的就业适应性

党的二十报告明确要求深入实施人才强国战略："加快建设国家战略人才力量，努力培养造就更多大师、战略科学家、一流科技领军人才和创新团队、青年科技人才、卓越工程师、大国工匠、高技能人才。"人才和大师都是以职业的方式存在的。我们应该注意到，技术变革和经济转型对工作世界产生了重大影响，职业分类的变化对人力资源的供给提出了新的要求。从某种意义上说，当前人力资源开发面临的挑战主要表现为知识和技能的供给明显落后于产业升级和技术发展的需求，这既包括新职业的人才紧缺问题，也包括数字技能和绿色技能的短缺。技能替代、技能更新与技能融合并存发展的态势，将加剧人力资源开发在内容供给和学习方式上的挑战。

最近 15 年来，以技工教育为代表的部分职业院校一直在探索发展学生的综合职业能力。它们的实践告诉我们，实施工学一体化培养模式，是发展劳动者的职业综合素质和行动能力，实现职业教育"就业导向"的重要途径。2022 年，人力资源和社会保障部印发了《推进技工院校工学一体化技能人才培养模式实施方案》（人社部函〔2022〕20 号），确定："工学一体化培养模式是依据国家职业技能标准及技能人才培养标准，以综合职业能力培养为目标，将工作过程和学习过程融为一体，培育德技并修、技艺精湛的技能劳动者和能工巧匠的人才培养方式。"该实施方案就课程标准、教学资源、教学场地、师资队伍和校企合作等方面进行了规范。同年，中共中央办公厅、国务院办公厅联合印发的《关于加强新时代高技能人才队伍建设的意见》明确提出"在技工院校中普遍推行工学一体化技能人才培养模式"。之后，人力资源和社会保障部又编制印发了《国家技能人才培养工学一体化课程标准开发技术规程》。

（一）基于工作现场和职业生涯的工作分析是构建工学一体化技能人才培养模式的基础条件

实践证明，工学一体化技能人才培养模式是将产业需求贯穿培养过程的有效途径。实施这一模式的关键是从工作出发，用工作过程重构知识、技能和素养要求。因此，有效的工作分析是实施这一模式的基础条件。

职业分类和职业标准是反映各职业工作信息和能力要求的规范性文本，对职业教育教学具有巨大的参考价值。职业分类大典中，中类和小类信息一般可以反映行业从业人员的基本分类，它们可以为职业院校在专业和专业群建设中增强产业适应性提供搜寻工具和评价基准。大典中各职业的具体描述，包括职业定义、主要工作内容和所包含工种信息，可以为职业院校开发教学标准和开展教学设计提供具体的工作和岗位信息。大典的描述信息由于来自各行业专家的职业观察与分析，可以较好地帮助教师理解各专业所包含的职业岗位和具体任务，并为进一步分析知识和技能要求提供支持。依据职业分类编制出来的国家职业标准，也是职业院校教师理解各职业工作任务与工作过程的重要参考。职业标准文本包含各职业对人力资源的基本要求特别是工作要求。由于这些信息直接来自对企业行业的真实工作分析，其中的能力分级也大体能够反映出该职业从业人员的生涯发展历程。当然，职业标准也有不足，主要是一方面其普适性要求在一定程度上影响到它与具体企业应用的差异性，另一方面现行职业标准尚不能快速地反映技术迭代对能力要求的动态性，但教育培训机构可以借鉴这种工作分析的方法来支持课程设计与教学。

当然，职业院校具体开发课程和实施教学所需要的工作信息必须基于产业现场的工作场景和有经验从业人员的职业生涯发展进行扎实的工作分析。一是通过系统性的企业行业调查，确定专业和专业群的人才培养规模与能力层次。二是组织针对本专业的职业面向中有经验的实践专家的结构性访谈，分析其职业生涯发展中胜任工作任务和达成工作目标所需要的综合职业能力。这种结构性访谈一般应在企业调查的基础上采用实践专家访谈会形式，

依据以工作过程为基础的工作内容和能力要求，分析从业人员在能力发展的每个阶段需要完成的代表性工作任务，每一项代表性工作任务都必须具备完整的工作过程，然后根据访谈结果形成包括本专业各职业发展阶段的典型工作任务列表。各职业的典型工作任务能够反映本专业的人才培养目标。三是职业院校教师开展企业实践不能单纯停留在具体工作技能的习得和训练上，必须学会在真实的工作情景中观察工作过程的实施和分析工作过程中从业人员的行动模式。

（二）基于人才培养过程的产教融合是构建工学一体化技能人才培养模式的关键机制

在重修的《职业教育法》中，明确要求职业教育必须"坚持产教融合、校企合作""国家发挥企业的重要办学主体作用，推动企业深度参与职业教育"，并就人才需求信息、举办职业教育培训、人才评价等方面对企业责任做出规范。企业既是技术更新和产业升级的主体，也是各类人才的用人主体，构建工学一体化技能人才培养模式的关键在于有效地将工作过程与学习过程一体化，实现在工作中学习、在学习中工作，因此在培养目标、教学内容、学习途径、训练方式、学习环境和能力评价等方面都必须坚持以企业为主体，引导学生在真实的工作场景中以完成工作为目标进行综合性的学习和训练。

受当前社会机制的制约，企业在实施职业教育中的主体作用尚不能很好落实。当前，确保产教融合的有效落地应当推进三大机制建设。一是推动建立有效的产教对话机制，形成校企双方在人才培养目标和能力标准上的一致性。产教对话的基础是真实的工作场景，可以通过企业工作观察、实践专家访谈、教师企业实践等方式来实现有效对话；同时，企业用于招聘和考核员工的岗位胜任标准、行业或国家职业标准可以作为对话的文本基础。在产教对话上，市域产教联合体和行业产教融合共同体可以发挥更主动的作用，比如推动编制城市级或行业级典型工作任务数据库，并动态更新，将之作为职业教育教学的标准和教学实施的基础。

二是加快推进流程清晰、责任明确的校企合作机制，形成培养过程中的合作教学。行业、企业可以在职业院校设立以真实工作场景为基础的学习工厂或产业学院，职业院校在企业建立对口实训实习基地；企业派遣"师傅"直接参与院校教学过程，实行技能人才培养校企"双导师"制度，派遣院校教师参与企业实践；建立产教融合型公共实训基地，依据行业、企业标准开展学生职业能力评价，推动合作企业或社会化考评机构直接参与能力评价。这些都是实现合作教学的重要途径和方式。

三是推动形成双向赋能的产教协同机制。在目前的社会机制中，实现双向赋能的基础是院校需要善于发现产教融合中的企业价值。一般来说，参与产教融合的企业对人才储备、市场营销和技术创新都存有价值诉求。职业院校与合作企业可以通过联合开展创新项目、研发产品、共建大师工作室、推动企业内部及供应链生态企业员工专业发展等方式，将产业一线的技术应用和创新引入教育教学的过程中，为企业的创新发展提供人力资源的前瞻性储备和产品与技术创新的先导性开发，特别是为企业的技术创新和产品研发提供"中试"环境。这些都是实现双向赋能的重要形式。

（三）"双师型"教师队伍是构建工学一体化技能人才培养模式的主要支撑

工学一体化学习的主要标志就是基于工作任务和工作过程的敏捷性学习、过程性学习以及以学习者为中心。在真实生产的工作场景中，工作任务和工作过程的实施主体必然是岗位从业人员，任何意义上的"师傅"都只是工作过程的指导者和支持者。因此，在工学一体的学习系统中，必须将学习任务和学习过程的主导权交给学生，教师的作用应当转化为学习内容的设计者、学习过程的引导者和学业成就的评估者。在这一过程中，教师的功能与传统教学情景中的是有明确区别的，需要从知识和技能的传授者的角色向工作"教练"的身份转型；教师对学习过程的作用不是被削弱了，而是在促进每一个学生的学习成长上得到了进一步加强。在工学一体化课程设计与开发、教学设计与实施、能力评价与就业指导等过程中，教师应当关注以下

原则的应用。

第一，注重技能重组。在学习内容的设计上，教师要在全面掌握工学一体化课程标准的基础上，依据企业工作目标要求和学生发展目标要求，将工作任务和学习策略序列化，确定各学习阶段的能力发展目标。同时，根据本专业预期就业岗位的产线类型或产品类型等特点，将具有行业标准意义的典型工作任务进行重组，并进行必要的教学化处理，以满足合作企业的特定用人需求。

第二，注重技能融合。技能融合是新时代技术技能人才适应技术发展不确定性的关键素养之一。教师需要按照具体的工作过程，进行必要的"技能整合"，以发展学生的认知和元认知技能。以典型工作任务为基础，整合工作中所需要的专业技能、职业素养和知识理解等综合性要求，设计和规划学习情景和教学项目。技能整合的过程必须确保学习策略运用适当，既要注重学习过程的复杂性递进，又要注重工作内容的多样性递增，以确保学生在具体的工作场景体验更加多样性的技能应用策略，实现综合职业能力的发展目标。

第三，注重引导探究。在典型工作任务的学习和训练中，有效地引导和支持学生自主开展问题解决。教师须以教练的身份"淡出前台"，实施"后台控制"，以发现能引起学生兴趣的工作任务，并在学生获得一些基本探究技能后，放手让他们独立或合作完成任务，并自主建构意义。在教学组织中，可以更多地采用团队工作（学习）的方式，包括开展团队间的学习竞赛。

第四，注重促进反思。引导学生将自己解决问题的过程与"师傅"（如教师、技师等）或其他同学（可以是高年级学生或往届学生）解决问题的过程进行对照。运用各种过程重演技术（类似围棋比赛中的复盘，可适度采取视频重演技术），比较专家和新手的作业，有效地增强反思效果。反思的重要性在于引导学生通过自主反思建构新的工作策略。

第五，注重形成评价。以典型工作任务的学习目标和能力要求为基础，将学生的学习策略、学习行动和学习成果等评价贯穿于学习过程之中。普遍应用的终结式评价虽然能够保持对学习效果的横向区分度，但由于过于强调竞争性，而对多数学员缺乏激励作用。形成性评价注重学员个人的转变过程，能够引发学员的自我反思和持续学习。同时，评价过程要贯彻全局性技能优先原则，确保学生以职业素养为基础的职业认同和工作潜能能够得到有效评估，以促进学生综合职业能力的形成。

技术世界的变革和应用引发工作世界的变化和演进是持续的并具有很强的不确定性，工作世界里劳动者的职业能力要求也会紧跟这一变化过程不断更新和提升。事实上，"新八级"职业技能等级相比从前的"老八级"已经有了较大提升。实践证明，发展职业综合素质和行动能力是在学习世界和工作世界中应对这一不确定性的基础。工学一体化技能人才培养模式的实践探索较好地回应了这一时代命题。

参考文献

[1]《中国职业发展指南·新职业卷I》，中国人力资源和社会保障出版集团，2022。

[2] 陈李翔：《技能中国的潮流和趋势》，《中国培训》2022 年第 6 期。

[3] 陈李翔：《理解工作世界的变化　增强职业教育的适应性》，《教育与职业》2023 年第 8 期。

[4] 陈李翔：《职业分类是探索工作世界变化的窗口》，《中国培训》2023 年第 2 期。

[5] 袁玉芝、杨振军、杜育红：《我国技术技能人才供给现状、问题及对策研究》，《教育科学研究》2021 年第 7 期。

B.14
企业高技能人才需求与职业院校
人才供给有效衔接

张毅 李倩 宫英伟*

摘 要： 高技能人才是推动技术创新和实现科技成果转化的重要力量，是"科学技术是第一生产力"的伟大实践者。职业教育背景下，技能错配致使的高技能人才供给不足和产业升级引发的企业用工需求更迭，导致我国高技能人才供需失衡。究其原因，在企业需求端，包括组织人事等体制机制不健全、产教融合缺乏长效的激励措施以及就业市场需求信息反馈无效；在院校供给端，涉及优质生源不足、培养结构不合理、培养制度保障体系不健全以及培养经费投入比例不合理。面对国家诸多部门对高技能人才发展的要求，应当探索高技能人才需求与供给衔接的有效路径，包括构建产业与教育融合发展格局、构建人才储备与有效供给闭环模式以及构建校企合作衔接培养范式等。

关键词： 高技能人才 职业院校 人才培养

---

* 张毅，中智智领科技（北京）有限公司副总经理，高级讲师，主要研究领域为职业技术教育、产教融合、职业发展、人力资源等；李倩，中智智领科技（北京）有限公司项目经理，主要研究领域为职业技术教育、产教融合、职业发展、人力资源等；宫英伟，北京交通运输职业学院高级讲师，主要研究领域为职业技术教育、一体化课程开发等。

企业高技能人才的供需平衡，来自高技能人才供给定位有效满足社会经济发展对技术技能型人才的真实诉求。[①] 同时，企业高技能人才需求又是职业院校人才培养供给的指向标。针对企业的用工需求，职业院校应在人才培养模式上做出相应的调整，大到培养目标、小到专业设置都必须满足企业实际要求，从而实现企业高技能人才需求与职业院校人才供给有效衔接，解决企业用工难、学生就业难的问题。

一　职业教育背景下中国高技能人才供需现状分析

职业教育是我国现代化教育体系中的重要组成部分。职业教育本质上是指为了有效适应经济社会的发展需要，以及个人的就业需求，对受过一定教育的人进行职业素质的培育和训练，以使他们胜任所从事的职业。[②] 目前，我国经济已进入高质量发展阶段，不仅需要具备高学历、高水平、出类拔萃的创新型人才，同时也需要大量的高素质技能型人才。这些高素质技能型人才在工作中不仅是体力劳动者，也是脑力劳动者；不仅需要具备丰富的实操技能，也需要具备创新的思维能力。因此，这些劳动者的素质直接关系我国经济能否成功实现从高速增长转向高质量发展。由此可见，一个国家的职业教育发展状况如何，不仅体现出该国劳动力素质和生产技能水平的高低，而且已经成为衡量该国现代化程度的一个重要方面。

（一）技能错配致使的高技能人才供给不足

目前，我国正处于经济社会快速发展以及产业结构转型升级的关键时

---

① 刘文霞：《高职院校与"一带一路"企业的合作模式研究》，博士学位论文，华东师范大学，2022。
② 胡建波：《陕西省职业教育发展困境与职业教育体系再设计研究》，博士学位论文，厦门大学，2020。

期，迫切需要一批复合型高技能人才。2022 年 3 月，人力资源和社会保障部制定出台《关于健全完善新时代技能人才职业技能等级制度的意见（试行）》，将此前的"五级"技能等级延伸和发展为"八级"，形成了由学徒工、初级工、中级工、高级工、技师、高级技师、特级技师、首席技师构成的"新八级工"职业技能等级（岗位）序列，进一步畅通了技能人才成长通道。同年 10 月，国务院办公厅印发了《关于加强新时代高技能人才队伍建设的意见》。该意见明确，到"十四五"时期末，技能人才占就业人员的比例达到 30% 以上，高技能人才占技能人才的比例达到 1/3，东部省份高技能人才占技能人才的比例达到 35%。人力资源和社会保障部发布的数据显示，2021 年底，我国的技能型劳动就业者已经超过 2 亿人，其中高技能型人才已超过 5000 万人。然而，相较于一些发达国家，如德国的高级技工占产业工人的比例达到 50% 以上，我国仍存在一定的差距。因此，在我国就业市场中，保有的技能型人才在供给结构、需求数量、用工质量等各个方面依旧存在明显的技能错配现象。

技能错配现象已成为我国技能型人才供给不足的关键问题所在。目前，我国人才队伍分布不均衡，且结构性矛盾仍较为突出。在就业市场上，出现了"双荒"现象。具体表现为：以制造业一线工人需求为主的"普工荒"，还有以高素养技能型人才需求为主的"技工荒"。[①] 与此同时，我国就业结构中的供需匹配矛盾也较为显著，就业难与招工难并存，从就业结构来看，初级工、传统单一型技工、未经系统性培养的技工，在产业工人中人数居多。然而，技能人才的求人倍率却长期保持在 1.5 以上，高技能人才的求人倍率更是达到 2.5 以上。由此可见，就业市场供应端的劳动力无法完全胜任目前更新迭代的社会岗位。技能劳动者无论是在总体数量储备上，还是在他们理应具备的劳动力技能层次上都出现了明显的错配现象。

---

① 匡瑛：《技术技能人才培育的突出问题与破局之策》，《人民论坛》2022 年第 21 期，第 73~76 页。

（二）产业升级引发的企业用工需求更迭

在数智化发展背景下，社会新旧动能的转换不断助推我国产业转型升级。产业发展趋势已经从传统的、低端化的劳动集约型向新型的、高端化的技术密集型转变；同时，社会主流生产方式也从"大规模生产"蜕变为"定制化生产以及柔性化生产"。

数智化生态下的生产方式，已经促使就业市场针对高技能人才的质量及素养提出了更高层次的要求，同步致使社会对高技能人才培养端的职业教育提出了新的要求。面对如今的产业生态环境，一些相对简单的工作任务以及岗位设定已逐渐被智能科技系统所取代。然而，高新技术的"上岗"并不意味着传统用工的"下岗"，只有靠人才能胜任的工作岗位依旧存在，但是这些岗位在目前已经呈现系统性、复杂性、协同创新性以及多重复合性等特征。所以，技术革新迫使从事传统的、规则性工作的和单一靠体力劳动的劳动者不得不走出"舒适圈"，转而面向非规则性的、高科技智能化的领域，新一轮的劳动技能迭代已然显现。与生产方式相对应的工作组织形式，正在逐渐转变为扁平型、网络型的组织体系。同时，工作内容所包含的复杂性以及不确定性因素也正在逐步增加，这对从业人员的能力结构提出了更高需求。种种"高标准"都集中展现出，现代社会中的各项工作任务都将在复杂程度、创新程度、技术精准程度、领域复合程度等方面大幅度提升。要满足上述的高标准，则需要高阶段的技能素养作为支撑。高阶段的技能素养不是静态不变的，而是一个系统、动态的概念。在数智化时代下，高阶段的技能素养具有一定的融合性、普适性和再创性，这些属性是人工智能在短时间内无法复刻或替代的。具备高技能素养的人才可以利用自身的研判能力、决策能力、规划能力、协作能力、创新能力以及跨界思辨能力，将知识和技能有效配合，去应对复杂多变的工作环境和处理各种临时突发的问题。因此，数智化时代下急需高技能人才来推动社会经济体系的进一步发展。

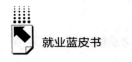

二 中国高技能人才出现供需失衡的主要原因

新时代下高技能人才供需衔接面临新一轮的冲击和挑战。供需衔接结构从"线性关系"向"复杂关系"转变，多元、快速、开放的环境使得高技能人才供需衔接结构变得更为复杂。

（一）企业需求端的主要原因

1. 组织人事等体制机制不健全造成劳动力市场的调节作用无法有效发挥

在目前的就业市场上，从事技能实操工作的人员所面对的工作环境相对较差，薪资、福利待遇都普遍较低，岗位晋升通道也较为闭塞。这些现象与我国目前未形成健全的劳动力市场体系，未建立完善的技能型人才考核、激励、晋升机制，未构建统一全面的劳动人事保障政策等方面有着本质联系。从而使得技能人才的劳动力市场价格与他们从事的工作内容和强度无法对等，造成供给不足。

2. 产教融合缺乏长效的激励措施致使供给端与需求端相分离

校企合作、产教融合是技能人才高质量培养的必由之路，更是确保高技能人才供给质量以及效益的核心所在。① 但是，由于传统体制机制以及大众的思维观念仍"根深蒂固"，产教融合在具体实施路径上，对于技能人才的核心利益缺乏本质上的保障；同时，企业端也对校企合作存在诸多疑虑与担忧，从而造成目前广泛存在的"校热企冷"现象。人才在培养各环节如果无法真正与行业、企业相耦合，则必然会导致人才供给端与产业需求端相分离且不匹配的问题。

3. 技能人才供给端缺乏就业市场需求信息的及时性反馈和有效指导

在新技术迭代日益快速的时代，就业市场对技能人才的需求指标正处于

---

① 刘波、欧阳恩剑：《职业教育产教融合的本质、特征与价值取向——基于耦合理论的视角》，《职教论坛》2021 年第 8 期，第 60~67 页。

不断更新的状态中；然而，技能人才尤其是高技能人才培养必须具备一定的周期性，院校端很难及时、精准地把握就业市场的有效反馈。从而造成院校在培养人才过程中所涉及的课程体系、教学大纲、师资建设等无法与企业需求形成高度契合。这就要求政府、企业、行业协会等诸多主体能够及时提供当下就业市场的用工结果与需求预测，同时针对信息统计的精确性、资源发布的针对性、渠道监测的安全性予以持续改进，不断为院校在人才培养供给端提供重要的指导性意见。

（二）院校供给端的主要原因

1. 优质生源不足造成的技能人才竞争弱势地位

虽然如今产业转型升级对技能人才的需求持续保持增长趋势，但由于一些"重道轻器"的传统观念，目前社会对职业技能教育仍然存在一定的误解和偏见，相较于普通教育，学生以及家长对职业教育的整体认可度偏低。从当前教育体系建设来看，技能人才的培养层次绝大部分属于专科层次，职业院校"专升本"就学，特别是进入高质量本科院校的渠道还比较狭窄，很难满足一部分学生继续求学深造的需要，这进一步强化了社会对职业院校的偏见，影响了学生投身职业教育的积极性。相比职业院校，目前一些向应用型转型的新建本科院校由于办学资历浅、办学实力弱，也同样在生源竞争上处于劣势地位。未来，随着部分省市适龄上学人口数量的下降，客观上，职业教育招生难的问题将更加严重，技能人才高质量培养路径会更为曲折。

2. 技能人才培养结构不合理造成的专业化程度较低

目前，技能人才培养所涉及的职业院校类型众多且纷繁复杂。其中，中职学校主要包括中专（中等专业学校）、职高（职业高中）和技校（技工学校、高级技工学校、技师学院），高职院校包括高等职业学院和高等专科学校；职业本科学校，向应用型转型的新建本科院校等。但是，各级各类型的职业院校培养模式界限不明，技能人才培养方式趋于同质化，难以满足行业细分领域的需求。比如，目前已有的新建本科院校，由于一部分前身为高职院校，升格本科的时间尚短，在某些学科体系建设方面仍然沿袭原先的办学

思路，将本科院校办成"加长版"高职院校；或者直接照搬传统普通大学的模式举办应用型本科，最终导致技能人才培养特征不明显，与行业要求差距较大。与之相对应，职业院校专业更新速度缓慢，与行业不适配的专业仍未全部淘汰，而对于新型职业所需要的专业人才培养体系不仅缺少科学化的论证，而且缺少产业界的深度融合，从而造成人才培养结构与产业发展要求脱节。

3. 技能人才供给质量欠佳造成的培养制度保障体系不健全

当下技能人才培养与供给质量无法达到整体行业期望的原因主要有：复合型人才培养力度不够；学生实践能力培养无法满足行业发展需求；职业院校教师队伍的技术力量和科研力量薄弱；职业院校课程安排无法及时响应企业岗位的更新迭代以及素质要求；产教融合不深入致使教学教育方法落后；等等。种种原因致使技能人才培养模式无法与现代化产业的人才需求相衔接。同时，部分职业院校由于制度体系刚刚确立，可能缺乏完善的教学质量评价及监控机制，从而造成技能人才培养质量整体缺乏有效的保障。

4. 技能人才培养经费投入比例不合理造成的人才结构失衡

职业教育得到的总体经费投入仍然存在不充沛、不平衡的现象。教育经费的投入不足会使得职业教育在办学的综合条件上仍无法提升，教学软硬件设施更新缓慢且滞后，无法及时跟上产业更新迭代的速度。除此之外，职业教育在使用拨付经费方面的有效性也亟待增强。仅从硬件设备角度进行更新，由于未及时配套实施与之相对应的课程体系改革、教师教学制度改革，教师持续投入相关教学的创新性和积极性逐渐减弱，进而也使得一些职业院校在原本就处于劣势的教育系统下，更加难以吸引到优质的教师资源，从而进一步制约了技能人才培养质量的改善。

在以上成因分析中，院校供给侧，因无法及时适应当前的社会发展，缺乏相应的有效资源，职业院校学生的培养十分单一、边缘化，无法培养出更加优质和符合职业要求、社会发展需要的高技能人才；企业需求侧，因各项体制机制以及对职业院校尚存的偏见思维，较少给予职业院校学生成长与晋升空间。这就导致企业用人需求端与职业院校人才供给端之间无法精准衔接，高技能人才的供需失衡现象由此产生。

三　中国高技能人才亟待发展的要求

当下我国高技能人才的高质量发展，是基于职业教育发展的内在逻辑以及目前经济社会发展的本质要求而开展的。[①]

2017年12月，国务院办公厅印发的《关于深化产教融合的若干意见》指出，深化产教融合，促进教育链、人才链与产业链、创新链有机衔接，是当前推进人力资源供给侧结构性改革的迫切要求。

2019年1月，国务院印发的《国家职业教育改革实施方案》明确提出"职业教育与普通教育是两种不同的教育类型，具有同等重要地位"，确立了我国现代职业教育类型化发展的基本方向。

2021年1月，人力资源和社会保障部办公厅印发的《技能人才薪酬分配指引》强调要，健全技能人才培养、使用、评价、激励制度，推动企业建立多职级的技能人才职业发展通道，建立以体现技能价值为导向的技能人才薪酬分配制度，大力提高技能人才职业荣誉感和经济待遇，不断发展壮大技能人才队伍。

2021年10月，中共中央办公厅、国务院办公厅印发《关于推动现代职业教育高质量发展的意见》，就我国现代职业教育实现高质量发展提出了总体要求和改革举措，并突出强调要不断强化职业教育类型特色、巩固职业教育类型定位。

2022年5月1日，新修订的《中华人民共和国职业教育法》正式实施，从法理层面再次明确职业教育是与普通教育具有同等重要地位的教育类型。

2023年6月，国家发展改革委会同有关部门研究制定了《职业教育产

---

① 黄平平：《高等职业教育价值取向研究》，博士学位论文，四川师范大学，2022。

教融合赋能提升行动实施方案（2023～2025 年）》，将产教融合进一步引向深入，推动校企共建共管产业学院、职业学院，拓展职业院校办学空间。

根据以上一系列职教政策的相继颁布与有效实施，当下国内已逐步确立了以职业教育高质量发展为导向的高技能人才供需匹配"总路线"。

四　高技能人才需求与供给衔接的有效路径

（一）构建产业与教育融合发展格局

职业教育的本质是精准面向产业链、建设、管理、一线服务岗位培养技能型人才的教育。在众多教育类型中，与经济社会发展联系最为紧密的是职业教育，这也是职业教育的典型特征。[1] 从"职业性"的角度来看，职业教育必须时刻与相关行业及产业的发展建立紧密联系。因此，以"产教融合、校企合作"为职业教育发展强基铸魂，是职业教育构筑特色以及提升核心竞争力的根本方式。从"教育性"的角度来看，职业教育在进行人才培养的过程中，既要有效依托产教融合平台提升教学水平、整合校企资源、促进教育教学与产业链发展相融合，又要充分搭建多元化技能人才培养模式，以人为本，因材施教，实现学生的全面发展。

2022 年 12 月，中共中央办公厅、国务院办公厅印发《关于深化现代职业教育体系建设改革的意见》，该意见明确提出，鼓励省级政府以产业园区为基础，打造兼具人才培养、创新创业、促进产业经济高质量发展功能的市（区）域产教联合体。在有效实践中，如中智科技集团有限公司（以下简称"中智科技"），基于国家战略和政策方针，坚持"以人为本、科技赋能"的发展理念，提出布局建设市（区）域性创新高地，职业教育与行业、产业、城市同频共振、融合发展的市（区）域现代职业教育体系。

---

① 徐国庆：《确立职业教育的类型属性是现代职业教育体系建设的根本需要》，《华东师范大学学报》（教育科学版）2020 年第 1 期，第 1～11 页。

1. 打造职业教育示范园区

以市（区）域产业园区中的职业为主体，以市（区）域间高等学校、职业院校为依托的"校、政、企+园区"四方联动的产教联合体，通过运用数智化等高新技术，推动各级政府将城市规划建设、产教融合统筹设计、资源配置方案等有效信息精准传递到行业、企业、院校等实体；引导企业把自身发展需求和产业人才需求传达给政府部门和院校，鼓励企业深入校企合作的全过程，有效参与院校人才培养标准建设工作，积极助推教学资源优化更新并配套提供有效师资培训；帮助院校及时、有效掌握企业所需，顺应城市发展需求，配套完善课程体系及专业建设，提升校企合作项目质量，有效开展学生培训及职业发展工作。

2. 打造职业教育与产业发展的理论研究智库

充实职业教育的科研力量，就校企合作工作组建专项调研小组，针对各项目的实施，负责理论与政策研究、专业指导、进度考核以及质量评估的任务。致力于深化职业教育高质量发展，为助推政策有效实施提供科学化指导意见，为社会经济建设提供有效实践服务。

3. 打造职业教育与产业发展的创新实践高地

产教融合型企业是校企合作和产教融合开展的主要载体之一。依托地方行业、产业特色，细分各服务领域，激发企业开展职业教育的活力，不断孵化产教融合型企业，是产教融合型城市建设的前提。从高新技术以及民生服务等行业出发，有效甄选优质企业，不断建立完善的产教融合型企业认证制度和评估标准，引导企业发挥自身优势，举办职业教育，同步带动企业的利润创收能力增强。

4. 打造职业教育与产业发展的交流服务平台

形成职业院校与企业多方协同、联合的态势，聚焦重点区域、重点行业和重点企业，以制度创新为根本，以战略规划为引领，以培养模式为核心，以交流合作为平台，以重大项目为抓手，建立健全具有当地特色、符合时代特点的产教融合体系。同时，通过搭建企业实训平台、加大校企合作力度，增强产业服务教育能力，推动产业需求更好地融入人才培养过程。

（二）构建人才储备与有效供给闭环模式

"产业学院+用工联盟"是职业院校实施转型发展、实现产教融合协同育人的重要载体，是有效推进校企合作、解决供需两端不相匹配问题的创新举措。2020年7月，教育部办公厅、工业和信息化部办公厅联合印发的《现代产业学院建设指南（试行）》提出："为扎实推进新工科建设再深化、再拓展、再突破、再出发，协调推进新工科与新农科、新医科、新文科融合发展，全面提高人才培养能力，经研究，决定在特色鲜明、与产业紧密联系的高校建设若干与地方政府、行业职业等多主体共建共管共享的现代产业学院。"

在现有实践案例中，中智科技依托中国国际技术智力合作集团有限公司（简称"中智集团"）人力资源主营业务，基于中智集团战略发展，联合集团内部企业，以"产业学院+用工联盟"为主线，创新性地提出"中智集团人才培养+储备+供给"模式，有效服务产业高质量发展的人才供给，实现"引产入教、以产定教、以教促产"有效闭环（如图1所示）。

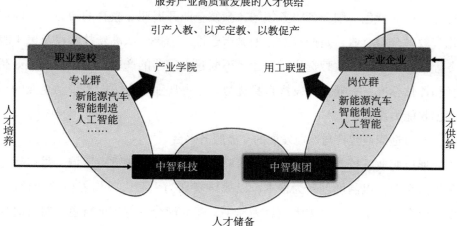

图1　"中智集团人才培养+储备+供给"模式

产业学院需与区域地方经济社会发展相契合，不断动态调整学院专业结构，增强自身办学活力；不断探索产业、教育生态链的有机结合路径，逐步构建科技、人才、信息及资源的共享渠道；不断完善产教协同育人体制机制，拓宽企业兼职教师的评聘通道，打造集人才培养、科技发展、企业服务、就业创业等特色于一体的示范性教育实体，以期为全国高水平职业院校发展、建设，提供可以推广、复制的模式。

（三）构建高技能人才校企合作衔接培养范式

《中华人民共和国职业教育法》对职业教育进行了明确的诠释和精准的定位，所谓职业教育是指以培养高水平技术技能型人才为核心，让受教育者兼具职业道德素养、理论文化知识、实操专业技能等，契合企业发展需求的综合素质和技术技能而实施的教育。职业教育包含职业培训和职业学校教育两个分支（如表 1 所示）。

表 1　职业教育的划分

标准	职业培训	职业学校教育
概念	在企业人力资源管理及开发中，职业培训是重要的组成部分之一。职业培训需要建立在企业培训需求分析的基础上，兼顾企业总体发展战略，有效调配各种资源。通过设定好培训目标、对象、内容，安排好培训讲师及相关运营工作，按计划完成相关交付，并且在培训后期，完善培训质量监督与评估，落实费用结算与管理，是一个闭环、系统性任务。	职业学校教育是学历性的教育
分类	(1)职业培训中涉及的企业培训规划包含战略规划与管理规划，以及其他类型的规划。 (2)从规划的期限上进行分类，可分为长期规划、中期规划和短期计划。 (3)从规划的对象来看，企业员工培训规划可分为管理人员、技术人员和技能操作人员的培训规划，或一般人员，中、高层级人员的培训开发规划。	中等职业教育 高等职业教育 职业本科教育

校企协同培养高技能人才的关键，在于模式与体制机制的改革创新。通过坚持问题与结果导向，不断强化高技能人才培养的实践性、科学性以及系统性，持续动态优化人才培育模式。针对高技能人才校企合作培养的有效衔接，可从以下几个方面进行探索实践。

1. 企业人力资源部门协同相关部门成立产教融合领导小组

由企业人力资源部门牵头企业技术部门、企业大师工作室与相关合作院校成立产教融合领导小组，领导小组全面领导、组织、实施各项任务，组织协调校企合作中遇到的各项问题。

2. 职业院校携手行业龙头组建专业教学指导委员会

专业教学指导委员会成立的核心使命是有效落实产教融合所涉及的重要体制内容。专业教学指导委员会由社会主流专业领域的高级技术专家及管理人员与院校专业教师共同组成。职业院校需要积极扩大校外专业指导委员会队伍，主动聘请行业、企业专家及学者投身专业教学；同时也需要充分发挥各委员在人才培养及专业建设各环节中的作用，尤其是在课程建设、专业建设、教学建设、师资队伍建设以及人才培养方案设计等方面的咨询服务、资源互通作用。以专业指导委员会为校企沟通桥梁，承载当下最新技术及管理模式，有效解决人才培养及企业需求间的匹配问题，缓解毕业学生就业创业压力及人才培养问题，实现校企双方合作项目的互利互惠以及多方共赢。

3. 有效开辟企业所需高技能人才教育培养路径

产教融合兼具教育形式和教育理念。针对它作为教育理念，可得出职业教育需要以市场及结果为导向，充分发挥服务社会、促进产业发展的核心作用。因此，有效赋能企业所需的高技能人才需要从以下两个方面进行路径探寻。

（1）职业院校在专业建设及人才培养计划制订时，需要先行开展社会需求调研，充分了解行业、企业对其所需人才的信息标准及岗位要求图谱，配套修订课程内容及教学内容；也需要对接专业教学指导委员会进行相关专业论证，在充分论证的基础之上，合理提出新专业建立、旧专业改造的意见。同时，企业也需要将自身需求及时反馈至院校，双方广泛开展合作，开拓实习实训基地建设任务，以向企业自身输送对口人才，有效降低自身招工成本，从而解决毕业生就业难且企业招工难的双向难题。

（2）校政企三方广泛合作，逐步推进以非学历教育为主的"订单式"培训业务。同时，针对企业内部的在职人员，也可充分利用院校的师资、教学条件等资源，为企业自身的在职人员提供技能等级提升、专业素质提升等职业培训，提高从业人员的技能和管理能力。

（四）营造企业参与教学课程体系改革的新形势

1. 企业人才标准与课程教学标准相结合

企业应积极主动与院校进行对接，将自身所需要的人才标准融入职业院校的课程教学标准中。课程教学标准的重要性体现在，它是院校课程教学的关键性指导文件。它不仅是职业院校人才培养方案与课堂教学的中间环节，而且对职业院校教师的教学有着关键性指导作用。课程教学目标应该以职业能力为重点进行描述，而非掌握理论知识的成熟程度；课程教学内容的选定范围应该基于企业岗位的典型工作任务进行分析；课程教学标准陈述方式应该以实际工作形式为主，尽可能采取结果导向、任务导向的考评模式，让院校学生在完整的闭环工作中理解每一项工作任务。

2. 建设以"能力本位"为主的课程观

课程体系改革的主要思路是改变原有的课程观，将"学科本位"逐渐转变为"能力本位"。课程体系的最终设立需要从本专业所对口的企业岗位出发，结合企业岗位的典型工作任务、职责职能要求，经由专业教学指导委员会评估；在分析企业岗位图谱的基础上，将企业所需人才的知识、技能、素养等标准与院校学科体系的课程内容进行匹配，系统梳理学科内容。企业也需要随时梳理自身岗位的典型工作任务，善于归纳任务行动领域，将真实有效的工作过程注入教学课程体系之中。

3. 推动课程体系改革与教学体系建设相结合

在课程体系改革的同时，需要同步调动教学方法及对应手段的改革。构建以院校学生职业能力为核心的教学体系，重点突出工作过程与学习过程的

有机结合、教学地点与实习实训地点的统一，改变传统教学模式，重点引入行动教学方法，实现"教、学、做"的合一。

（五）打造企业与院校共同制定人才评价体系的新态势

校企共建评价制度，需要以企业人才需求为导向、以人才实践能力培养为核心、以"产、学、研、用"相融合为实施路径、以培养符合企业真实需要的高技能人才为目标。同时，有效遵循多元评价、过程评价与结果评价相结合的方式，充分发挥校企合作平台的载体作用。从学生生涯指导到院校整体教育教学建设、制度管理、师资队五、科研创新、思想文化等各个方面进行全方位综合评价，从而形成评价指标综合化、评价内容多样化、评价过程全面化的，具备校企融合特色的评价体系。

要有魄力地调整原有的学生评价体系，将传统的以期中、期末考试成绩为主的终结式评价与考虑学生学习及就业实践全过程的综合性动态评价相结合；要激发企业主动投身院校学生的过程性考核评价中，不断反馈学生在实习实训过程中的工作能力、学习态度、思想状况，最终形成院校学生综合性动态评价体系。

Contents

I   General Report

Abstract: In 2022, the socio-economic development and employment of China have been severely impacted by multiple unexpected factors, faced with a complex and severe situation. Throughout this year, the employment situation has remained basically stable despite the uncertainties in the macro environment, but stablizing employment is confronted with lots of pressures due to significant fluctuations in major indicators, weak growth momentum, and increasing risk points. At the same time, focusing on guaranteeing and stabilizing employment, the Chinese government comprehensively implemented employment priority policy along with various policies to further reduce burdens and stabilize jobs . For the near future, China's employment situation still has favorable conditions to maintain overall stability, but also faced with a volatile situation of external environmental uncertainty, long-term impact of the pandemic, uneven recovery of development, and lag effect of economic slowdown. Encountering with complex and grim macroeconomic and employment situations, we must implement the guiding principles of the 20th National Congress of the Communist Party of China, adhere to the principle that employment has a vital bearing on the people's livelihood, implement the strategy of giving priority to employment, strengthen the

employment priority policy. For instance, balance macro-policy objectives, strengthen policy support, ensure stability on expectations and strengthen confidence; optimize employment policy system, adopt targeted measures to help enterprises and promote employment; improve the mechanism for promoting diversified mechanism on employment, ensure the employment of key groups; strengthen unemployment monitoring and early warning, improve the mechanism for tackling unemployment risks.

Keywords: Employment Situation; Employment Policy; Social Security

II Reports on Macro Economy

B.2 Analysis on the Supply and Demand Trends of Labor

Force in China *Gong Qiannan, Tian Dazhou* / 020

Abstract: Population serves as the foundation of the labor force. Based on the seventh census data of China, this report analyzes the supply and demand situation of China's labor force in the future, after predicting dynamic of China's population. Firstly, the total amount of labor force supply in China is still sufficient, and the number will decrease rapidly in the future. The scale of young and middle-aged labor force will shrink relatively with the internal aging population. Secondly, during the period of "14th Five-Year Plan", the number of incoming labor force is 14.5 million above annually in average, and the new employment are under relatively much pressure. Thirdly, the total employment demand will decline in the future, and the demand structure will be adjusted. Fourthly, our labor force supply is still greater than the demand nowadays, the difference will shrink constantly, the supply and demand situation of labor force will more likely to undergo a turning point around 2035. The employment policy should turn to emphasize on alleviating structural contradictions and effectively improving the quality of employment.

Keywords: Population; Labor Force Supply; Labor Force Demand; Employment

B. 3 Analysis on the Employment Situation in
Manufacturing Industry
—*Based on the Survey in Guangdong Province*

Chu Shanshan , Chen Yun / 042

Abstract: Manufacturing industry is the foundation of the country, and it is also an important channel to absorb employment. With the development and transformation of economy, society and industry , new changes and new situations have taken place in the employment demand and employment pattern of manufacturing industry. Based on the survey of Guangdong Province, this report analyzes the changes of employment and employment shortage of manufacturing industry. Its main characteristics are that the scale of employment in manufacturing industry is declining, and this trend will continue in the long run. The level of employment demand has been structurally adjusted, and the effect of talent spatial agglomeration is prominent. The current employment situation is generally stable, the problem of employment shortage has also alleviated, and the employment expectation tends to be conservative. On this basis, this report analyzes the main factors affecting the employment situation of manufacturing industry, such as environmental changes at home and abroad, continuous optimization of industrial structure, mismatch between low-end jobs and workers' expectation of high-quality employment, and the restrain of the rising space of salary level. The report also puts forward relevant suggestions, including: strengthen the top-level design and accelerate the construction of an employment promotion system that matches the "post-production" society; strengthen the cooperation of diversified subjects and work together to build a high-quality human resources market and labor supply chain; give full play to the main role of enterprises and create a solid foundation and soft support for high-quality employment orientation; and so on.

Keywords: Manufacturing Industry; Employment; Employment Shortage; Guangdong

就业蓝皮书

B . 4   Analysis on the Operation and Employment Status of Micro,

Small and Medium-sized Enterprises in 2022   *Cao Jia* / 062

Abstract: Micro, small and medium-sized enterprises are an indispensable force in China's national economic and social development. In 2022, the production and operation of micro, small and medium-sized enterprises showed a decline trend with fluctuation, and the overall situation performed better than that of 2020 but were weaker than 2021. The development prospect of real estate, construction and industry were relatively good. The pandemic reached its peak at the end of December, making the enterprises' operation reach its bottom. The labor force index of micro, small and medium-sized enterprises showed a downward trend, and the overall employment situation was weaker, more than 30% of enterprises reduced their staff, nearly 50% of enterprises did not recruit workers for more than a year, nearly 70% of enterprises had poor attendance rate after the adjustment of the pandemic prevention and control policy, of which nearly 20% were basically in a state of shutdown. Enterprise' expectations of production and operation and market demand have weakened and then improved, the expectation of operation cost has been raised, and the employment expectation has gradually recovered after the weakening, especially the expectation of social recruitment raised, and about 50% of enterprises expect to carry out various preferential policies continuously. In the future, as economy and life gradually returns to the normal, the situation and expectations of enterprises' operation and employment will improve, but we cannot ignore the uncertainty of the employment situation brought by the uncertainty of the world economy. We need to stabilize the economy, stabilize the employment, enhance the confidence, improve the environment, ensure the implementation, smooth the flow, promote economic recovery with full employment, and continue to provide precise assistance to micro, small and medium-sized enterprises.

Keywords: Micro, Small and Medium-sized Enterprise; Production and Operation; Recruitment and Employment

Ⅲ Reports on Employment Policy and Service

B . 5 Evaluation Report on the Policy Effects of Startup

Guaranteed Loan in Jiangxi Province *Research Group* / 082

Abstract：As an important part of the pro-employment policy with Chinese characteristics, startup guaranteed loan has achieved remarkable results in 20 years of exploration and practice. Based on the investigation of Jiangxi Province, this report analyzes the implementation of startup guaranteed loan policy, and its comprehensive policy effect. The evaluation results show that Jiangxi's startup guaranteed loan policy has played an important role in creating jobs, promoting economic development and social support. However, there are also some problems such as insufficient policy inclusiveness, stability and financial security, as well as lacking business management capacity, and there is an urgent need for improving risk prevention and fault-tolerant mechanisms. Based on these, targeted policy recommendations are put forward: strengthen the nature of inclusive public policy and establish a sustainable benign financing mechanism; being demand-oriented to further optimize the startup guaranteed loan policy; formulate and implement risk control and incentive mechanisms to enhance the enthusiasm of agencies; further strengthen the construction of handling capacity and improve service efficiency.

Keywords：Startup Guaranteed Loan；Employment；Startup Policy；Jiangxi Province

B . 6 Progress and Suggestions on the Employment Related Policy

of Green Development with Low-carbon Transition

Cao Jia / 099

Abstract：Employment of green development with low-carbon transition is a

combination of achieving the "dual carbon" goal and implementing the pro-employment policy. This report mainly reviews the employment related policies of green development with low-carbon transition in industrial economy, labor security and government-supported working system, and summarizes the characteristics of the policies. It is found that these policies adhere to dialectical thinking and systematic concept, are comprehensive and extensive, and pay equal attention to administrative management and market mechanism by focusing on administrative means. They are people-centered, problem-oriented and goal-oriented. However, there are also weaknesses that need to be tackle, such as the necessity to further improve policy system, strengthen the synergy effect of industrial policies and employment policies and promote the coordination between various departments. In view of the issues, targeted policy suggestions are put forward: strengthen the coordination between departments, strengthen the judgment on situation, strengthen the coordination of macro policies, improve the precision of employment policies, etc.

Keywords: Low-carbon Transition; "Dual Carbon" Goal; Green Development; Employment Policy

B.7 Report on Public Employment Services Development
of Ganzhou   *Xue Bin, Xie Gengfu and Li Mingwei* / 115

Abstract: In recent years, Ganzhou has resolutely implemented the employment priority policy, actively improved the level of public employment services, firmly stabilized the employment of key groups, made good use of market-oriented employment forces, continuously expanded the contingent of skilled talents, actively supported entrepreneurship to drive employment, and promoted the construction of high-quality employment service demonstration zones in the old revolutionary areas of southern Jiangxi to achieve initial results. However, the lack of employment service capacity, lack of information platform and interactive sharing mechanism, mismatch between service supply and demand, as well as distributed, low-level and small market-oriented employment service institutions have restricted the development of public employment services in Ganzhou. In the future, in order to promote the smooth development of public employment service, we should build a full-coverage public employment service system, cultivate a market-oriented human resources market system, improve the employment service system driven by entrepreneurship and promote the training system for skilled talents.

Keywords: Public Employment Service; High-quality Employment; Ganzhou

B.8 Development Report on Human Resource Service Industry

in 2022 *Xiong Ying, Sun Foming, Yang Fei and Cai Zhe* / 128

Abstract: Human resource service is the booster of high-quality and full employment. Since 2022, the overall situation of the industry has improved, industrial parks and talent groups have blossomed side by side, favorable policies for vocational education have been frequently introduced, supply and demand in the labor market have resonated, flexible employment sector is growing rapidly, and the empowerment role in the field of software technology has gradually become prominent, which have injected new momentum into the high-quality development of China's human resource service industry. However, problems such as the overcapacity of traditional service formats, the urgent need to improve the quality of industry talents, the failure to keep pace with the development of the real economy, the low degree of industrial capitalization and the adjustment of the digitalization of human resource service is challenged, which cannot be ignored. Looking forward to the future, the human resource service industry will develop towards digitalization, internationalization, standardization and capitalization.

Keywords: Human Resource Service; Employment Service; Social Security

就业蓝皮书

Ⅳ   Reports on the Key Groups

B . 9   Analysis on Characteristics and Trends of for College

Graduates' Employment   *Yue Changjun* / 142

Abstract: Youth employment, including college graduates, is a global problem, which is influenced by many factors on the demand side and the supply side. At present, non-standard employment has become a major trend in the global employment market, but it is still difficult for college graduates to accept it. Meanwhile, the employment of college graduates is vulnerable to changes in market demand and related policies, the relative income index is significantly different horizontally, the employment distribution is unbalanced, the degree of academic degree matching and professional matching are high, and they prefer economic value and personal value. At the same time, the structural contradiction of employment and the lack of employment ability are prominent problems that affect the employment of college graduates. Therefore, in order to promote high-quality and full employment of college graduates, we should make market play its effective role in employment absorption, and attach great importance to and make use of the development of private enterprises; strengthen the reform of higher education to improve students' learning and employment ability according to market demand; actively guide college graduates to update their employment concepts and establish a correct outlook on world, life and values; further strengthen the assistance to college graduates who have not found jobs when they leave school.

Keywords: College Graduates; Employment Situation; Employment Characteristics

Abstract: This reports analyzed the group of new citizens by investigation, and found that the spatial distribution, structural composition, and flow trends of new citizens are constantly changing. The economic and social conditions and institutional policy environment they faced with are also different. Currently, they have become the key group to promote urban-rural coordination and integration, and solidly promote the new type of people-centered urbanization. The questionnaire survey found that the employment and entrepreneurship situation of new citizens is generally stable, but there are still some problems, manifested as difficulties in employment for some groups, low employment quality, and shortcomings in related services. Therefore, it is recommended to expand employment channels, solve structural contradictions in employment, pay attention to key employment groups, improve the level of employment services, improve labor security mechanisms, strengthen entrepreneurial support, and improve the adaptability of digital skills, to further promote high-quality and full employment for new citizens.

Keywords: New Citizens; Employment; Entrepreneurship; Digital Economy

Abstract: Digital economy is the economic activities supported by information technology or digital technology, which has gradually being mature and stable after nearly a hundred years of development and evolution, and has been transformed and upgraded in a more diversified direction, which will drive the whole economy and society to undergo more profound changes, especially

constantly expanding the depth and breadth of the impact on the labor market. Based on the different stages of digital economy evolution, this report provides an in-depth analysis of the impact mechanism of the digital economy on the flexible employment, form the perspective of form diversification, scale expansion, content diversification, group differentiation, and quality improvement. At the same time, combined with the transformation and development model of the digital economy in the future, the impact of the accelerated development of digitalization on the development of flexible employment has been studied, including that: digital connections are more efficient, helping the flexible employment space continue to expand; the digital economy promotes the networking of participating entities, and the flexible employment ecology continues to be optimized; the integration of digital technology and industry is accelerated, and the flexible employment model expands to include more job positions in knowledge and skills fields; etc.

Keywords: Digital Economy; Flexible Employment; Employment Space; Employment Ecology

B.12 Exploration on the "Not Fully in Line with the Situation of Establishing Labor Relations" under the New Employment Form   *Nie Kun* / 201

Abstract: This report discusses the concept and property, legal application, development process, relevant policies and development overview at home and abroad of "not fully in line with the situation of establishing labor relations" under the new employment form. And found the main problems of "not fully in line with the situation of establishing labor relations", such as shortcomings in the labor legal system, insufficient protection against occupational injuries, limited channels for expressing interest claims, and platform algorithms need to be further optimized. Considering the actual situation of China, it puts forward the regulation path of "not fully in line with the situation of establishing labor relations". Firstly, the relationship between the government and the market, enterprises and workers should be properly handled. Secondly, the protection system of labor law and policy should be improved. Thirdly, encourage the new employment form workers join the trade union, and give full play to the role of trade unions in safeguarding rights. Fourthly, the industry self-discipline mechanism should be improved and guide enterprises to assume their social responsibilities.

Keywords: New Employment Form; Labor Relations; Non-standard Labor Relations

V   Reports on the Vocational Training

B.13   Construction and Practice on the Training Model of

Skilled Talents with Integration of Working and Learning

Chen Lixiang / 217

Abstract: The new round of industrial transformation, dominated by digital technology and green economy, is profoundly affecting the evolution of work organizations. New technologies and new economies have brought new occupations, as well as continuous transformation of traditional occupations. At the same time, digital technology and green economy are changing the requirements for workers' professional abilities at the work site. A new type of workforce with digital capabilities is rapidly forming. Green skills count as parts of every worker's employability. Process skills and professionalism will become the effective tools to confront with the uncertainty of the work world in the future. Therefore, we should carry out job analysis based on work site and career from the aspects of basic conditions, promote the integration of industry and education based on the talent training process from the aspects of key mechanisms, and strengthen the "double-qualified" teacher team from the aspects of main supports, in order to promote the training model of skilled talents with

integration of working and learning, and enhance the employment adaptability of vocational education.

Keywords: Integration of Working and Learning; Skilled Talents Training; Vocational Education; Vocational Training

B. 14　Effective Connection Between the Demand for High-skilled Talents in Enterprises and the Supply of Talents in Vocational Colleges

Zhang Yi, Li Qian and Gong Yingwei / 232

Abstract: High-skilled talents are an important force in promoting technological innovation and realizing the transformation of scientific and technological achievements. They are great practitioners of "science and technology are the primary productive forces". In the context of vocational education, the insufficient supply of high-skilled talents caused by skills mismatch and the changes in enterprise labor demand caused by industrial upgrading have led to an imbalance in the supply and demand of high-skilled talents in China. The reasons include: on the demand side of enterprises, imperfect organizational and personnel systems, lack of long-term incentives for the integration of industry and education, and ineffective information feedback on job market demand; on the supply side of vocational colleges, it involves insufficient sources of high-quality students, unreasonable training structures, imperfect guarantee system of training institution, and unreasonable proportion of training funds. Faced with the requirements of many national government departments for the development of high-skilled talents, we should explore effective ways to connect the demand and supply of high-skilled talents, including building an integrated development pattern of industry and education, building a closed-loop model of talent reserves and effective supply, and building a cooperative-training paradigm with school-enterprise cooperation; and so on.

Keywords: High-skilled Talent; Vocational Colleges; Talent Training

社会科学文献出版社

皮 书

智库成果出版与传播平台

❖ 皮书定义 ❖

皮书是对中国与世界发展状况和热点问题进行年度监测，以专业的角度、专家的视野和实证研究方法，针对某一领域或区域现状与发展态势展开分析和预测，具备前沿性、原创性、实证性、连续性、时效性等特点的公开出版物，由一系列权威研究报告组成。

❖ 皮书作者 ❖

皮书系列报告作者以国内外一流研究机构、知名高校等重点智库的研究人员为主，多为相关领域一流专家学者，他们的观点代表了当下学界对中国与世界的现实和未来最高水平的解读与分析。截至2022年底，皮书研创机构逾千家，报告作者累计超过10万人。

❖ 皮书荣誉 ❖

皮书作为中国社会科学院基础理论研究与应用对策研究融合发展的代表性成果，不仅是哲学社会科学工作者服务中国特色社会主义现代化建设的重要成果，更是助力中国特色新型智库建设、构建中国特色哲学社会科学"三大体系"的重要平台。皮书系列先后被列入"十二五""十三五""十四五"时期国家重点出版物出版专项规划项目；2013~2023年，重点皮书列入中国社会科学院国家哲学社会科学创新工程项目。

皮书网

（网址：www.pishu.cn）

发布皮书研创资讯，传播皮书精彩内容
引领皮书出版潮流，打造皮书服务平台

栏目设置

◆ **关于皮书**

何谓皮书、皮书分类、皮书大事记、
皮书荣誉、皮书出版第一人、皮书编辑部

◆ **最新资讯**

通知公告、新闻动态、媒体聚焦、
网站专题、视频直播、下载专区

◆ **皮书研创**

皮书规范、皮书选题、皮书出版、
皮书研究、研创团队

◆ **皮书评奖评价**

指标体系、皮书评价、皮书评奖

◆ **皮书研究院理事会**

理事会章程、理事单位、个人理事、高级
研究员、理事会秘书处、入会指南

所获荣誉

◆ 2008 年、2011 年、2014 年，皮书网均
在全国新闻出版业网站荣誉评选中获得
"最具商业价值网站"称号；
◆ 2012 年，获得"出版业网站百强"称号。

网库合一

2014 年，皮书网与皮书数据库端口合
一，实现资源共享，搭建智库成果融合创
新平台。

皮书网

"皮书说"
微信公众号

皮书微博

权威报告·连续出版·独家资源

皮书数据库
ANNUAL REPORT(YEARBOOK)
DATABASE

分析解读当下中国发展变迁的高端智库平台

所获荣誉

- 2020年，入选全国新闻出版深度融合发展创新案例
- 2019年，入选国家新闻出版署数字出版精品遴选推荐计划
- 2016年，入选"十三五"国家重点电子出版物出版规划骨干工程
- 2013年，荣获"中国出版政府奖·网络出版物奖"提名奖
- 连续多年荣获中国数字出版博览会"数字出版·优秀品牌"奖

皮书数据库　　　　"社科数托邦"
　　　　　　　　　微信公众号

成为用户

登录网址www.pishu.com.cn访问皮书数据库网站或下载皮书数据库APP，通过手机号码验证或邮箱验证即可成为皮书数据库用户。

用户福利

- 已注册用户购书后可免费获赠100元皮书数据库充值卡。刮开充值卡涂层获取充值密码，登录并进入"会员中心"—"在线充值"—"充值卡充值"，充值成功即可购买和查看数据库内容。
- 用户福利最终解释权归社会科学文献出版社所有。

数据库服务热线：400-008-6695
数据库服务QQ：2475522410
数据库服务邮箱：database@ssap.cn
图书销售热线：010-59367070/7028
图书服务QQ：1265056568
图书服务邮箱：duzhe@ssap.cn

社会科学文献出版社　皮书系列
SOCIAL SCIENCES ACADEMIC PRESS (CHINA)

卡号：997449729749
密码：

S 基本子库
UB DATABASE

中国社会发展数据库（下设 12 个专题子库）

紧扣人口、政治、外交、法律、教育、医疗卫生、资源环境等 12 个社会发展领域的前沿和热点，全面整合专业著作、智库报告、学术资讯、调研数据等类型资源，帮助用户追踪中国社会发展动态、研究社会发展战略与政策、了解社会热点问题、分析社会发展趋势。

中国经济发展数据库（下设 12 专题子库）

内容涵盖宏观经济、产业经济、工业经济、农业经济、财政金融、房地产经济、城市经济、商业贸易等 12 个重点经济领域，为把握经济运行态势、洞察经济发展规律、研判经济发展趋势、进行经济调控决策提供参考和依据。

中国行业发展数据库（下设 17 个专题子库）

以中国国民经济行业分类为依据，覆盖金融业、旅游业、交通运输业、能源矿产业、制造业等 100 多个行业，跟踪分析国民经济相关行业市场运行状况和政策导向，汇集行业发展前沿资讯，为投资、从业及各种经济决策提供理论支撑和实践指导。

中国区域发展数据库（下设 4 个专题子库）

对中国特定区域内的经济、社会、文化等领域现状与发展情况进行深度分析和预测，涉及省级行政区、城市群、城市、农村等不同维度，研究层级至县及县以下行政区，为学者研究地方经济社会宏观态势、经验模式、发展案例提供支撑，为地方政府决策提供参考。

中国文化传媒数据库（下设 18 个专题子库）

内容覆盖文化产业、新闻传播、电影娱乐、文学艺术、群众文化、图书情报等 18 个重点研究领域，聚焦文化传媒领域发展前沿、热点话题、行业实践，服务用户的教学科研、文化投资、企业规划等需要。

世界经济与国际关系数据库（下设 6 个专题子库）

整合世界经济、国际政治、世界文化与科技、全球性问题、国际组织与国际法、区域研究 6 大领域研究成果，对世界经济形势、国际形势进行连续性深度分析，对年度热点问题进行专题解读，为研判全球发展趋势提供事实和数据支持。

法律声明